# 人民法院案例选

CHINA LAW REPORT

2018年 第8辑 总第126辑

最高人民法院中国应用法学研究所 / 编

人民法院出版社

**图书在版编目（CIP）数据**

人民法院案例选. 总第126辑/最高人民法院中国应用法学研究所编. —北京：人民法院出版社,2018. 7

ISBN 978-7-5109-2215-2

Ⅰ. ①人… Ⅱ. ①最… Ⅲ. ①案例-汇编-中国 Ⅳ. ①D920. 5

中国版本图书馆CIP数据核字(2018)第176803号

**人民法院案例选 2018年第8辑(总第126辑)**

最高人民法院中国应用法学研究所 编

**责任编辑** 兰丽专 **执行编辑** 陈晓璇 马 倩

**出版发行** 人民法院出版社

**地　　址** 北京市东城区东交民巷27号(100745)

**电　　话** (010)67550626(责任编辑) 67550558(发行部查询)

65223677(读者服务部)

**客服QQ** 2092078039

**网　　址** http://www.courtbook.com.cn

**E-mail** courtpress@sohu.com

**印　　刷** 保定彩虹印刷有限公司

**经　　销** 新华书店

**开　　本** 787×1092毫米 1/16

**字　　数** 243千字

**印　　张** 13.5

**版　　次** 2018年7月第1版 2018年7月第1次印刷

**书　　号** ISBN 978-7-5109-2215-2

**定　　价** 50.00元

# 《人民法院案例选》编审委员会委员

（按姓氏笔画为序）

# 出版说明

《人民法院案例选》是最高人民法院最早创办的案例研究连续出版物，也是我国改革开放以后出版时间最早、延续时间最长、出版册数最多的案例研究书籍。创办二十多年来，《人民法院案例选》坚持“反映审判面貌，总结审判经验，研究审判理论，服务审判工作”的编选方针，突出“真实、全面、及时、说理”的编辑特色，从一个侧面记载了人民法院审判工作发展的轨迹，反映人民法院审判活动的面貌，展示了人民法院审判工作的成就，受到了学术界与实务界的普遍关注和喜爱，在全国法院、社会各界乃至国际上都产生了广泛的影响、取得了良好的声誉、得到了广泛的认可，成为法研所乃至最高人民法院的品牌性刊物。

随着法律界对案例分析和案例指导需求的增长，关于案例分析的书刊越来越多，竞争也越来越激烈。同时，也出现了很多问题。一是虽然平台增多，但缺乏集中性、系统性；二是虽然数量增大，但缺乏精选性、经济性；三是虽然来源多元化，但缺乏权威性，给法律工作者使用案例增加了难度。因此，《人民法院案例选》将作出符合读者期待的变化，改为月刊。

改版后的《人民法院案例选》将继续秉承“反映审判面貌、司法水平和指导审判工作并重”的编辑方针，形成“全面、及时、权威、开放”的编辑特色。考虑到最高人民法院发布、评析、编辑案例的权威性和说服力，改版后的《人民法院案例选》将全面收集最高人民法院以各种载体发布的各类典型案例，按照读者最普遍的阅读习惯重新编辑，按月集中展现在读者面前，形成“指导性案例”“公报案例”“审判指导与参考”“典型案例发布”等栏目。同时，《人民法院案例选》继续保留经典的“专题策划”“案例精析”栏目，展现各地法院的优秀案例和司法智慧。

此外，为增强互动性和可读性，《人民法院案例选》增设了“域外撷英”“过把瘾”“专家关注”等栏目。为发挥《人民法院案例选》培育思想、褒奖学术的理念，特推出“案香浮动”栏目，刊登某位法官的三至五个优秀裁判案例，挖掘其中裁判精髓，充分展现专家型法官的个人风采、人生经历、著述思想及对司法事业的热爱与贡献。

为进一步适应案例工作发展的新形势、新要求，提高案例的质量、编写与报送效率，《人民法院案例选》对案例编写报送体例做了部分修改和完善，具体要求请参阅“中国应用法学网”刊载的《〈人民法院案例选〉案例编写体例与报送规范》。

由于水平所限，本书在编辑过程中存在的不当之处，敬祈读者批评、指正。

编　者

二〇一八年一月

# 目录 / CONTENTS

人民法院案例选
2018 年第 8 辑·总第 126 辑

## 一、特别策划·《最高人民法院工作报告》涉及案例

## 二、案例精析

### 刑 事



### 民 事

## 商 事



## 行政及国家赔偿



## 三、域外撷英

# 一、特别策划·《最高人民法院工作报告》涉及案例

**编者按** 最高人民法院院长、首席大法官周强在第十三届全国人民代表大会第一次会议上所作《最高人民法院工作报告》指出：党的十八大以来的五年，是党和国家事业取得历史性成就、发生历史性变革的五年，也是人民法院工作发生深刻变化、取得重大进展的五年。五年来，在以习近平同志为核心的党中央坚强领导下，最高人民法院坚持以习近平新时代中国特色社会主义思想为指导，全面贯彻落实党的十八大和十九大精神，在全国人民代表大会及其常委会有力监督下，认真落实十二届全国人大历次会议决议，忠实履行宪法法律赋予的职责，紧紧围绕"努力让人民群众在每一个司法案件中感受到公平正义"工作目标，坚持司法为民、公正司法，不断提高审判质量效率、队伍素质能力和司法公信力。通过发挥审判职能，为统筹推进"五位一体"总体布局和协调推进"四个全面"战略布局提供有力司法服务和保障，不断增强人民群众获得感、幸福感、安全感。

本辑特别策划对 2018 年《最高人民法院工作报告》中涉及案例进行编选，供广大读者参考。

“严惩电信网络犯罪。会同有关部门出台办理网络犯罪案件的意见，依法惩治网上造谣、传播淫秽物品等犯罪，依法审理‘快播’公司传播淫秽物品牟利等案件，净化网络空间，决不让网络成为法外之地。坚决打击电信网络诈骗犯罪，会同公安部等部门出台适用法律意见，审结徐玉玉被诈骗等案件1.1万件。出台办理侵犯公民个人信息案件司法解释，严惩泄露个人信息、非法买卖信息等犯罪行为，维护公民信息安全。”

——摘自最高人民法院院长周强2018年3月9日在第十三届全国人民代表大会第一次会议上所作《最高人民法院工作报告》。后面的案例即为《最高人民法院工作报告》中提及的陈文辉、郑金锋等诈骗、侵犯公民人个信息案和深圳市快播科技有限公司、王欣等传播淫秽物品牟利案。

# 陈文辉、郑金锋等诈骗、侵犯公民个人信息案

## ——共同实施电信诈骗时被告人刑事责任的认定

关键词：刑事　电信诈骗　共同犯罪　量刑起点　因果关系　自首

### 【裁判要旨】

共同实施电信诈骗的被告人，应当对其参与期间所有的共同犯罪人所拨打的电话次数和诈骗金额承担责任；电信网络诈骗既有既遂，又有未遂，分别达到不同量刑幅度的，应当依照处罚较重的规定确定量刑起点；被害人被诈骗后受不良精神和心理因素的影响而发生心源性休克，继发多器官功能衰竭而死亡，应当认定被害人的死亡结果与诈骗行为之间存在着因果关系；被告人慑于法律的威严而主动投案，但没有主动供述主要犯罪事实的，不能认定具有自首情节。

### 【相关法条】

**《中华人民共和国刑法》第二百六十六条**　诈骗公私财物，数额较大的，处三年以下有期徒刑、拘役或者管制，并处或者单处罚金；数额巨大或者有其他严重情节的，处三年以上十年以下有期徒刑，并处罚金；数额特别巨大或者有其他特别严重情节的，处十年以上有期徒刑或者无期徒刑，并处罚金或者没收财产。本法另有规定的，依照规定。

**第二百五十三条之一**　违反国家有关规定，向他人出售或者提供公民个人信息，情节严重的，处三年以下有期徒刑或者拘役，并处或者单处罚金；情节特别严重的，处三年以上七年以下有期徒刑，并处罚金。

违反国家有关规定，将在履行职责或者提供服务过程中获得的公民个人信息，出售或者提供给他人的，依照前款的规定从重处罚。

窃取或者以其他方法非法获取公民个人信息的，依照第一款的规定处罚。

单位犯前三款罪的，对单位判处罚金，并对其直接负责的主管人员和其他直接责任人员，依照各该款的规定处罚。

**《最高人民法院、最高人民检察院关于办理诈骗刑事案件具体应用法律若干问题的解释》第一条** 诈骗公私财物价值三千元至一万元以上、三万元至十万元以上、五十万元以上的，应当分别认定为刑法第二百六十六条规定的“数额较大”、“数额巨大”、“数额特别巨大”。

各省、自治区、直辖市高级人民法院、人民检察院可以结合本地区经济社会发展状况，在前款规定的数额幅度内，共同研究确定本地区执行的具体数额标准，报最高人民法院、最高人民检察院备案。

**第二条** 诈骗公私财物达到本解释第一条规定的数额标准，具有下列情形之一的，可以依照刑法第二百六十六条的规定酌情从严惩处：

（一）通过发送短信、拨打电话或者利用互联网、广播电视、报刊杂志等发布虚假信息，对不特定多数人实施诈骗的；

（二）诈骗救灾、抢险、防汛、优抚、扶贫、移民、救济、医疗款物的；

（三）以赈灾募捐名义实施诈骗的；

（四）诈骗残疾人、老年人或者丧失劳动能力人的财物的；

（五）造成被害人自杀、精神失常或者其他严重后果的。

诈骗数额接近本解释第一条规定的“数额巨大”、“数额特别巨大”的标准，并具有前款规定的情形之一或者属于诈骗集团首要分子的，应当分别认定为刑法第二百六十六条规定的“其他严重情节”、“其他特别严重情节”。

**第五条** 诈骗未遂，以数额巨大的财物为诈骗目标的，或者具有其他严重情节的，应当定罪处罚。

利用发送短信、拨打电话、互联网等电信技术手段对不特定多数人实施诈骗，诈骗数额难以查证，但具有下列情形之一的，应当认定为刑法第二百六十六条规定的“其他严重情节”，以诈骗罪（未遂）定罪处罚：

（一）发送诈骗信息五千条以上的；

（二）拨打诈骗电话五百人次以上的；

（三）诈骗手段恶劣、危害严重的。

实施前款规定行为，数量达到前款第（一）、（二）项规定标准十倍以上的，或者诈骗手段特别恶劣、危害特别严重的，应当认定为刑法第二百六十六条规定的“其他特别严重情节”，以诈骗罪（未遂）定罪处罚。

**第六条** 诈骗既有既遂，又有未遂，分别达到不同量刑幅度的，依照处罚较重的规定处罚；达到同一量刑幅度的，以诈骗罪既遂处罚。

**《最高人民法院关于处理自首和立功具体应用法律若干问题的解释》第一条** 根据刑法第六十七条第一款的规定，犯罪以后自动投案，如实供述自己的罪行的，是自首。

……

（二）如实供述自己的罪行，是指犯罪嫌疑人自动投案后，如实交代自己的主要犯罪事实。

犯有数罪的犯罪嫌疑人仅如实供述所犯数罪中部分犯罪的，只对如实供述部分犯罪的行为，认定为自首。

共同犯罪案件中的犯罪嫌疑人，除如实供述自己的罪行，还应当供述所知的同案犯，主犯则应当供述所知其他同案的共同犯罪事实，才能认定为自首。

## 【案件索引】

一审：山东省临沂市中级人民法院（2017）鲁13刑初26号（2017年7月19日）

二审：山东省高级人民法院（2017）鲁刑终281号（2017年9月12日）

## 【基本案情】

山东省临沂市人民检察院指控：

### 一、诈骗罪

2015年11月至2016年8月，被告人陈文辉、郑金锋等人交叉结伙，通过网络购买学生信息和公民购房信息，分别在海南省海口市、江西省新余市等地，冒充教育局、财政局、房产局工作人员，以发放贫困学生助学金、购房补贴为名，以高考学生为主要诈骗对象，拨打电话，骗取他人钱款，金额共计56万余元，通话次数共计2.3万余人次，并造成一被害人徐玉玉死亡。

### 二、侵犯公民个人信息罪

2016年6月至8月，被告人陈文辉通过腾讯QQ、支付宝等工具从杜天禹（另案处理）处购买非法获取的山东省高考学生信息10万余条，并使用上述信息实施电信诈骗活动。

公诉机关认为：被告人陈文辉、郑金锋等人以非法占有为目的，实施电信诈骗，情节特别严重，均应当以诈骗罪追究刑事责任。被告人陈文辉以非法方法获取公民个人信息，应当以侵犯公民个人信息罪追究其刑事责任。被告人陈文辉犯数罪，应当数罪并罚。提请法院依法惩处。

被害人徐玉玉的诉讼代理人当庭提出以下代理意见：被告人陈文辉等人冒充国家机关工作人员进行诈骗，诈骗数额巨大，并造成被害人死亡的严重后果，建议依法从重处罚。

被告人陈文辉、郑金锋、黄进春、熊超、陈宝生、郑贤聪、陈福地当庭对公诉机关指控的犯罪事实均予以供认。

被告人陈文辉的辩护人提出以下辩护意见：（1）被害人徐玉玉死亡后，未经过法医学尸体检验、病理组织学检查及毒物检验，仅凭其死亡前的医院抢救病历分析得出的死亡原因存在一定的不确定性，不能证实徐玉玉的死亡与陈文辉的诈骗行为存有必然或者直接的因果关系；即便存有因果关系，徐玉玉的死亡也属多因一果，不能让陈文辉对徐玉玉的死亡后果承担全部责任。（2）陈文辉系主动投案自首。（3）陈文辉有悔罪表现。（4）陈文辉购买公民个人信息的行为主观恶性较小。

被告人郑金锋的指定辩护人提出以下辩护意见：（1）指控郑金锋在钦州市诈骗数额过高，以熊超名字开户用于收存本起诈骗赃款的银行卡中有合法正当的借贷、转账等交易往来119300元，应当从诈骗数额中予以扣除，该起诈骗数额应为64200元。（2）郑金锋在2016年5月下旬才为陈文辉在新余市的诈骗犯罪介绍取款人，不应对新余市的全部诈骗犯罪承担责任。郑金锋在2016年8月8日才为陈文辉在九江市的诈骗犯罪取款，不应对九江市的全部诈骗犯罪承担责任。（3）郑金锋在九江市、新余市和海口市的诈骗犯罪中仅起次要、辅助作用，系从犯。（4）郑金锋认罪态度好，有悔罪表现。

被告人黄进春的辩护人提出以下辩护意见：（1）黄进春所参与的诈骗犯罪中，从犯意的提起、犯罪地点的选择、作案工具的准备等均不是黄进春所为，其在诈骗活动中处于被动地位，所得赃款少，起次要作用，系从犯。（2）指控黄进春诈骗数额过高，拨打诈骗电话次数过多。（3）黄进春在九江市干了20多天就离开了，系因害怕而主动放弃犯罪，属于犯罪中止。（4）黄进春认罪态度好，有悔罪表现。

被告人熊超的指定辩护人提出以下辩护意见：（1）在钦州市实施诈骗犯罪时，租房、准备作案工具和被诈骗人员信息的搜集均由郑金锋负责，熊超只负责拨打电话、做饭等，并接受郑金锋安排为陈文辉转移诈骗赃款，所得赃款较少，在共同犯罪中起次要作用，系从犯。（2）熊超认罪态度好，有悔罪表现。

被告人陈宝生的指定辩护人提出以下辩护意见：（1）陈宝生所参与的诈骗犯罪中，既不是犯意的提起者，也不是犯罪活动的组织者，在共同犯罪中起次要作用，系从犯。（2）陈宝生具有投案自首情节。（3）陈宝生认罪态度好，有悔罪表现。

被告人郑贤聪的指定辩护人提出以下辩护意见：（1）郑贤聪主动投案并如实供述所犯罪行，系自首。（2）郑贤聪所参与的诈骗犯罪中，从作案工具的购买、被诈骗人员信息的搜集、诈骗流程及组织策划、赃款分配等环节可以看出，郑贤聪听从陈文辉的指挥，系从犯。（3）郑贤聪认罪态度好，有悔罪表现。

被告人陈福地的指定辩护人提出以下辩护意见：（1）陈福地只参与了四次取款共计9200元，不能认定为诈骗数额巨大。（2）陈福地所参与的诈骗犯罪中，其只参与部分取款，所起作用较小，系从犯。（3）陈福地认罪态度好，积极退赃1万元，有悔罪表现。

法院经审理查明：

## 一、诈骗事实

2015年11月至2016年8月，被告人陈文辉、郑金锋、黄进春、熊超、陈宝生、郑贤聪、陈福地等人交叉结伙，通过网络购买学生信息和公民购房信息，分别在江西省九江市、新余市、广西壮族自治区钦州市、海南省海口市等地租赁房屋作为诈骗场所，分别冒充教育局、财政局、房产局的工作人员，以高考学生为主要诈骗对象，以发放贫困学生助学金、购房补贴为名，拨打诈骗电话2.3万余次，骗取他人钱款共计56万余元，并造成被害人徐玉玉死亡。

其中，被告人陈文辉在江西省九江市、新余市纠集人员实施诈骗犯罪，拨打诈骗电话1.3万余次，诈骗金额共计311990元；被告人郑金锋在广西壮族自治区钦州市、海南省海口市纠集人员实施诈骗犯罪，并为陈文辉等人在九江市、新余市实施诈骗时转移赃款，拨打诈骗电话2.3万余次，诈骗金额共计545033元；被告人黄进春参与九江市、新余市、钦州市的诈骗犯罪，拨打诈骗电话1.1万余次，诈骗金额225493元；被告人熊超参与钦州市的诈骗犯罪，参与拨打诈骗电话1.1万余次，诈骗金额224944元，并帮助陈文辉等人在九江市实施诈骗时转移赃款；被告人陈宝生参与九江市、新余市的诈骗犯罪，参与拨打诈骗电话1.1万余次，诈骗金额270556元；被告人郑贤聪参与九江市的诈骗犯罪，参与拨打诈骗电话2000余次，诈骗金额84700元；被告人陈福地帮助陈文辉等人在九江市实施诈骗时转移赃款84700元。具体事实分述如下：

1.2016年7月初，被告人陈文辉、黄进春、郑金锋共谋实施电信诈骗。同年7月6日，陈文辉、黄进春租赁江西省九江市浔阳区信华城市花园一期21栋××室作为犯罪场所。陈文辉购买了电脑、打印机、手机、手机卡等作案工具和高考学生信息。陈文辉又联系被告人陈宝生，三被告人以发放贫困学生助学金为名实施诈骗。7月底，郑金锋把吴某某（未达刑事责任年龄）介绍给陈文辉到九江市实施诈骗后，黄进春离开。8月初，陈文辉又联系被告人郑贤聪及其妻子陈某（另案处理）到九江市实施诈骗。8月中旬，陈宝生离开。陈文辉、郑贤聪、吴首耀、陈某四人实施诈骗至8月19日。期间，陈文辉一直使用郑金锋介绍的取款人为其转移诈骗赃款。8月8日，郑金锋与陈文辉约定由自己转移诈骗赃款，并具体组织陈福地、熊超帮助陈文辉等人共转移诈骗赃款84700元。上述被告人共拨打诈骗电话7000余次，骗取被害人徐玉玉、郝某某、孙某一、范某某、孙某二、袁某某、王某一、申某某、张某某、郭某一、王某二、洪某、金某某、杨某某、李某一等人钱款共计228100元，并造成被害人徐玉玉死亡。

2.2016年4月，被告人陈文辉、黄进春共谋冒充教育局、财政局工作人员，以发放助学金的名义实施电信诈骗。同年4月3日，陈文辉、黄进春租赁江西省新余市江山御景小区2栋3单元××室作为诈骗场所。陈文辉购买了电脑、打印机、手机、手机卡等作案工具和高考学生信息，二人拨打诈骗电话十余天后离开。同年5月，陈文辉、黄进春返回新余市继续实施诈骗，又分别联系陈宝生、“女人强”（另案处理）共同实施诈骗至6月底。同年5月底，郑金锋为陈文辉介绍取款人帮助转移赃款63445元。上述被告人共拨打诈骗电话6000余次，骗取被害人刘某某、郭某二、黄某某、冯某、张某某等人的钱款共计83890元。

3.2016年4月，被告人郑金锋、黄进春、熊超共谋到广西壮族自治区钦州市实施电信诈骗，三人租赁万锦华府小区6栋1单元××室作为诈骗场所。郑金锋购买了电脑、打印机、手机、手机卡等作案工具和公民个人信息，冒充教育局或房管局的工作人员，以发放贫困学生助学金和购房补贴为名，拨打诈骗电话。5月初，黄进春离开钦州市，郑金锋、熊超又分别联系郑文强（另案处理）、吴首耀到钦州市实施诈骗。上述被告人共拨打诈骗电话1万余次，骗取被害人周某某、丁某某、李某二、赖某某等人钱款共计183500元。

4.2015年11月17日，被告人郑金锋和陈肇升（另案处理）租赁海南省海口市秀英区洛杉矶城小区B座一单元××室作为诈骗场所实施电信诈骗。

同年12月6日，郑金锋和陈肇升冒充教育局、财政局工作人员，以发放贫困学生助学金为名，拨打电话，骗取福建省柘荣县被害人林某某69988元。陈福宗、陈清金、陈德才、孙明福、陈文林（均另案处理）为郑金锋转移诈骗赃款。

## 二、侵犯公民个人信息事实

2016年6月至8月，被告人陈文辉为实施电信诈骗犯罪，通过腾讯QQ、支付宝等工具从杜天禹处购买非法获取的山东省高考学生信息10万余条。

另查明，2016年8月27日，被告人陈文辉、郑贤聪通过新闻媒体得知徐玉玉被骗死亡后，分别到福建省安溪县公安局、永春县公安局投案。同年10月29日，被告人陈宝生到安溪县公安局投案。被告人郑金锋、黄进春、熊超、陈福地均被抓获归案。

## 【裁判结果】

山东省临沂市中级人民法院于2017年7月19日作出（2017）鲁13刑初26号刑事判决：以诈骗罪判处被告人陈文辉无期徒刑，剥夺政治权利终身，并处没收个人全部财产；以侵犯公民个人信息罪判处其有期徒刑五年，并处罚金人民币3万元，决定执行无期徒刑，剥夺政治权利终身，并处没收个人全部财产；以诈骗罪判处被告人郑金锋有期徒刑十五年，并处罚金人民币60万元；其他被告人均被判处有期徒刑；责令被告人陈文辉、郑金锋等共同退赔相关被害人经济损失。

宣判后，被告人陈文辉等不服，提出上诉。山东省高级人民法院于2017年9月12日作出（2017）鲁刑终281号刑事裁定：驳回上诉，维持原判。

## 【裁判理由】

法院生效裁判认为：上诉人陈文辉及原审被告人郑金锋等人，以非法占有为目的，虚构事实真相，通过拨打诈骗电话的方式骗取他人钱款，其行为依法均构成诈骗罪。陈文辉为实施诈骗犯罪，通过购买的方式获取大量的公民个人信息，其行为又构成侵犯公民个人信息罪。上诉人陈文辉组织并实施诈骗犯罪活动，应对其组织的全部犯罪活动承担刑事责任。陈文辉组织的诈骗犯罪活动中，冒充国家机关工作人员，骗取在校学生钱款，拨打诈骗电话共计1.3万余人次，依法应当认定情节特别严重。被害人徐玉玉因接听陈文辉等人的诈骗电话被骗取钱款后即出现不良精神和心理状态，发生心源性休克并继发多器官功能衰竭而死亡，应当认定徐玉玉的死亡与陈文辉等人实施的诈骗行为之间具有因果关系。陈文辉诈骗数额巨大，并造成一名被害人死亡，系罪责最为严重的主犯，依法应当从重处罚。本案案发后，陈文辉虽主动到公安机关投案，但其在供述自己的犯罪事实时，避重就轻，未如实供述自己实施诈骗和侵犯公民个人信息的主要犯罪事实，且作为主犯，亦未供述其他多名同案犯的共同犯罪事实，依法不能认定其具有自首情节。陈文辉所犯侵犯公民个人信息罪中，非法获取公民个人信息10万余条，情节特别严重，依法不予从轻处罚。被告人郑金锋组织、指挥在广西壮族自治区钦州市、海南省海口市的诈骗犯罪活动，积极参与陈文辉在江西省九江市、新余市的诈骗犯罪活动，拨打诈骗电话共计2.3万余人次，诈骗数额特别巨大，犯罪情节特别严重；郑金锋冒充国家机关工作人员，骗取在校学生钱款，并造成一名被害人死亡，酌情从重处罚。鉴于其在造成被害人死亡的诈骗犯罪过程中，作用相对较小，且认罪态度较好，依法可从轻处罚。

## 【案例注解】

### 一、共同实施电信诈骗的被告人，应当对其参与期间共同犯罪人所拨打的电话次数和诈骗金额承担责任

《刑法》第二十五条第一款规定，共同犯罪是指二人以上共同故意犯罪。共同犯罪分子具有共同犯罪的故意，对其行为的性质和造成或将要造成的危害结果都是明知的，而且故意的内容在彼此之间是相互沟通、协调的，使得各个共同犯罪分子的活动具有内在的一致性，对于危害结果的发生持追求或者放任的态度。基于主观上的共同故意，行为人的行为彼此相关，相互配合，即使所实施的行为不完全相同，但都对危害结果的发生起着一定的作用，故共同犯罪犯罪人均应对其所参与的共同犯罪期间所有的犯罪活动承担责任。当然，根据《刑法》第二十七条的规定，应当根据共同犯罪人在共同犯罪活动中所处的地位、具体罪行的大小以及对犯罪结果所起的作用等犯罪分析，以区分主从。《刑法》第二十六条第四款规定，对于组织、领导犯罪集团的首要分子以外的主犯，应当按照其所参与的或者组织、指挥的全部犯罪处罚。此即明确，主犯应当对其参与的犯罪承担责任，而对于起组织、指挥作用的主犯来说，基于其

往往是犯意的发起者，认识到自己的组织、指挥行为以及与他人共同实施犯罪行为会发生危害社会的结果，具有较深的主观恶性。组织、指挥者在共同犯罪中起组织、领导、策划、指挥的作用，对于整个犯罪过程具有操控性的支配地位，进而对于危害结果或者危险的发生具有原因力的作用，具有核心的主导作用，故应当对组织、指挥的全部犯罪承担责任。

《最高人民法院、最高人民检察院、公安部关于办理电信网络诈骗等刑事案件适用法律若干问题的意见》（以下简称《意见》）中规定，全部犯罪包括能够查明具体诈骗数额的事实和能够查明发送诈骗信息条数、拨打诈骗电话人次数、诈骗信息网页浏览次数的事实。多人共同实施电信网络诈骗，犯罪嫌疑人、被告人应对其参与期间该诈骗团伙实施的全部诈骗行为承担责任。明知他人实施电信网络诈骗犯罪，帮助转移诈骗犯罪所得及其产生的收益，套现、取现的，以共同犯罪论处。

具体到本案犯罪事实的认定方面，上诉人陈文辉在江西省九江市、新余市，原审被告人郑金峰在广西壮族自治区钦州市、海南省海口市，二人分别组织多人实施电信诈骗，作为组织、指挥者，应当对所组织的全部犯罪承担责任。陈文辉组织多人在九江市拨打诈骗电话共计7000余人次，诈骗所得金额22万余元；在新余市拨打诈骗电话共计6000余人次，诈骗所得金额8万多元，法院生效裁判认定陈文辉拨打诈骗电话1.3万余人次，诈骗金额共计31万余元是正确的。郑金锋组织多人在钦州市拨打诈骗电话共计1万余人次，诈骗所得金额18万余元；在海口市通过拨打电话诈骗所得金额6万多元，故郑金峰作为组织者应当对其组织人员在钦州市、海口市拨打的诈骗电话1万余人次、诈骗金额24万余元承担刑事责任。由于郑金峰在陈文辉实施电信诈骗犯罪活动之前与其共谋，由郑金峰为陈文辉组织的诈骗活动转移赃款，系事前有共谋的共同犯罪，客观方面郑金峰也实施了为陈文辉等人的诈骗赃款转移、取现行为并取得了约定的提成，郑金峰应当对陈文辉组织的在九江市、新余市的诈骗行为承担刑事责任，故生效裁判认定郑金峰拨打诈骗电话2.3万余人次，诈骗金额共计54万余元。对于同案其他被告人，应当根据其在共同实施诈骗犯罪活动中地位及所起的作用等方面综合评价，区分主从，根据其参与期间共同犯罪人拨打诈骗电话、诈骗金额的总数量认定犯罪事实，并贯彻宽严相济的刑事政策予以裁判。

## 二、实施电信诈骗，既有既遂，又有未遂，分别达到不同量刑幅度的，依照处罚较重的规定处罚，达到同一量刑幅度的，以诈骗罪既遂处罚

《最高人民法院、最高人民检察院关于办理诈骗刑事案件具体应用法律若干问题的解释》（以下简称《解释》）第六条规定，诈骗既有既遂，又有未遂，分别达到不同量刑幅度的，依照处罚较重的规定处罚；达到同一量刑幅度的，以诈骗罪既遂处罚。《意见》对此亦有同样的规定内容，并且明确，对实施电信网络诈骗犯罪的被告人裁量刑罚，在确定量刑起点、基准刑时，一般应就高选择。确定宣告刑时，应当综合全案事实情节，充分考虑从重、从轻等量刑因素的价值和影响，确保罪刑相适应。

诈骗罪是典型的数额犯，犯罪形态既遂与未遂并存的情形非常普遍，在按照《意见》均构成犯罪的情况下，如何确定量刑起点往往成为诉辩双方争议的焦点问题。在电信诈骗犯罪案件中，被告人实施的未遂部分常常是其所实施的犯罪行为的绝大部分，确定量刑起点这个问题尤其突出。对此，应当根据《解释》《意见》的规定，在确定被告人适用的法定刑幅度时，先就未遂部分进行是否减轻处罚的评价，确定未遂部分所对应的法定刑幅度，再与既遂部分所对应的法定刑幅度进行比较，确定对被告人适用的法定刑幅度。如果未遂部分对应的法定刑幅度较重，应当以未遂部分对应的法定刑幅度确定为对被告人适用的法定刑幅度，将包括既遂部分在内的其他情节以及未遂部分的未遂情节一并作为量刑起点的调节要素确定基准刑。如果既遂部分对应的法定刑幅度较重或者与未遂部分对应的法定刑幅度相同的，应当以既遂部分对应的法定刑幅度确定对被告人适用的法定刑幅度，将包括未遂部分在内的其他情节作为确定量刑起点的调节要素。

本案中，上诉人陈文辉拨打诈骗电话1.3万余人次，诈骗金额共计31万余元，依照《解释》《意见》的规定，其拨打诈骗电话人次超过5000人次，依法应当认定为情节特别严重，但从全部案情来看，所拨打电话的全部人次中绝大部分系未遂。陈文辉诈骗所得31万余元，达到数额巨大的标准，依法应当认定为情节严重，这部分属于其诈骗既遂的部分。按照上述确定基准刑的原则，因陈文辉的全部犯罪既遂部分与未遂部分并存，且处于不同的法定量刑幅度，其未遂部分所处的法定量刑幅度较重，既遂部分所处的量刑幅度较轻，应当对其未遂部分是否减轻处罚作出评价。当前，电信诈骗犯罪活动猖獗，被害人人数多、范围广，社会危害性很大，属于应当严厉打击的犯罪类型。陈文辉

拨打诈骗电话人次超过法定特别严重情节数额标准的两倍以上，且其案件在社会上受到广泛关注，社会影响极其恶劣，不能对其未遂部分减轻处罚，故应当确定十年以上有期徒刑或者无期徒刑作为对其量刑的起点。陈文辉组织多人冒充国家工作人员，骗取在校学生钱款，在诈骗过程造成被害人徐玉玉死亡，综合考量这些从重处罚情节，原审法院判处其无期徒刑的量刑结果是正确的。原审被告人郑金峰拨打诈骗电话2.3万余人次，诈骗金额共计54万余元，所认定的拨打诈骗电话人次中绝大部分系未遂，所对应的量刑幅度与诈骗既遂获取的诈骗金额处于同一量刑幅度，依法应当确定十年以上有期徒刑或者无期徒刑作为对其量刑的起点。郑金峰冒充国家机关工作人员，骗取在校学生钱款，并造成一名被害人死亡，应当酌情从重处罚。在诈骗被害人徐玉玉的犯罪过程中，郑金锋根据分工，帮助转移赃款，作用相对小于陈文辉，且认罪态度较好，原审法院对其从轻处罚判处有期徒刑十五年，量刑是适当的。原审法院对本案其他被告人量刑时，根据以上确定量刑起点原则，分别确定了相应的量刑起点，根据各被告人在共同犯罪中所处的地位、起的作用以及其本人所具有的从轻、从重处罚情节，在确定基准刑的基础上，分别予以从轻、减轻或者从重处罚，做到了罪责刑相适应的量刑要求。

## 三、被害人被诈骗后出现忧伤、焦虑、情绪压抑等不良精神和心理因素的情况下发生心源性休克，继发多器官功能衰竭而死亡，应当认定死亡结果与诈骗行为之间存在着因果关系，属于相关法律规定的实施电信诈骗造成被害人死亡严重后果的情形

被害人被诈骗之后死亡，其死亡结果与诈骗行为之间是否存在因果关系，在类似诈骗犯罪案件中都是犯罪事实认定的难点。

刑法上的因果关系不仅仅是一个事实问题，更为重要的是一个法律问题。对于刑法中的因果关系的认定，应当从事实和法律两个方面加以考察，坚持行为事实与价值评判相统一，作为行为事实的因果关系只有经过价值判断，才能转化为犯罪的因果关系，使之成为承担刑事责任的根据。因此，认定因果关系的成立，首先要确定事实因果关系的存在，在此基础上，具有法律因果关系的，才能认定。事实因果关系是原因和结果之间决定和被决定、引起和被引起的关系，这种关系只是一种抽象的理论模式，现实生活中是具体的，具有特定性。其表现形式多种多样，除了一因一果的关系之外，还有多因一果与一因多果等情形。传统刑法理论上，对于因果关系曾有偶然因果关系之说，指某种行为本身不包含产生某种危害结果的必然性，但在其发展过程中，偶然又有其他

原因加入其中，即偶然地同另一原因的展开过程相交错，由后来介入的这一原因合乎规律地引起了这种危害结果的发生。《解释》第二条规定，造成被害人自杀、精神失常或者其他严重后果的属于从重处罚的情节，《意见》中亦规定，造成被害人死亡或者其近亲属自杀、死亡或者精神失常等严重后果的，酌情从重处罚，此即从法律层面上设定了标准，将诈骗犯罪中造成被害人死亡的情形确定了法律上因果关系的存在。

本案中，判断被害人徐玉玉的死亡与陈文辉等人实施的诈骗行为之间是否存在刑法上的因果关系，亦需要从事实和法律规范等角度综合评价。在案证据证实，徐玉玉在被骗之前，身体健康状况良好，没有足以危及生命的健康隐患。徐玉玉死亡原因分析意见书证实，徐玉玉在被骗后出现忧伤、焦虑、情绪压抑等不良精神和心理因素的情况下发生心源性休克，继发多器官功能衰竭而死亡。相关证据排除了徐玉玉因机械性损伤、正常疾病导致死亡的可能性，从身体健康到死亡，且发生在很短的时间内，这期间陈文辉等人的诈骗行为无疑是导致徐玉玉死亡的重大诱因。因此，徐玉玉的死亡结果与陈文辉等人实施的诈骗行为之间存在着密切的客观联系，具有事实上的因果关系。陈文辉等人实施电信诈骗，置不特定人的合法权益于现实的危险中，是法律所不容许的，其行为具有违法性、有责性、可罚性的内容。虽然徐玉玉的死亡超出陈文辉等人的主观意愿范畴，但陈文辉等人的诈骗行为直接造成徐玉玉忧伤、焦虑、情绪压抑等不良精神和心理因素的出现，发生心源性休克后死亡，属于相关法律规定的实施电信诈骗造成被害人死亡后果的情形，具有刑法上的因果关系，陈文辉等人对此应承担相应的刑事责任。

## 四、被告人作案后，慑于法律的威严而主动投案，但没有主动供述主要犯罪事实的，不能认定具有自首情节

《最高人民法院关于处理自首和立功具体应用法律若干问题的解释》中规定，犯罪嫌疑人自动投案后，如实供述自己的罪行，是指如实交代自己的主要犯罪事实。犯有数罪的犯罪嫌疑人仅如实供述所犯数罪中部分犯罪的，只对如实供述部分犯罪的行为，认定为自首。共同犯罪案件中的犯罪嫌疑人，除如实供述自己的罪行，还应当供述所知的同案犯，主犯则应当供述所知其他同案的共同犯罪事实，才能认定为自首。据此，犯罪嫌疑人虽然主动投案，但没有同时交代其主要犯罪事实，或者主犯没有供述所知其他同案的共同犯罪事实的，不能认定具有自首情节。

上诉人陈文辉实施诈骗犯罪活动过程中，看到新闻媒体报道了徐玉玉被诈

骗后死亡的消息后，立即指使同案被告人停止进行诈骗活动并抛弃作案工具，后慑于法律的威严，到当地公安机关投案，但其在接受公安机关讯问时，除供述诈骗徐玉玉的事实外，避重就轻，仅供述诈骗数额1万余元，且作为九江市、新余市诈骗共同犯罪的纠集者，未交代其余多名同案犯的犯罪事实，仅在其他犯罪嫌疑人供述了相关犯罪事实之后，陈文辉才予以供述，属于未如实供述主要犯罪事实，依法不能认定其所犯诈骗罪具有自首情节。同时，陈文辉亦未对其侵犯公民个人信息的犯罪事实如实供述，依法对其所犯侵犯公民个人信息罪也不能认定具有自首情节。

近年来，我国电信诈骗犯罪活动猖獗，司法实践中此类案件的审理会遇到很多很多问题，而徐玉玉被诈骗案中对案件事实认定、刑罚适用等有非常重要的借鉴意义。为依法打击该类犯罪，确保公正裁判，审理此类案件时，应当注意以下问题：

一是关于犯罪事实的认定方面。被告人拨打诈骗电话人次数和诈骗金额的认定方面。基本原则是，共同实施电信诈骗的被告人，应对其参与期间共同犯罪人所拨打的电话次数和诈骗金额承担责任，认定为其犯罪事实。《意见》对此已有明确的规定，如本案有公安机关提取的被告人拨打诈骗电话的通讯记录，即可以该客观证据予以认定；公诉机关不能提供详细通讯记录的，可以根据被告人供述每天拨打的电话人次，结合其作案天数予以认定。认定诈骗金额方面，有公安机关提取的能够直接证实确切诈骗所得金额客观证据的可以直接予以认定，确因被害人人数众多等客观条件限制，无法逐一收集被害人陈述的，可以结合已收集的被害人陈述以及银行交易记录、第三方支付结算账户交易记录等证据，综合认定被害人人数及诈骗金额。

二是关于刑罚适用方面。实施电信诈骗，全案既有既遂又有未遂的，在确定量刑起点时，既遂、未遂分别达到不同量刑幅度的，应当依照处罚较重的规定确定量刑起点；处于同一量刑幅度的，应当以诈骗罪既遂处罚。

（**一审法院合议庭成员**　徐映波　候培栋　李殿基
**二审法院合议庭成员**　谢　萍　蒋海年　李仲轲
**编写人**　山东省高级人民法院　李仲轲
**责任编辑**　杨　奕
**审稿人**　李玉萍）

# 深圳市快播科技有限公司、王欣等传播淫秽物品牟利案

## ——网络信息服务提供者刑事责任的认定

关键词：刑事　传播淫秽物品牟利罪　网络信息服务提供者　作为和不作为　单位直接负责的主管人员

## 【裁判要旨】

以P2P技术为依托的网络视频信息服务提供企业，在向网络用户提供视频服务的过程中不仅拉拽淫秽视频文件存储在缓存服务器里，参与了部分不法用户传播淫秽视频的过程，而且在明知其经营、管理的网络服务系统被用于传播淫秽视频的情况下，出于扩大经营、非法牟利目的，拒不履行监管和阻止义务，放任其网络平台大量传播淫秽视频，从作为和不作为的角度讲，都具有明显的社会危害性和刑事违法性，应当构成犯罪。在该企业中，对涉及核心产品研发、营销的部门具有决策权和管理权的负责人，应当认定为直接负责的主管人员，对单位传播淫秽物品牟利的犯罪行为亦应承担相应的刑事责任。

## 【相关法条】

**《中华人民共和国刑法》第三百六十三条第一款**　以牟利为目的，制作、复制、出版、贩卖、传播淫秽物品的，处三年以下有期徒刑、拘役或者管制，并处罚金；情节严重的，处三年以上十年以下有期徒刑，并处罚金；情节特别严重的，处十年以上有期徒刑或者无期徒刑，并处罚金或者没收财产。

**第三百六十六条**　单位犯本节第三百六十三条、第三百六十四条、第三百六十五条规定之罪的，对单位判处罚金，并对其直接负责的主管人员和其他直

接责任人员，依照各该条的规定处罚。

## 【案件索引】

一审：北京市海淀区人民法院（2015）海刑初字第512号（2016年9月13日）

二审：北京市第一中级人民法院（2016）京01刑终592号（2016年12月15日）

## 【基本案情】

北京市海淀区人民检察院起诉书指控：被告人王欣系快播公司法定代表人及首席执行官，被告人吴铭系快播公司快播事业部总经理，被告人张克东系快播公司快播事业部副总经理兼技术平台部总监，被告人牛文举系快播公司快播事业部副总经理兼市场部总监。被告单位快播公司自2007年12月成立以来，基于流媒体播放技术，通过向国际互联网发布免费的QVOD媒体服务器安装程序（以下简称QSI）和快播播放器软件的方式，为网络用户提供网络视频服务。期间，被告单位快播公司及其直接负责的主管人员被告人王欣、吴铭、张克东、牛文举以牟利为目的，在明知上述QVOD媒体服务器安装程序及快播播放器被网络用户用于发布、搜索、下载、播放淫秽视频的情况下，仍予以放任，导致大量淫秽视频在国际互联网上传播。2013年11月18日，北京市海淀区文化委员会（以下简称海淀文委）从位于本市海淀区北京网联光通技术有限公司（以下简称光通公司）查获快播公司托管的服务器4台。后北京市公安局从上述3台服务器里提取了29841个视频文件进行鉴定，认定其中属于淫秽视频的文件为21251个。被告人吴铭、张克东、牛文举于2014年4月23日被抓获归案，被告人王欣于2014年8月8日被抓获归案。北京市海淀区人民检察院认为，被告单位快播公司及被告人王欣、吴铭、张克东、牛文举以牟利为目的，传播淫秽物品，情节特别严重，其行为均已构成传播淫秽物品牟利罪，提请北京市海淀区人民法院依据《刑法》第三百六十三条第一款、第三百六十六条、第三十条、第三十一条之规定，对被告单位快播公司及被告人王欣、吴铭、张克东、牛文举分别定罪量刑。

控辩双方围绕本案定性等焦点问题在两次庭审辩论过程中均发表了意见。

被告单位、各被告人及辩护人在第一次庭审中发表辩护意见认为，本案事实不清、证据不足、程序违法、适用法律错误，指控罪名不能成立。辩护意见概括如下：（1）就传播“主体”认定方面，不能确定起获的4台服务器是否为快播公司控制和管理；合同约定应由光通公司删除违法内容，不应由快播公司对服务器中的淫秽视频承担法律责任；快播公司也不属于放任他人在其网站上发布淫秽视频的责任主体。（2）就传播“内容”认定方面，涉案起获的服务器内的文件为视频文件碎片，不能将鉴定书所鉴定的数量作为定罪量刑依据，且快播公司不是这些视频文件的发布者和使用者。（3）就传播“行为”认定方面，快播公司提供的是技术服务，没有传播、发布、搜索淫秽视频行为，也不存在帮助行为；快播技术不是专门发布淫秽视频的工具，而是提供缓存服务以提高网络传输效率，为用户提供P2P视频点播技术服务；基于技术中立原则，对快播公司的行为应适用避风港原则，快播公司不应为网络用户传播淫秽物品承担刑事责任；快播公司实际上是因其先进的流媒体技术被终端用户用于发布和分享淫秽信息的被害者；没有证据显示涉案缓存服务器中的淫秽视频曾经被某些用户浏览或下载，没有证据证明快播公司从涉案服务器中获取任何直接利益，没有证据证明快播公司从涉案服务器获取非法利益的具体数额。（4）就“网络安全管理义务和措施”方面，快播公司只是播放工具软件的开发者和提供者，并不是网络信息提供者或者网络服务运营商，没有查处、屏蔽淫秽视频的法定义务；快播公司采取了监管措施，设置了“110”不良信息管理平台，屏蔽了大量不良视频，履行了网络安全管理义务；现有技术对淫秽视频难以有效杜绝，若全部审查视频内容需要大量人力物力成本，快播公司及各被告人不具备防范和杜绝他人利用快播软件传播淫秽信息的技术能力。（5）就“主观故意”方面，没有证据证明快播公司及各被告人有通过传播淫秽视频牟利的目的，或放任传播淫秽视频的间接故意。快播公司不具备刑法意义上“明知”的主观要件，涉案视频文件是碎片存储，并非完整的视频，快播公司不可能“明知”缓存服务器里存储的视频是淫秽视频；2012年和2013年受行政处罚的内容与快播播放器的运营模式、淫秽内容没有关系。（6）就“被告单位及各被告人的具体责任”方面，控方未能证明快播公司及各被告人与传播淫秽视频的直接行为人存在共同的犯罪故意，在公诉机关没有追究直接传播人员刑事责任的情况下，不宜单独追究软件开发者的刑事责任；被告人吴铭及其辩护人认为吴铭不是公司的股东，只是挂名事业部总经理，并不实际负责具体业务，对涉案4台服务器及存储视频的情况并不了解，不具备犯罪时间和行为，不应对涉案软件开发行为承担法律责任；被告人牛文举及其辩护人认为牛文举较为全面地履行了自己的职责，及时上报整改情况，取得了显著成效，不应承担法律责任。

在第二次庭审过程中，被告单位、被告人王欣、张克东、牛文举对指控事实和罪名均表示无异议，其辩护人主要围绕量刑情节做了罪轻辩护，希望对被告单位和各被告人从宽处罚。辩护意见概括如下：（1）量刑应该考虑本案发生的特殊社会环境和网络犯罪特点，防止对被告人主观认知评价不足。（2）快播公司不是淫秽视频直接传播者，仅是怠于履行监管职责，主观上不具有直接、主动传播意义上的明知，放任心态是由于屏蔽技术难度较大造成的，在主观恶性上应区别于能管而不管。（3）快播公司并非网站，仅是提供了一个传播通道，不应适用相关司法解释规定；且涉案4台服务器获利情况、淫秽视频数量均不明，淫秽视频数量也不是判定法定刑升格唯一标准，建议不适用情节特别严重，而应认定情节一般或情节严重。（4）王欣具有自首情节；张克东系从犯，应在三年有期徒刑以下判处刑罚并适用缓刑；牛文举尽到了监管职责，不是公司股东，无决策权，系从犯。被告人吴铭及其辩护人对快播公司构成传播淫秽物品牟利罪不持异议。吴铭坚持认为本人工作分工与视频监管没有关系，不应对快播公司行为承担法律责任。其辩护人认为吴铭担任快播事业部总经理前，快播软件及缓存服务器就已经存在，吴铭对此并无实际决定权，对于涉案4台缓存服务器也不知情，其行为不应当构成犯罪；如果法院认定有罪，希望考虑到本案案情，判处其三年有期徒刑以下刑罚并适用缓刑。

公诉机关发表公诉意见，认为起诉书指控事实清楚，证据确实、充分，已证明被告单位及各被告人的行为构成传播淫秽物品牟利罪，具有严重的社会危害性，应当依法追究刑事责任。经过两次庭审，结合被告单位及被告人在第二次庭审中作出的有罪供述，也进一步证明了被告单位和各被告人的行为构成传播淫秽物品牟利罪。公诉意见概括如下：（1）快播公司在网上发布QSI资源发布工具和快播用户端软件（播放器），在快播管理的调度服务器、存储服务器、QSI软件、快播播放器以及网站站长、用户之间形成了一个可以实现发布、搜索、下载、存储和观看功能的综合性网络平台。在这个网络平台中，所有视频资源都可以实现无障碍、无筛选、无监管的自由流通。而所有视频的上传、观看、分享和采集用户观影特征、调度选择、网络优化等功能，都是在快播后台调度服务器的统一处理下完成的。快播公司对平台上的视频内容不加审核，且在明知存在大量淫秽视频的情况下仍不落实监管责任，反而架设缓存服务器，用以存储大量淫秽视频，为用户随时提供下载流量补偿服务，并开发碎片化视频存储方式规避风险。作为快播网络平台的控制与管理者，快播公司及王欣等人对本公司视频网络平台中存在海量淫秽视频完全明知。按照有关法律规定，快播公司依法应当积极采取技术手段将海量淫秽视频加以屏蔽和监管，同时也有足够的专业能力对淫秽视频进行有效的管控。但快播公司并没有进行实际意义上的管控，而是为了追逐经济利益放任淫秽视频在网络空间广泛传播。快播公司曾经因为没有落实有关监管责任和快播网络中存在大量淫秽视频两次受到行政处罚，但仍不思整改、不实际履行监管责任，不但没有采用视频关键帧提取、淫秽视频图像识别等行业常见的、成熟的屏蔽手段，且连最基础的关键词、二级域名屏蔽等措施也没有认真实行，这种有悖于行业常规的做法也进一步反映出快播公司对淫秽视频监管的懈怠，进而导致了海量淫秽视频持续、广泛传播。作为快播公司的管理者，被告人王欣等人清楚知道海量淫秽视频能够带来用户数增长和流量增加，进而为快播公司带来可观的广告收益和经济利益。快播公司在全国各地架设的上千台缓存服务器也对淫秽视频的传播起到了推波助澜的作用。（2）技术本身无罪，但如果使用技术的人用以危害社会，就是违法犯罪。快播公司的运营模式已不仅仅是单纯的提供技术服务，而是一种利用技术手段实施的犯罪行为，不能因技术中立原则而免除刑事责任。（3）本案不同于传统传播淫秽物品牟利的案件，从快播公司传播行为与用户行为的混同性、快播大型网络传输平台的特殊性、快播公司自主研发技术的特别性、社会对新型技术发展产生负面效应的容忍性等方面考虑，快播公司放任传播淫秽物品和据此牟利的行为具有间接性。根据罪责刑相适应的刑法原则，快播公司及各被告人的刑事责任应当区别于传统的直接传播淫秽牟利的犯罪主体的刑事责任。（4）本案属于单位犯罪，快播公司和三名被告人在庭审中均明确表示认识到了快播公司和各自的行为性质，对公诉机关指控的犯罪事实及罪名均予以承认，对淫秽视频的存在、缓存服务器的功用、主观明知、监管措施严重不足、放任传播、牟利目的等关键问题均作了较为明确的供述，认罪悔罪且态度真诚，对其从宽处罚符合我国宽严相济的刑事司法政策。被告人吴铭对快播公司构成犯罪亦不持异议，仅就自身所起作用进行辩解，属于违法性认识不足，同样可以酌予从轻，故建议合议庭对快播公司及 4 名被告人均予以从宽处罚。

法院经审理查明，原审被告单位深圳市快播科技有限公司通过免费提供 QSI（QVOD Server Install，即 QVOD 资源服务器程序）和 QVOD Player（即快播播放器程序或客户端程序）的方式，为网络用户提供网络视频服务。其不仅通过自身的中心调度服务器在站长与用户、用户与用户之间搭建了一个视频文件传输的平台，同时为提高热点视频下载速度，通过自有或与运营商合作的方式，在全国各地不同运营商处设置缓存服务器 1000 余台。部分淫秽视频因用户的点播、下载次数较高而被缓存服务器自动存储，进一步方便、加速了淫秽视频的下载、传播。2012年8月至2013年10月间，深圳市公安局公安信息网络安全监察分局、深圳市南山区广播电视局对快播公司进行检查，针对该公司未建立安全保护管理制度、未落实安全保护技术措施等问题，给予行政处罚，并责令整改。快播公司成立了信息安全组开展了不到一周的突击工作，投入使用了“110”不良信息管理平台。但在深圳网监验收合格后，信息安全组原有4名成员或离职或调到其他部门，“110”平台工作基本搁置，检查屏蔽工作未再有效进行。

2013年11月18日，北京市海淀区文化委员会在行政执法检查时，从北京网联光通技术有限公司查获由快播公司管理维护的4台服务器。公安机关从服务器里提取了29841个视频文件进行鉴定，认定其中属于淫秽视频的文件为21251个。

被告人王欣为快播公司的法定代表人、股东、执行董事、经理，负责快播公司经营和管理工作。快播公司快播事业部负责公司视频播放器的技术开发和市场推广。被告人吴铭于2013年担任快播事业部总经理，负责事业部全面工作。被告人张克东系快播公司股东，于2012年担任事业部副总经理兼技术平台部总监，最初开发了快播视频传输和播放的核心软件。被告人牛文举于2012年担任事业部副总经理兼运营部总监，2013年担任事业部市场部负责人，负责信息安全组工作。以上四人在明知快播公司擅自从事互联网视听节目服务、提供的视听节目含有色情等内容的情况下，未履行监管职责，放任淫秽视频在快播公司控制和管理的缓存服务器内存储并被下载，导致大量淫秽视频在网上传播。

## 【裁判结果】

北京市海淀区人民法院于2016年9月13日作出（2015）海刑初字第512号刑事判决：一、被告单位深圳市快播科技有限公司犯传播淫秽物品牟利罪，判处罚金人民币1000万元。二、被告人王欣犯传播淫秽物品牟利罪，判处有期徒刑三年六个月，罚金人民币100万元。三、被告人张克东犯传播淫秽物品牟利罪，判处有期徒刑三年三个月，罚金人民币50万元。四、被告人吴铭犯传播淫秽物品牟利罪，判处有期徒刑三年三个月，罚金人民币30万元。五、被告人牛文举犯传播淫秽物品牟利罪，判处有期徒刑三年，罚金人民币20万元。

宣判后，被告人吴铭不服，提出上诉。北京市第一中级人民法院于2016年12月15日作出（2016）京01刑终592号刑事裁定：驳回上诉，维持原判。

## 【裁判理由】

法院生效裁判认为：对于吴铭的辩护人所提利用快播软件上传淫秽视频的是不法用户，快播公司不是传播主体的辩护意见，经查，根据快播公司提供网络视频服务的方式，任何人均可通过其免费提供的QVOD资源服务器程序发布自己所拥有的视频资源，其中也包括淫秽视频。但无论用户上传还是点播视频，都需要快播公司的中心调度服务器提供服务，而且为了提高下载速度，快播公司在用户与用户之间还设置了由其控制、管理的缓存服务器。当达到快播公司设置的条件时，快播调度服务器不仅拉拽淫秽视频文件存储在缓存服务器里，而且也向用户提供缓存服务器里的淫秽视频文件。因此，快播公司不仅参与了部分不法用户传播淫秽视频的过程，而且其设置的缓存服务器实际上也起到了对淫秽视频进行下载、储存、分发、传播的作用。因此，快播公司符合传播淫秽物品的主体条件。

对于吴铭的辩护人所提快播公司已在能力范围内穷尽了防范和监督措施、不存在不作为情况的辩护意见，经查，快播公司作为互联网信息服务的提供者，必须对其网络信息服务内容履行网络安全管理义务。2012年快播公司被深圳网监处罚后，虽设置了信息安全组，开发了依靠关键字屏蔽发挥作用的“110”不良信息管理平台。但根据牛文举的供述以及快播公司负责信息安全工作的员工证言，在深圳网监验收合格之后，“110”不良信息管理平台就基本被搁置，原为应对检查设立的信息安全组也名存实亡，可见快播公司不仅没有积极探索研究更有效的不良信息监管措施，而且就连关键词屏蔽这一行业内最普遍、最基本的淫秽视频管控措施都没有认真落实。而正是其怠于履行网络安全义务的不作为导致淫秽视频在快播网络上仍长时间地大量传播。

此外，上诉人吴铭系快播事业部总经理，负责快播播放器等核心产品的营销工作，在快播事业部拥有管理权，应当认定为直接负责的主管人员？对快播公司传播淫秽物品牟利的犯罪行为应承担相应的刑事责任。故上诉人吴铭以及原审被告单位深圳市快播科技有限公司、原审被告人王欣、张克东、牛文举以牟利为目的，在互联网上传播淫秽视频，其行为均已构成传播淫秽物品牟利罪，情节严重，依法应予惩处。吴铭的上诉理由及其辩护人的辩护意见均不能成立，不予采纳。

## 【案例注解】

本案在二审审理中存在两个法律适用的焦点问题：一是随着网络科技的飞速发展，类似快播公司这样以相关技术为依托的网络信息服务提供者，是否应当对在其搭建的网络平台中传播淫秽物品的行为承担刑事责任？二是怎样认定单位犯罪中直接负责的主管人员？吴铭作为快播公司主要运营部门的负责人，其行为是否构成犯罪？

### 一、法律审判的不是“技术”而是“行为”

随着互联网信息技术的快速发展，利用信息网络作为犯罪工具、犯罪场域实施传统犯罪的态势悄然成型，传统犯罪趋向网络化。同时，和传统的犯罪行为相比，网络技术犯罪在手段上通常不具有典型性，甚至其技术手段还具备合法性和创新性外观，因此，在罪与非罪、此罪与彼罪的判断上，司法实践也极易产生争议，从而给刑事司法也带来了全新的挑战。

本案作为互联网视频信息服务提供企业“涉黄”入罪的第一案，在一审期间就曾引起全社会的广泛关注。在一审庭审中，被告人及辩护人多次从技术本身的创新性和中立性出发，提出“技术中立”“技术本身并不可耻”等观点，一度受到广大网民的力挺，成为被告人及其辩护人为己方最强有力的辩护。二审期间，辩护人再次提出快播公司只是提供了一种技术模式，法院审判的不应是技术，而应是行为，故快播公司无罪。我们认为，“快播案”是互联网信息技术犯罪的典型案例，其中既包含着技术创新和技术管制之间的冲突，也包含着技术中立和可罚行为之间的转化问题。法院认定快播公司构成犯罪正是基于其“行为”，辩护人的辩护意见有偷换概念之嫌，其理由和结论都是不能成立的。

（一）“快播案”中“技术”的刑法属性

在探究快播公司技术行为的法律属性之前，我们有必要系统认识快播公司所使用的技术模式。从技术层面看，快播公司使用的是 P2P（Peer-to-Peer，又称为“点对点”技术）流媒体技术。它是指任何一个个人都能通过快播公司开发的 QVOD 软件上传分享自己所有视频文件，和传统的中央服务器传输模式相比，P2P 技术并不需要固定而集中的资源中央服务器。快播公司在全国建立的 2000 余台服务器，将用户的视频信息复制下载到 QVOD 网络，用户只要通过 QVOD 自带的检索器，就能找到相关视频。同时，快播公司还开发了视频自动存储技术，凡点击一定频次以上的视频，就会自动上传到公司的缓存服务器，以提供给更多人观看。在P2P技术的运用上，快播公司自己并不制作网络视频，但是却将他人的网络视频归集于自己的服务器中，并提供点播服务，这使得快播公司的服务器成为了新的视频源。

"技术中立"，是1984年美国最高法院在环球电影制片公司诉索尼公司案中确立的一个法律原则。根据该原则，如果产品可能被广泛用于合法的、不受争议的用途，即能够具有实质性的非侵权用途，即使制造商和销售商知道其设备可能被用于侵权，也不能推定其故意帮助他人侵权并构成帮助侵权。技术中立原则对于推动技术进步具有重要意义，它不仅在知识产权领域具有排除帮助侵权的民事责任的功能，而且在刑事领域同样具有排除共犯责任的功能。适用技术中立原则的一个前提条件是：制造商或者销售商只是单纯的技术设备的开发者和提供者，并不能干预设备的实际使用。① 然而，在"快播案"中，"技术本身无罪"的观点却模糊了刑法的适用规则，即模糊了技术开发和技术运用之间的界限。网络技术的开发本身是中立。但是，将开发后的技术通过商业经营等方式运用到现实生活中，则意味着该技术和整个社会发生了联系，具备了社会意义，其就不再是纯粹的技术行为，而转变为社会行为。而刑法所评价的，就是技术的运用行为。②

（二）快播公司"技术行为"的客观违法性

在刑法理论中，犯罪即是一种行为，但它不是一般的行为，而是危害社会的行为，即危害行为。危害行为的表现形式多种多样，刑法理论将繁多的危害行为概况为两种基本形式：作为与不作为。作为，是指行为人以积极的身体活动实施刑法所禁止的危害行为。不作为，是指行为人在能够履行自己应尽义务的情况下不履行该义务。具体到本案中，快播公司以先进的技术为基础提供网络信息服务，"技术"只是问题的"表象"，而法律真正要评价的却是快播公司在运用技术过程中实施的"行为"。

1. 从作为的角度看。传播淫秽物品牟利罪的客观行为是传播淫秽物品，即通过播放、陈列，在互联网上建立淫秽网站、网页等方式使淫秽物品让不特定或者多数人感知以及通过出借、赠送等方式散布、流传淫秽物品。传播的方式形形色色，但其实质都是让不特定或者多数人可以感知（看到、听到）淫

---

① 陈兴良：《在技术与法律之间——评快播案一审判决》，载 http：//www. dffyw. com/faxuejieti/xs/201609/41167. html，访问时间：2016年9月15日。

② 王潜：《"快播案"中的刑事法理分析》，载《湖北工业职业技术学院学报》2016年第2期。

秽物品。快播公司以P2P技术为基础搭建了提供视频信息服务的网络平台。技术虽是快播公司提供服务的基础，但如何使用相关技术，如何设定技术服务规则则是快播公司可自主选择的积极作为方式。快播公司向所有用户免费提供QVOD资源服务器程序及快播播放器程序，在被深圳网监处罚前对上传视频资源的用户及视频内容均不做任何限制。同时，QVOD除了具备常规的视频播放功能之外，还可以针对广泛分布于互联网上的视频种子进行在线播放。当终端用户观看在线视频有卡顿现象，或者某些视频因点击量高而成为热门视频时，快播公司的缓存服务器便自动将视频文件下载存储起来，用户可以直接从快播公司的缓存服务器下载观看。因此，缓存服务器就成为视频资源站。为了确保在线片源的不断丰富，快播公司研制开发了便捷易用的建站发布视频工具软件QSI。通过使用QSI建立一个视频站点，可以上传视频资源，这些视频发布者被称为站长。快播公司通过服务器对站长上传视频、用户观看视频、用户分享视频、采集用户观影特征并分析、调度选择和优化网络等进行处理。由此可见，快播公司在提供视频软件技术的同时，还利用该技术建立了一个视频发布、传播和分享的平台。其不仅参与了部分不法用户传播淫秽视频的过程，而且其设置的缓存服务器实际上也起到了对淫秽视频进行下载、储存、分发、传播的作用。这就如，一个展览厅的管理者，不仅允许他人将淫秽图片存放在展览厅，而且允许不特定或者多数人进入展览厅观看淫秽图片的行为，当然属于传播淫秽物品。快播公司的行为与此相类似，也属于传播淫秽物品。① 因此，可以认定快播公司在向网络用户提供视频服务的过程中存在参与淫秽视频传播的积极行为。

2. 从不作为的角度看。P2P技术本身即存在着易被用于传播淫秽视频、盗版作品的风险。如前所述，快播公司作为一家以P2P技术为依托的网络视频服务企业，已经用该技术建立了一个视频发布、传播和分享的平台，成为一个网络服务系统的管理者。确切地说，快播公司具有网络视频软件提供者和网络视频内容管理者的双重角色。其不仅应当承担法定的网络安全管理义务，而且应当自觉承担起与其技术特点所造成的法益侵害风险程度相当的更高的注意义务。但在案证据显示，2012年快播公司被深圳网监处罚后，虽设置了信息安全组，开发了依靠关键字屏蔽发挥作用的“110”不良信息管理平台。但根据牛文举的供述以及快播公司负责信息安全工作的员工证言，在深圳网监验收

---

① 张明楷：《快播案定罪量刑的简要分析》，载http：//www.dffyw.com/faxuejieti/xs/201609/41166.html，访问时间：2016年9月19日。

合格之后，“110”不良信息管理平台就基本被搁置，原为应对检查设立的信息安全组也名存实亡。可见，快播公司不仅没有积极探索研究更有效的不良信息监管措施，而且就连关键词屏蔽这一行业内最普遍、最基本的淫秽视频管控措施都没有认真落实。而正是快播公司这种逃避履行法定义务的消极不作为行为，造成了大量淫秽视频在快播网络上快速传播的危害后果。

综上，虽然刑法理论通常会区分作为与不作为，但作为与不作为完全可能同时存在于一个案件中，并且被评价为一个犯罪行为。本案中，无论从作为还是不作为的角度看，快播公司的行为均理应受到刑罚的处罚。

3. 快播公司行为的主观要件

刑法处罚的是有主观意识支配的行为，因此，要证明快播公司行为的主观违法性和可罚性，就要证明其是否主观明知快播网络平台被用于传播淫秽物品，且对这种危害结果采取一种什么样的态度。首先，传播淫秽物品牟利罪是故意犯罪，行为人必须明知自己传播的是淫秽物品。但是，具体案件中的被告人是否明知，不能仅凭被告人的口供确定。即使被告人不承认明知，也完全可能根据被告人的特定身份、职业、生活与工作经验等推定被告人明知。快播公司因其网站上有淫秽内容被行政机关多次处罚。2013 年 8 月 5 日，深圳南山广电局执法人员对快播公司现场执法检查时，也确认了快播公司网站上的淫秽视频内容，随后作出了行政处罚决定。在这种情况下，可以认定快播公司的经营者、管理者对快播网络传播淫秽视频的情况是明知的。其次，通说认为，目的犯只存在于直接故意犯罪之中，因此，以牟利为目的的传播淫秽物品牟利罪主观方面只能是直接故意。因为行为人要从中牟利，很难想象其对传播行为造成的结果仅出于放任的情况。但是，随着互联网的迅猛发展，网络的开放性、信息的海量性以及在线传播的高效性和隐蔽性也使得参与网络传播淫秽物品的行为人，尤其是这些网络技术的提供者和网络平台的管理者，心态不同于传统的犯罪行为人。应当说，像快播公司这样的互联网服务企业，其所追求的就是企业利益的最大化，认为其行为是出于积极追求淫秽视频的广泛传播显然不符合实际。但其为了达到牟利的目的，对于一切可以增加其用户数量和市场占有率，进而提升快播资讯广告或捆绑推广软件的盈利能力的行为（包括合法的和非法的）都可以容忍，或者是放任，才是其最真实的主观心态。因此，快播公司是出于间接故意实施的传播行为。最后，辩护方在一审庭审中一直强调快播公司没有从淫秽视频的传播中获得任何经济利益，包括与其他公司合作托管服务器，也不收取任何费用。但是，我们应当看到，快播公司虽然并不是从下载或者观看淫秽视频文件的用户那里直接获得利益，但其通过淫秽视频的点击数量获得广告收益，而且由于刑法并没有限定牟利目的的实现方式，只要主观上具有牟利目的即可，故认定快播公司具有牟利目的。

## 二、单位犯罪中直接负责的主管人员责任的认定

刑法中对单位犯罪实行双罚制。即原则上除了追究单位本身的刑事责任外，还要追究单位直接负责的主管人员和其他直接责任人员的刑事责任。本案二审期间，只有吴铭一人提出上诉，其主要上诉理由即为自己不是快播公司直接负责的主管人员，没有传播淫秽视频的主观故意，也没有牟利，其行为不构成犯罪。而刑法对于单位犯罪中直接负责的主管人员无论是从其主体身份还是主观要件的认定上都是与单纯自然人犯罪有所区别的。

第一，单位犯罪中直接负责的主管人员，是指在单位实施犯罪中起决定、批准、授意、纵容、指挥等作用的人员，一般是单位的主管负责人。因此，认定此类人员应当同时具备两个条件：一是其在单位中具有管理者身份且实际行使管理职权；二是其对单位具体犯罪行为负有主管责任，起到了决策、纵容或指挥的作用。本案中，快播公司的组织机构图以及王欣、张克东、牛文举的供述、证人何明科等人的证言相互印证可以证明吴铭自2013年担任快播事业部的总经理，负责快播事业部的整体工作，具体包括事业部的人、财、物，也包括业务，张克东、牛文举作为快播事业部副总经理在工作中一般先向吴铭汇报，特殊情况也可以直接向王欣汇报。因此，可以认定吴铭在快播事业部拥有决策权和管理权，对事业部的工作具有领导、管理和监督的职责。此外，吴铭虽辩称其对涉案4台服务器不知情，服务器以及相关软件的运作状态均与其没有直接责任关系，但快播事业部负责快播网络的日常工作，其通过自有或合作的方式，在全国各地不同运营商处设置缓存服务器1000余台，期间均要与合作单位签订合同，本案4台缓存服务器的设置及使用就在吴铭担任事业部总经理期间。因此，吴铭对参与淫秽视频传播的缓存服务器的设置与运行负有主管责任。同时，牛文举的供述证明快播公司因涉及淫秽信息被行政处罚后，其如实向吴铭进行了汇报，并且在之后信息安全组成立以及“110”不良信息管理平台日常运营的过程中，其均向吴铭汇报相关情况，并由吴铭指示进行下一步工作。故吴铭作为快播事业部的总经理对审核过滤淫秽信息工作长期停滞，纵容快播相关职能部门怠于履行信息安全监管义务，也负有不可推卸的责任。

第二，刑法意义上的故意应由两个因素构成：一是认识因素，即明知自己的行为会发生危害社会的结果；二是意志因素，即希望或者放任这种结果发生。结合本案具体情况，在认识因素方面，吴铭系快播事业部的总负责人而非

具体技术研发人员，故要证明其对自己及快播公司的犯罪行为具有“明知”，并不要求其对快播网络传播淫秽物品的具体方法、技术等完全知晓，只要求其对快播公司传播淫秽视频这一基本事实具有明知即可。本案中，牛文举的供述可以证明快播公司因涉淫秽视频被行政处罚后，其不仅将处罚原因、处罚情况向吴铭做过汇报，而且在之后其也要定期或不定期地向吴铭汇报淫秽视频的屏蔽情况。故吴铭不仅知道快播网络服务系统传播淫秽视频，而且知道快播公司的行为已经导致淫秽视频在互联网上大量传播。并非如吴铭在二审辩解中所称对此毫不知情。在意志因素方面，张克东的供述证明在公司产品会上说起快播涉黄，吴铭的态度是“内容的事情找王欣做决策”。证人刘海宝的证言证明，2014 年 3 月，快播事业部的领导吴铭、张克东、牛文举曾给他们开会，告诉他们“遇有检查时，该说的说，不该说的不说”。同时，牛文举的供述证明吴铭对信息安全组的工作状态一直知晓，但在检查过后信息安全组多人离职或调动，审核过滤淫秽信息工作基本停滞一事，吴铭并没有进行有效的督促而是放任不管，可见吴铭对快播公司涉及传播淫秽视频的行为采取了推脱、回避的态度，而其履职的状况也体现了其对淫秽视频通过快播网络大量传播这一危害后果的放任。

第三，根据我国《刑法》规定，单位犯罪要求单位实施的犯罪行为是为本单位或本单位的全体成员谋取非法利益，而不是仅仅为单位主管人员自己或少数人谋取非法利益，更不以单位直接负责的主管人员从单位非法收益中获利为限。在案证据证明，快播公司的主要盈利来源于快播事业部，具体就是通过增加用户数量和市场占有率，进而提升快播资讯广告或捆绑推广软件的盈利能力。吴铭本人虽不是公司股东，从快播公司仅领取工资报酬，但其作为快播事业部的总经理，明知快播网络上淫秽视频传播与快播播放器软件推广以及公司盈收增长之间的因果关系，仍放任快播网络系统被继续用于传播淫秽视频，应当认定为具有非法牟利的目的。

综上分析，吴铭作为快播事业部的总经理，负责整个快播事业部的工作，其任职时间虽不长，但对于快播公司存在的传播淫秽视频的问题是明知的，却一直采取推脱、回避的态度。吴铭对于快播事业部审核过滤淫秽信息工作停滞一事，亦负有督促有效运转之责，但其放任不管，实际上体现了快播公司对传播淫秽视频的放任意志。故吴铭均应作为快播公司直接负责的主管人员承担相应的刑事责任。

在互联网时代，网络技术日新月异，突飞猛进，随之带来的是对法律的挑战。“快播案”无疑将对中国互联网刑事立法与司法工作产生重要的影响。法律不能成为网络技术发展的绊脚石，阻碍技术发展。但网络技术应当造福于人类，网络技术也不能成为犯罪的挡箭牌。[①] 刑事司法机关在审理类似新形式的传统犯罪中的经验与教训，网络服务提供者在技术开发中对法律风险的防控，对技术中立规则的反思等，都是本案留给我们的值得思考的问题。

（**一审法院合议庭成员** 杨晓明 吴扬传 梁铭全
**二审法院合议庭成员** 张 鹏 刘 璐 相 阳
**编写人** 北京市第一中级人民法院 刘 璐
**责任编辑** 杨 奕
**审稿人** 李玉萍）

① 张明楷：《快播案定罪量刑的简要分析》，载 http：//www. dffyw. com/faxuejieti/xs/201609/41166. html，访问时间：2016 年 9 月 19 日。

“积极参与社会治安综合治理。坚持和发展‘枫桥经验’，大力推广陕西富县‘群众说事、法官说法’、江西寻乌法院参与乡村治理等经验。针对审判中发现的新情况新问题，及时提出司法建议，促进社会风险防控。认真落实普法责任制，在审理于欢故意伤害案等社会关注案件中，加强以案释法，既体现法律尺度，又体现司法温度，实现法理情有机融合，让热点案件审判成为全民共享的法治公开课。”

——摘自最高人民法院院长周强 2018 年 3 月 9 日在第十三届全国人民代表大会第一次会议上所作《最高人民法院工作报告》。后面的案例即为《最高人民法院工作报告》中提及的于欢故意伤害案。

# 于欢故意伤害案

## ——正当防卫条款的理解与适用

关键词：刑事　正当防卫　防卫过当　故意伤害　量刑

### 【裁判要旨】

1. 人民法院办理刑事案件应全面审理认定案件事实，案件事实既包括定罪事实，也包括量刑事实。定罪事实是成立和影响犯罪构成要件的案件事实，量刑事实是影响被告人刑罚轻重的案件事实，包括法定量刑情节事实和酌定量刑情节事实。

2. 正当防卫是法律一项权利，任何公民在面对国家、公共利益、本人或他人的人身、财产和其他权利操守正在进行的不法侵害时，均有权对不法侵害者采取必要的行动。合法权益，并不限于生命健康，还包括人身自由、人格尊严等其他合法权益。

3. 一种行为属于正当防卫、防卫过当还是一般犯罪，应当从正当防卫的适用条件与这一行为的契合度上综合分析判断。正当防卫的成立需要同时考虑以下五个因素：一是防卫的范围，二是防卫的时间，三是防卫的对象，四是防卫的意图，五是防卫的限度。

4. 防卫过当的罪过形式，一般认为包括过失和间接故意两种心理态度。当防卫行为目的在于制止不法侵害，针对不法侵害人实施的伤害行为，无证据证实其具有追求或放任致人死亡危害结果发生的故意时，应认定主观心态应为间接故意。

### 【相关法条】

**《中华人民共和国刑法》第二百三十四条**　故意伤害他人身体的，处三年以下有期徒刑、拘役或者管制。

犯前款罪，致人重伤的，处三年以上十年以下有期徒刑；致人死亡或者以特别残忍手段致人重伤造成严重残疾的，处十年以上有期徒刑、无期徒刑或者死刑。本法另有规定的，依照规定。

**第二十条** 为了使国家、公共利益、本人或者他人的人身、财产和其他权利免受正在进行的不法侵害，而采取的制止不法侵害的行为，对不法侵害人造成损害的，属于正当防卫，不负刑事责任。

正当防卫明显超过必要限度造成重大损害的，应当负刑事责任，但是应当减轻或者免除处罚。

对正在进行行凶、杀人、抢劫、强奸、绑架以及其他严重危及人身安全的暴力犯罪，采取防卫行为，造成不法侵害人伤亡的，不属于防卫过当，不负刑事责任。

**第六十七条** 犯罪以后自动投案，如实供述自己的罪行的，是自首。对于自首的犯罪分子，可以从轻或者减轻处罚。其中，犯罪较轻的，可以免除处罚。

被采取强制措施的犯罪嫌疑人、被告人和正在服刑的罪犯，如实供述司法机关还未掌握的本人其他罪行的，以自首论。

犯罪嫌疑人虽不具有前两款规定的自首情节，但是如实供述自己罪行的，可以从轻处罚；因其如实供述自己罪行，避免特别严重后果发生的，可以减轻处罚。

**第六十三条** 犯罪分子具有本法规定的减轻处罚情节的，应当在法定刑以下判处刑罚；本法规定有数个量刑幅度的，应当在法定量刑幅度的下一个量刑幅度内判处刑罚。

犯罪分子虽然不具有本法规定的减轻处罚情节，但是根据案件的特殊情况，经最高人民法院核准，也可以在法定刑以下判处刑罚。

**第六十一条** 对于犯罪分子决定刑罚的时候，应当根据犯罪的事实、犯罪的性质、情节和对于社会的危害程度，依照本法的有关规定判处。

**第三十六条** 由于犯罪行为而使被害人遭受经济损失的，对犯罪分子除依法给予刑事处罚外，并应根据情况判处赔偿经济损失。

承担民事赔偿责任的犯罪分子，同时被判处罚金，其财产不足以全部支付的，或者被判处没收财产的，应当先承担对被害人的民事赔偿责任。

## 【案件索引】

一审：山东省聊城市中级人民法院（2016）鲁15刑初33号（2017年2月17日）

二审：山东省高级人民法院（2017）鲁刑终151号（2017年6月23日）

## 【基本案情】

山东省聊城市人民检察院指控：2016年4月14日16时许，赵荣荣纠集郭彦刚、程学贺、严建军等多人到冠县工业园区源大工贸有限公司催要欠款，同日20时左右杜志浩驾车来到该公司一同催要欠款，在此过程中，杜志浩等人限制该公司老板苏某某及其子于欢的人身自由，并辱骂二人。22时许，杜志浩、郭彦刚、程学贺、严建军等人与被告人于欢在公司办公楼一楼接待室内发生冲突，被告人于欢持尖刀将杜志浩、程学贺、严建军、郭彦刚捅伤，致杜志浩失血性休克死亡，严建军、郭彦刚重伤二级，程学贺轻伤二级。就上述指控，公诉机关当庭出示了物证，书证，勘验、检查、辨认等笔录，鉴定意见，视听资料，证人证言，被害人陈述，被告人供述和辩解等证据。公诉机关认为：被告人于欢的行为触犯了《刑法》第二百三十四条之规定，犯罪事实清楚，证据确实、充分，应当以故意伤害罪追究其刑事责任，因被害人一方对本案的发生具有过错，可以酌情对被告人于欢从轻处罚，建议对其判处无期徒刑以上刑罚。

附带民事诉讼原告人杜洪章、许喜灵、李新新、杜宜琳、杜宜颖、杜宜雯、杜宜政要求被告人于欢赔偿死亡赔偿金，丧葬费，被扶养人生活费，办理丧葬事宜的交通费、餐饮费、误工费，精神损害抚慰金共计8325173元；其诉讼代理人修东磊提出被告人于欢之行为构成故意杀人罪，应当判处死刑立即执行，并全额赔偿附带民事诉讼原告人要求的各项损失。

附带民事诉讼原告人严建军要求被告人于欢赔偿医疗费、住院伙食补助费、处理丧葬事宜人员误工费、交通费共计50万元；其诉讼代理人吴兰刚提出被告人于欢构成故意杀人罪，应当判处死刑立即执行，并全额赔偿诉讼请求的各项损失。

附带民事诉讼原告人程学贺要求被告人于欢赔偿误工费、护理费、住院伙食补助费、营养费共计8577.6元。

被害人郭彦刚的诉讼代理人杜明君提出被告人于欢构成故意杀人罪应当判处死刑立即执行的意见。

被告人于欢供认在源大工贸有限公司办公楼一楼接待室内持尖刀捅刺杜志浩、严建军、郭彦刚、程学贺的事实，辩解系被控制在接待室遭到对方殴打后所为，且对方有侮辱言行；其辩护人杨少彬对公诉机关起诉的罪名没有异议，提出被告人于欢有正当防卫情节，被害人对本案的发生具有严重过错，被告人于欢系坦白的意见，辩护人田明提出被告人于欢系防卫过当，认罪态度较好，如实坦白犯罪事实，应当依法减轻处罚判处有期徒刑的意见。

法院经审理查明：2014 年 7 月，山东源大工贸有限公司（位于冠县工业园区）负责人苏某某向赵荣荣借款 100 万元，双方口头约定月息 10%。2016 年 4 月 14 日 16 时许，赵荣荣以欠款未还清为由纠集郭彦刚、程学贺、严建军十余人先后到山东源大工贸有限公司催要欠款，同日 20 时左右杜志浩驾车来到该公司，并在该公司办公楼大门外抱厦台上与其他人一起烧烤饮酒。约 21 时 50 分，杜志浩等多人来到苏某某和苏某某之子于欢所在的办公楼一楼接待室内催要欠款，并对二人有侮辱言行。22 时 10 分许，冠县公安局经济开发区派出所民警接警后到达接待室，询问情况后到院内进一步了解情况，被告人于欢欲离开接待室被阻止，与杜志浩、郭彦刚、程学贺、严建军等人发生冲突，被告人于欢持尖刀将杜志浩、程学贺、严建军、郭彦刚捅伤，处警民警闻讯后返回接待室，令于欢交出尖刀，将其控制。杜志浩、严建军、郭彦刚、程学贺被送往医院抢救。杜志浩因失血性休克于次日 2 时许死亡，严建军、郭彦刚伤情构成重伤二级，程学贺伤情构成轻伤二级。

另查明，因杜志浩被害死亡，附带民事诉讼原告人杜洪章等 7 人应得丧葬费 29098.5 元，处理丧葬事宜的交通费、误工费 1500 元。被害人严建军受伤后在冠县人民医院抢救治疗，于 5 月 9 日出院；同年 5 月 12 日入中国人民解放军总医院治疗，5 月 21 日出院，在解放军总医院共支付医疗费 49693.47 元。被害人程学贺受伤后在冠县人民医院治疗 15 天。

## 【裁判结果】

山东省聊城市中级人民法院于 2017 年 2 月 17 日作出（2016）鲁 15 刑初 33 号刑事附带民事判决：以故意伤害罪判处被告人于欢无期徒刑，剥夺政治权利终身；判令被告人于欢赔偿附带民事诉讼原告人杜洪章、许喜灵、李新新、杜宜琳、杜宜颖、杜宜雯、杜宜政各种费用共计 30598.5 元，赔偿附带民事诉讼原告人严建军各种费用共计 53443.47 元，赔偿附带民事诉讼原告人程学贺各种费用共计 2231.7 元。

宣判后，原审附带民事诉讼原告人杜洪章、许喜灵、李新新、杜宜琳、杜宜颖、杜宜雯、杜宜政和原审被告人于欢不服，分别提出上诉。经二审审理查明，原判认定于欢犯故意伤害罪正确，审判程序合法，但认定事实不全面，部分刑事判项适用法律错误，量刑过重，依法应予改判。山东省高级人民法院于2017 年 6 月 23 日作出（2017）鲁刑终 151 号刑事附带民事判决：一、驳回上诉人（原审附带民事诉讼原告人）杜洪章、许喜灵、李新新、杜宜琳、杜宜颖、杜宜雯、杜宜政的上诉，维持山东省聊城市中级人民法院（2016）鲁 15 刑初 33 号刑事附带民事判决第二项、第三项、第四项附带民事部分；二、撤销山东省聊城市中级人民法院（2016）鲁 15 刑初 33 号刑事附带民事判决第一项刑事部分；三、上诉人（原审被告人）于欢犯故意伤害罪，判处有期徒刑五年。（刑期从判决执行之日起计算。判决执行以前先行羁押的，羁押一日折抵刑期一日，即自 2016 年 4 月 15 日起至 2021 年 4 月 14 日止）

## 【裁判理由】

法院生效裁判认为：

### 一、关于事实和证据

1. 上诉人于欢所提苏某某实际是向吴学占借款，原判未认定吴学占、赵荣荣多次纠集人员对苏某某暴力索债，案发时杜志浩等人受吴学占、赵荣荣指使，采用非法限制自由的方式讨债并对于欢、苏某某侮辱、殴打的上诉意见和山东省人民检察院的相关出庭意见，与查明的事实基本相符，合议庭予以采纳。

2. 上诉人于欢及其辩护人所提原判未认定杜志浩受伤后自行驾车前往冠县人民医院，而未去距离更近的冠县中医院，且到医院后还与门卫发生冲突，延误救治，导致失血过多死亡的上诉意见及辩护意见，与查明的事实不符。经查，多名证人反映杜志浩是由杜建岗驾车送医院治疗，而非自行前往；选择去人民医院而未去更近的中医院抢救，是因为人民医院是当地最好且距离也较近的医院，侦查实验证明从现场前往人民医院较前往中医院仅多约 2 分钟车程。故对于欢及其辩护人的该上诉意见及辩护意见，合议庭不予采纳。

3. 关于辩护人所提认定于欢犯故意伤害罪证据不足的相关辩护意见：

(1) 所提侦查机关对现场椅子是否移动、椅子上是否有指纹等事实未能查清的辩护意见，或者与查明的事实不符，或者对本案定罪量刑缺乏价值。(2) 所提公安、检察机关有人与案件存在利害关系，两机关所收集的证据不应采信的辩护意见，经查，冠县公安局和冠县人民检察院依法收集的相关证据，客观真实地证明了案件相关事实，本案亦不存在依法应予回避的情形，故相关证据可作定案证据使用。(3) 所提讨债人员串供、醉酒，应当排除其证言的辩护意见，经查，案发后讨债人员仅就涉案高息借贷的实际发放者进行串供，该节事实不影响本案定罪量刑，一审及二审法院亦未采信相关证据；没有证据证明讨债人员就其他事实有过串供，讨债人员对有关案件事实的证言能够得到在案其他证人证言及被告人供述和辩解等证据的印证；案发当天讨债人员大量饮酒属实，但没有证据证明讨债人员因为醉酒而丧失作证能力，排除其证言于法无据。故对辩护人的上述辩护意见，合议庭不予采纳。

4. 被害人及其诉讼代理人所提原判未认定作案尖刀系管制刀具，来源未能查清的意见，经查，根据外观特征认定本案的作案工具为尖刀，并无不当；只有被害人郭彦刚一人陈述于欢从身上拿出尖刀，该陈述与在场的其他被害人陈述及有关证人证言等证据不符，且该尖刀是否为于欢事前准备，不影响于欢的行为是否具有防卫性质的认定。故对上述意见，合议庭不予采纳。

5. 辩护人当庭提交的 3 份新证据材料，出庭检察员当庭提交的有关苏某某计划外生育被罚款的收费收据、于欢父亲于西明身份信息的新证据材料，或者不具有客观性，或者与案件无关联性，合议庭不予采信。

## 二、关于法律适用

1. 上诉人于欢的行为是否具有防卫性质。上诉人及其辩护人、出庭检察员均认为，于欢的行为具有防卫性质；被害人及其诉讼代理人认为，于欢的捅刺行为不具备正当防卫的前提条件。

经查，案发当时杜志浩等人对于欢、苏某某实施了限制人身自由的非法拘禁行为，并伴有侮辱和对于欢有推搡、拍打、卡项部等肢体行为。当民警到达现场后，于欢和苏某某欲随民警走出接待室时，杜志浩等人阻止二人离开，并对于欢实施推拉、围堵等行为，在于欢持刀警告时仍出言挑衅并逼近，实施正当防卫所要求的不法侵害客观存在并正在进行。于欢是在人身安全面临现实威胁的情况下才持刀捅刺，且其捅刺的对象都是在其警告后仍向前围逼的人，可以认定其行为是为了制止不法侵害。故原判认定于欢捅刺被害人不存在正当防卫意义上的不法侵害确有不当，应予纠正；对于欢及其辩护人、出庭检察员所提于欢的行为具有防卫性质的意见，合议庭予以采纳；对被害人及其诉讼代理人提出的相反意见，合议庭不予采纳。

2. 上诉人于欢的行为是否属于特殊防卫。辩护人提出：根据有关司法解释，讨债人员的行为构成抢劫罪，于欢捅刺抢劫者的行为属特殊防卫，不构成犯罪；出庭检察员、被害人及其诉讼代理人持反对意见。

根据刑法规定，对正在进行的行凶、杀人、抢劫、强奸、绑架以及其他严重危及人身安全的暴力犯罪，公民有权进行特殊防卫。但本案并不存在适用特殊防卫的前提条件。经查，苏某某、于西明系主动通过他人协调、担保，向吴学占借贷，自愿接受吴学占所提10%的月息。既不存在苏某某、于西明被强迫向吴学占高息借贷的事实，也不存在吴学占强迫苏某某、于西明借贷的事实，与司法解释有关强迫借贷按抢劫罪论处的规定不符。故对辩护人的相关辩护意见，合议庭不予采纳；对出庭检察员、被害人及其诉讼代理人提出的于欢行为不属于特殊防卫的意见，合议庭予以采纳。

3. 上诉人于欢的防卫行为是否属于防卫过当。于欢提出其行为属于正当防卫或防卫过当，其辩护人提出于欢的防卫行为没有超过必要限度，属于正当防卫；出庭检察员提出，于欢的行为属于防卫过当。

根据刑法规定，正当防卫明显超过必要限度造成重大损害的，属于防卫过当，应当负刑事责任。评判防卫是否过当，应当从不法侵害的性质、手段、紧迫程度和严重程度，防卫的条件、方式、强度和后果等情节综合判定。根据本案查明的事实及在案证据，杜志浩一方虽然人数较多，但其实施不法侵害的意图是给苏某某夫妇施加压力以催讨债务，在催债过程中未携带、使用任何器械；在民警朱秀明等进入接待室前，杜志浩一方对于欢母子实施的是非法拘禁、侮辱和对于欢拍打面颊、揪抓头发等行为，其目的仍是逼迫苏某某夫妇尽快还款；在民警进入接待室时，双方没有发生激烈对峙和肢体冲突，当民警警告不能打架后，杜志浩一方并无打架的言行；在民警走出接待室寻找报警人期间，于欢和讨债人员均可透过接待室玻璃清晰看见停在院内的警车警灯闪烁，应当知道民警并未离开；在于欢持刀警告不要逼过来时，杜志浩等人虽有出言挑衅并向于欢围逼的行为，但并未实施强烈的攻击行为。即使四人被于欢捅刺后，杜志浩一方也没有人对于欢实施暴力还击行为。于欢的姑母于秀荣证明，在民警闻声返回接待室时，其跟着走到大厅前台阶处，见对方一人捂着肚子说："没事没事，来真的了。"因此，于欢面临的不法侵害并不紧迫和严重，而其却持利刃连续捅刺四人，致一人死亡、二人重伤、一人轻伤，且其中一人即郭彦刚系被背后捅伤，应当认定于欢的防卫行为明显超过必要限度造成重大损害。故对出庭检察员及于欢所提本案属于防卫过当的意见，合议庭予以采纳；对辩护人所提于欢的防卫行为未超过必要限度的意见，合议庭不予采纳。

4. 上诉人于欢的行为是否构成故意杀人罪。被害人杜志浩近亲属委托的诉讼代理人提出，于欢的行为构成故意杀人罪。经查，虽然于欢连续捅刺四人，但捅刺对象都是当时围逼在其身边的人，未对离其较远的其他不法侵害人进行捅刺，亦未对同一不法侵害人连续捅刺。可见，于欢的目的在于制止不法侵害并离开接待室，在案证据不能证实其具有追求或放任致人死亡危害结果发生的故意。故对上述代理意见，合议庭不予采纳。

5. 上诉人于欢是否构成自首。于欢及其辩护人提出，于欢构成自首。经查，执法记录视频及相关证据证明，在于欢持刀捅人后，在源大公司院内处警的民警闻声即刻返回接待室。民警责令于欢交出尖刀，于欢并未听从，而是要求先让其出去，经民警多次责令，于欢才交出尖刀。可见，于欢当时的表现只是未抗拒民警现场执法，并无自动投案的意思表示和行为，依法不构成自首。故对此上诉意见和辩护意见，合议庭不予采纳。

### 三、关于刑罚裁量

上诉人于欢及其辩护人提出，于欢具有自首情节，平时表现良好，且被害方有严重过错等从宽处罚情节，原判量刑畸重；出庭检察员提出，对于欢依法应当减轻或免除处罚；被害人及其诉讼代理人提出，应当维持原判量刑。

经查，在吴学占、赵荣荣指使下，杜志浩等人除在案发当日对于欢、苏某某实施非法拘禁、侮辱及对于欢间有推搡、拍打、卡项部等肢体行为，此前也实施过侮辱苏某某、干扰源大公司生产经营等逼债行为。于欢及其母亲苏某某连日来多次遭受催逼、骚扰、侮辱，导致于欢实施防卫行为时难免带有恐惧、愤怒等因素。对于欢及其辩护人所提本案被害方存在严重过错、原判量刑畸重等上诉意见和辩护意见，合议庭予以采纳。

合议庭还查明，本案系由吴学占等人催逼高息借贷引发，苏某某多次报警后，吴学占等人的不法逼债行为并未收敛。案发当日被害人杜志浩曾当着于欢之面公然以裸露下体的方式侮辱其母亲苏某某，虽然距于欢实施防卫行为已间隔约20分钟，但于欢捅刺杜志浩等人时难免不带有报复杜志浩辱母的情绪，在刑罚裁量上应当作为对于欢有利的情节重点考虑。杜志浩的辱母行为严重违法、亵渎人伦，应当受到惩罚和谴责，但于欢在实施防卫行为时致一人死亡、二人重伤、一人轻伤，且其中一重伤者系于欢持刀从背部捅刺，防卫明显过当。于欢及其母亲苏某某的人身自由和人格尊严应当受到法律保护，但于欢的防卫行为超出法律所容许的限度，依法也应当承担刑事责任。认定于欢行为属于防卫过当，构成故意伤害罪，既是严格司法的要求，也符合人民群众的公平正义观念。

根据《刑法》规定，故意伤害致人死亡的，处十年以上有期徒刑、无期徒刑或者死刑；防卫过当的，应当减轻或者免除处罚。于欢的防卫行为明显超过必要限度造成重大伤亡后果，减轻处罚依法应当在三至十年有期徒刑的法定刑幅度内量刑。于欢在民警尚在现场调查，警车仍在现场闪烁警灯的情形下，为离开接待室而持刀防卫，为摆脱对方围堵而捅死捅伤多人，且除杜志浩以外，其他三人并未实施侮辱于欢母亲的行为。综合考虑于欢犯罪的事实、性质、情节和危害后果，对出庭检察员所提对于欢减轻处罚的意见，合议庭予以采纳；对被害人及其诉讼代理人所提维持原判量刑的意见，合议庭不予采纳。

**四、关于诉讼程序**

上诉人于欢提出，本案存在办案机关违反回避规定的情形。经查，被害人杜志浩确有亲属在冠县检察机关、政府部门任职，但此事实并非法定的回避事由，本案也不存在刑事诉讼法规定的其他应予回避或移送、指定管辖的情形。故对上述意见，合议庭不予采纳。

合议庭认为，上诉人于欢持刀捅刺杜志浩等四人，属于制止正在进行的不法侵害，其行为具有防卫性质；其防卫行为造成一人死亡、二人重伤、一人轻伤的严重后果，明显超过必要限度造成重大损害，构成故意伤害罪，依法应负刑事责任。鉴于于欢的行为属于防卫过当，于欢归案后能够如实供述主要罪行，且被害方有以恶劣手段侮辱于欢之母的严重过错等情节，对于欢依法应当减轻处罚。于欢的犯罪行为给上诉人杜洪章、许喜灵、李新新、杜宜琳、杜宜颖、杜宜雯、杜宜政和原审附带民事诉讼原告人严建军、程学贺造成的物质损失，应当依法赔偿。上诉人杜洪章等所提判令于欢赔偿死亡赔偿金、被抚养人生活费的上诉请求于法无据，合议庭不予支持，对杜志浩四名未成年子女可依法救济。原判认定于欢犯故意伤害罪正确，审判程序合法，但认定事实不全面，部分刑事判项适用法律错误，量刑过重，依法应予改判。

## 【案例注解】

### 一、本案应全面审理认定案件事实

案件事实包括定罪事实与量刑事实。定罪事实即犯罪构成事实，是指作为成立和影响犯罪构成要件的案件事实；量刑事实，也称量刑情节，是指作为量刑要素存在的案件事实，包括法定情节事实和酌定情节事实。根据《最高人民法院关于适用〈中华人民共和国刑事诉讼法〉的解释》第二百二十五条的规定，酌定情节事实包括案件起因；被害人有无过错及过错程度，是否对矛盾激化负有责任及责任大小；被告人的近亲属是否协助抓获被告人；被告人平时表现，有无悔罪态度；退赃、退赔及赔偿情况；影响量刑的其他情节。对影响量刑的其他情节，还要结合相关司法解释，准确把握。如最高人民法院印发的《关于贯彻宽严相济刑事政策的若干意见》的通知，对初犯、偶犯，因恋爱、婚姻、家庭、邻里等民间矛盾引发的犯罪，因劳动纠纷、管理失当等原因引发、犯罪动机不属恶劣的犯罪，因被害方过错或基于义愤引发的犯罪，应当酌情从宽处罚，与之相关的量刑事实即属于酌定量刑事实。

案件事实是裁判的基石，对于影响定罪量刑的所有犯罪事实应当全部审理，准确细致予以认定。本案二审中，对一审事实进行了重要补充，最大限度地还原了案件事实真相。一是在起因事实上，进行了补充审理认定。本案发生的起因是于欢父母苏某某、于西明与吴学占、赵荣荣的借款纠纷，对此，一审仅认定双方100万元借款及双方约定的利息情况，二审进行了补充，对借款主体、借款次数、借款方式、还款数额、还款争议等事实进行了全面审理，认定苏某某及丈夫于西明向吴学占、赵荣荣先后借款两次共计135万元，还款1838000元，以及第二次借款以于西明房屋抵押的事实。二是在讨债方过错事实上，进行了补充审理认定。讨债方的非法讨债是引发本案的重要原因，是对于欢定罪量刑的重要考量情节。对此，一审只对案发时的讨债事实进行审理认定，且部分事实认定不够具体，二审进行了补充，除对案发当日讨债方的讨债事实审理认定外，对双方第一笔借款发生后至案发前，吴学占、赵荣荣等纠集指使他人非法讨债，将于西明抵押房屋强行换锁入住，将苏某某按入马桶进行侮辱，苏某某多次报警，双方进行协商还款，案发当天讨债人的全部言行，特别是杜志浩脱裤子露下体对苏某某等进行侮辱的事实，进行了审理认定。三是在犯罪经过事实上，进行了补充审理认定。于欢持刀捅刺被害人的事实是案件的核心事实，对此，一审对于欢实施捅刺行为的过程进行了概括的审理认定，二审给予了补充，对案发时于欢与讨债方的全部事实，包括讨债方如何阻止于欢离开接待室，如何将其推拉至接待室东南角，杜志浩如何言语挑衅于欢，于欢如何持刀捅刺四被害人，四被害人如何乘车去医院就医，以及处警民警的处警情况等进行了全面审理、细致认定。

## 二、于欢的行为属于防卫过当

一种行为属于正当防卫、防卫过当还是一般犯罪，应当从正当防卫的适用条件与这一行为的契合度上综合分析判断。根据我国《刑法》规定，正当防卫的成立需要同时考虑以下五个因素。一是防卫的范围。我国《刑法》第二十条第一款规定的防卫对象比较宽泛，不仅包括侵害人身权利的不法侵害，而且包括侵犯财产以及其他权利的不法侵害行为；不仅包含犯罪行为，而且包含违法行为。但是，并非所有的不法侵害都是正当防卫的对象，是否作为防卫对象，应充分考虑不法侵害行为的攻击性、破坏性，以及防卫人是否有防卫之外的其他有效救济途径。如侵犯知识产权、贪污贿赂等违法犯罪行为，可以通过报案、控告、举报实现对相关权益的救济，不宜作为防卫的对象。而非法拘禁行为，因其限制人身自由，可以成为防卫对象。二是防卫的时间。我国《刑法》第二十条第一款明确规定，正当防卫应当针对正在进行的不法侵害，尚未发生、已经结束的不法侵害，不具有防卫的紧迫性，不能实施正当防卫，否则即是防卫不适时，防卫者有可能会从受害者变为加害者。三是防卫的对象。我国《刑法》第二十条第一款明确规定，为制止不法侵害行为，对不法侵害人造成损害的，属于正当防卫。可见，正当防卫的对象只能是不法侵害人本人，防卫人不能对不法侵害人之外的任何人实施防卫行为，即使不法侵害人受他人指使实施不法侵害行为，指使人也不能成为防卫的对象，否则，防卫人就构成对他人的不法侵害，甚至犯罪。四是防卫的意图。我国《刑法》第二十条第一款明确规定，实施正当防卫，必须是为了使合法权益免受正在进行的不法侵害，即行为人应当具有防卫意识和防卫目的。本案中，于欢在民警到达现场后，意图与母亲苏某某跟随民警离开接待室，摆脱被杜志浩等人的控制。遭到暴力拦阻，未能实现这一意图后，开始寻求自力救济，在被杜志浩等人将其强行推拉至房间东南角时，手持单刃尖刀，口头警告杜志浩等人不要靠近无果的情况，实施捅刺行为，防卫的意识明显，防卫的目的明确。五是防卫的限度。虽然我国《刑法》第二十条第三款规定了特殊防卫权，对“正在进行的行凶、杀人、抢劫、强奸、绑架以及其他严重危及人身安全的暴力犯罪，采取防卫行为，造成不法侵害人伤亡的，不属于防卫过当，不负刑事责任”。但这一权利的赋予是基于这些侵害已经达到了严重危及人身安全、可能危及生命的程度，对其进行特殊防卫即使造成不法侵害人伤亡，也不超出不法侵害的危害程度。对于这些情形之外的不法侵害，则必须适用我国我国《刑法》第二十条第二款的规定，在防卫行为的性质、手段、强度、损害法益等方面，不能明显超过不法侵害的限度造成重大损害。否则，就属于防卫过当，应当负刑事责任。综合本案的事实情节，于欢的行为属于防卫过当。

1. 于欢的行为具有防卫性质。案发当时杜志浩等人对于欢、苏某某实施了限制人身自由的非法拘禁行为，并伴有侮辱和对于欢推搡、拍打等肢体行为。民警到达现场后，于欢和苏某某欲随民警走出接待室时，杜志浩等人阻止二人离开，并对于欢实施推拉、围堵等行为，在于欢持刀警告时仍出言挑衅并逼近，实施正当防卫所要求的不法侵害客观存在并正在进行。于欢是在人身安全面临现实威胁的情况下持刀捅刺，且其捅刺的对象都是在其警告后仍向前围逼的人，可以认定其行为是为了制止不法侵害，于欢的行为具有防卫性质。

2. 于欢的行为不属于特殊防卫。我国《刑法》第二十条第三款规定了特殊防卫，即“对正在进行行凶、杀人、抢劫、强奸、绑架以及其他严重危及人身安全的暴力犯罪，采取防卫行为，造成不法侵害人伤亡的，不属于防卫过当，不负刑事责任”。根据这一规定，特殊防卫的适用前提是存在严重危及本人或他人人身安全的暴力犯罪。本案中，虽然杜志浩等人对于欢母子实施了非法拘禁、严重侮辱、轻微暴力等违法犯罪行为，但这种不法侵害不是严重危及人身安全的暴力犯罪。其一，杜志浩等人实施的非法拘禁、严重侮辱等不法侵害行为，虽然侵犯了于欢母子的人身自由、人格尊严等合法权益，但并不具有危及于欢母子人身安全的性质；其二，杜志浩等人的卡项部、按肩膀、推拉等强制或者殴打行为，虽然让于欢母子的人身安全、身体健康权遭受了侵害，但这种不法侵害只是轻微的暴力侵犯，既不是针对生命权的严重不法侵害，也不属于会发生重伤等严重侵害于欢母子重大身体健康权益的情形，因而不是严重危及人身安全的暴力犯罪侵害。同时，苏某某、于西明系主动通过他人协调、担保，向吴学占借贷，自愿接受吴学占所提10%的月息。既不存在苏某某、于西明被强迫向吴学占高息借贷的事实，也不存在吴学占强迫苏某某、于西明借贷的事实，与司法解释有关强迫借贷按抢劫罪论处的规定不符。综上，杜志浩等人实施的多种不法侵害行为，满足了可以实施一般防卫行为的前提条件，但不具有实施特殊防卫的前提，故于欢只能实施一般防卫行为，而不享有特殊防卫权，不能适用特殊防卫条款。

3. 于欢的行为明显超过必要限度造成重大损害。我国《刑法》第二十条第二款规定："正当防卫明显超过必要限度造成重大损害的，应当负刑事责任……"在认定"明显超过必要限度"上，应当从不法侵害的性质、手段、紧迫程度和严重程度，防卫的条件、方式、强度和后果等方面综合判定。本案中，杜志浩一方虽然人数较多，但其实施不法侵害的意图是给苏某某夫妇施加压力以催讨债务，在催债过程中未携带、使用任何器械；在民警朱秀明等进入接待室前，杜志浩一方对于欢母子实施的是非法拘禁、侮辱和对于欢拍打面颊、揪抓头发等行为，其目的仍是逼迫苏某某夫妇尽快还款；在民警进入接待室时，双方没有发生激烈对峙和肢体冲突，当民警警告不能打架后，杜志浩一方并无打架的言行；在民警走出接待室寻找报警人期间，于欢和讨债人员均可透过接待室玻璃清晰看见停在院内的警车警灯闪烁，应当知道民警并未离开；在于欢持刀警告不要逼过来时，杜志浩等人虽有出言挑衅并向于欢围逼的行为，但并未实施强烈的攻击行为。即使四人被于欢捅刺后，杜志浩一方也没有人对于欢实施暴力还击行为。因此，于欢面临的不法侵害并不紧迫和严重，而其却持刃长15.3厘米的单刃尖刀连续捅刺四人，属于明显超过必要限度。在"造成重大损害"的认定上，一般认为，防卫行为所造成的损害与不法侵害可能造成的侵害相比，明显失衡，导致人身重伤或死亡的，属于"造成重大损害"。本案中，于欢持刀捅刺4人，致一人死亡、二人重伤、一人轻伤，应当认定"造成重大损害"。

## 三、于欢的行为构成故意伤害罪

防卫过当的罪过形式，我国刑法理论上一般认为包括过失和间接故意两种心理态度。本案中，于欢连续捅刺四人，但捅刺对象都是当时围逼在其身边的人，未对离其较远的其他不法侵害人进行捅刺，对不法侵害人每人捅刺一刀，未对同一不法侵害人连续捅刺。可见，于欢的目的在于制止不法侵害，无证据证实其具有追求或放任致人死亡危害结果发生的故意，于欢的主观心态应为间接故意，而非过失，且故意的内容为伤害而非杀人。具体而言，于欢造成两人重伤的行为应为间接故意，造成杜志浩死亡的行为应为故意伤害，但对致其死亡结果在主观上属于过失。综上，于欢的行为既不是故意杀人，也不是过失犯罪，而是防卫过当情形下的故意伤害，构成故意伤害罪。

## 四、对于欢应减轻处罚

我国《刑法》第二十条第二款规定："正当防卫明显超过必要限度造成重

大损害的，应当负刑事责任，但是应当减轻或者免除处罚。”综合本案的具体情节，对于欢应当减轻处罚。

1. 被害方对引发本案具有严重过错。本案案发前，吴学占、赵荣荣指使杜志浩等人实施过侮辱苏某某、干扰源大公司生产经营等逼债行为，苏某某多次报警，吴学占等人的不法逼债行为并未收敛。案发当日，杜志浩等人对于欢、苏某某实施非法拘禁、侮辱及对于欢有推搡、拍打、卡项部等肢体行为，于欢及其母亲苏某某连日来多次遭受催逼、骚扰、侮辱，导致于欢实施防卫行为时难免带有恐惧、愤怒等因素。故被害方对引发本案有严重过错。

2. 杜志浩裸露下体侮辱苏某某对引发本案有重大过错。案发当日，被害人杜志浩当着于欢之面公然以裸露下体的方式侮辱其母亲苏某某。杜志浩的辱母行为严重违法、亵渎人伦，应当受到惩罚和谴责，虽然距于欢实施防卫行为已间隔约20分钟，但于欢捅刺杜志浩等人时难免带有报复杜志浩辱母的情绪，故杜志浩裸露下体侮辱苏某某的行为是因发本案的重要因素，在刑罚裁量上应当作为对于欢有利的情节重点考虑。

3. 于欢实施防卫行为造成的后果严重不宜免除处罚。于欢在民警尚在现场调查，警车仍在现场闪烁警灯的情形下，为离开接待室而持刀防卫，为摆脱围堵而捅死捅伤四被害人，致一人死亡、二人重伤、一人轻伤，后果严重，且除杜志浩以外，其他三人并未实施侮辱于欢母亲的行为，其防卫行为损害的法益远远大于其保护的法益，不宜对其免除处罚。

4. 判处于欢有期徒刑五年适当。根据我国《刑法》规定，故意伤害致人死亡的，处十年以上有期徒刑、无期徒刑或者死刑；防卫过当的，应当减轻或者免除处罚。如上所述，于欢的防卫行为明显超过必要限度造成重大伤亡后果，不宜免除处罚，可以减轻处罚，减轻处罚依法应当在三至十年有期徒刑的法定刑幅度内量刑。鉴于于欢归案后能够如实供述主要罪行，且被害方有以恶劣手段侮辱于欢之母的严重过错等情节，综合考虑于欢犯罪的事实、性质、情节和危害后果，判处于欢有期徒刑五年符合罪责刑相适应原则，罚当其罪。

（**一审法院合议庭成员** 张文峰 李令庆 魏方亚
**二审法院合议庭成员** 吴 靖 刘振会 王文兴
**编写人** 山东省高级人民法院 刘振会
**责任编辑** 杨 奕
**审稿人** 李玉萍）

“坚决纠正和防范冤假错案。坚持实事求是、有错必纠，加强审判监督，以对法律负责、对人民负责、对历史负责的态度，对错案发现一起、纠正一起，再审改判刑事案件6747件，其中依法纠正呼格吉勒图案、聂树斌案等重大冤错案件39件78人，并依法予以国家赔偿，让正义最终得以实现，以纠正错案推动法治进步。深刻汲取教训，出台防范刑事冤假错案指导意见，落实罪刑法定、证据裁判、疑罪从无等原则，对2943名公诉案件被告人和1931名自诉案件被告人依法宣告无罪，确保无罪的人不受刑事追究、有罪的人受到公正惩罚。”

——摘自最高人民法院院长周强2018年3月9日在第十三届全国人民代表大会第一次会议上所作《最高人民法院工作报告》。后面的案例即为《最高人民法院工作报告》中提及的聂树斌故意杀人、强奸妇女案。

# 聂树斌故意杀人、强奸妇女案

## ——刑事疑案再审的裁判规则

**关键词：刑事再审　疑案　证据裁判　疑罪从无**

## 【裁判要旨】

1. 人民法院审查控辩双方移送或提交的证据材料，应当坚持全面裁量原则，对被告人有利或不利的证据都应当充分考虑，不能顾此失彼、厚此薄彼。不仅要审查证据材料本身，还要审查办案人员收集、制作证据材料的行为。

2. 在案卷宗中缺失可能有利于被告人的证据，被告人、辩护人要求审查、评判的，法庭应予支持；办案机关对证据缺失不能作出合理解释时，法庭应当作出对被告人有利的评判。

3. 审查证据应当首先关注其与案件待证事实的关联性，缺乏或者丧失关联性的证据材料，不宜作为定案依据。

4. 被告人有罪供述是否属于非法证据不能确定，其真实性、合法性存在疑问的，不得作为定案依据。

5. 要坚持综合审查思路，强化对客观证据的评判，树立客观证据优先的理念。

6. 疑罪是指定罪的事实不清、证据不足，对于属于疑罪的案件，应当按照疑罪从无罪原则宣告被告人无罪。

7. 再审程序既要坚持程序法从新并对当事人有利原则，也要坚持用当时的法律法规和办案条件评判办案人员的行为，体现对办案人员公平合理的原则。

8. 对事实复杂疑难的案件进行证据裁判时，应当坚持运用多种方法并善于从多个方面综合审慎考量、评判。在对证据进行审查判断时，要积极运用司法推理，且运用证据进行的推理应符合逻辑和经验。

## 【相关法条】

**《中华人民共和国刑事诉讼法》第二百二十五条第一款第三项** 第二审人民法院对不服第一审判决的上诉、抗诉案件，经过审理后，应当按照下列情形分别处理：

……

（三）原判决事实不清楚或者证据不足的，可以在查清事实后改判；也可以裁定撤销原判，发回原审人民法院重新审判。

**《最高人民法院关于适用〈中华人民共和国刑事诉讼法〉的解释》第三百八十四条** 原审人民法院审理依照审判监督程序重新审判的案件，应当另行组成合议庭。

原来是第一审案件，应当依照第一审程序进行审判，所作的判决、裁定可以上诉、抗诉；原来是第二审案件，或者是上级人民法院提审的案件，应当依照第二审程序进行审判，所作的判决、裁定是终审的判决、裁定。

对原审被告人、原审自诉人已经死亡或者丧失行为能力的再审案件，可以不开庭审理。

**第三百八十九条** 再审案件经过重新审理后，应当按照下列情形分别处理：

……

（四）依照第二审程序审理的案件，原判决、裁定事实不清或者证据不足的，可以在查清事实后改判，也可以裁定撤销原判，发回原审人民法院重新审判。

原判决、裁定事实不清或者证据不足，经审理事实已经查清的，应当根据查清的事实依法裁判；事实仍无法查清，证据不足，不能认定被告人有罪的，应当撤销原判决、裁定，判决宣告被告人无罪。

## 【案件索引】

一审：河北省石家庄市中级人民法院（1995）石刑初字第53号（1995年3月15日）

二审：河北省高级人民法院（1995）冀刑一终字第129号（1995年4月25日）

再审：最高人民法院（2016）最高法刑再3号（2016年11月30日）

## 【基本案情】

原审被告人聂树斌，男，汉族，1974年11月6日出生，初中文化，原河北省鹿泉市冶金机械厂工人。1995年4月27日被执行死刑。

原审判决认定：1994年8月5日17时许，被告人聂树斌骑自行车尾随下班的石家庄市液压件厂女工康某1，至石家庄市郊区孔寨村的石粉路中段，聂树斌故意用自行车将骑车前行的康某1别倒，拖至路东玉米地内，用拳头猛击康某1的头部、面部，致康某1昏迷后将其强奸，尔后用随身携带的花上衣猛勒康某1的颈部，致其窒息死亡。

申诉人提出：聂树斌系被错抓、错判，请求宣告聂树斌无罪。其诉讼代理人提出，原审认定聂树斌强奸妇女、故意杀人的事实不清、证据不足，应当依法改判聂树斌无罪。

最高人民检察院认为：原审判决认定事实不清、证据不足，依据现有证据不能认定聂树斌实施了故意杀人、强奸妇女的行为，应当依法改判聂树斌无罪。

经再审查明：1994年8月5日17时许，河北省石家庄市液压件厂女工康某1（被害人，殁年36岁）下班骑车离厂。8月10日上午，康某1父亲康某2向公安机关报案称其女儿失踪。同日下午，康某2和康某1的同事余某某等人在石家庄市郊区孔寨村西玉米地边发现了被杂草掩埋的康某1连衣裙和内裤。8月11日上午，康某1尸体在孔寨村西玉米地里被发现。同日下午，侦查机关对康某1尸体进行了检验。

原审认定聂树斌于1994年8月5日17时许，骑自行车尾随下班的康某1，将其别倒拖至玉米地内打昏后强奸，尔后用随身携带的花上衣猛勒其颈部，致其窒息死亡，事实不清、证据不足。

## 【裁判结果】

河北省石家庄市中级人民法院于1995年3月15日作出（1995）石刑初字第53号刑事附带民事判决：以故意杀人罪判处聂树斌死刑，剥夺政治权利终身；以强奸妇女罪判处其死刑，剥夺政治权利终身，决定执行死刑，剥夺政治权利终身。宣判后，聂树斌、附带民事诉讼原告人康某2分别提出上诉。1995

年4月25日，河北省高级人民法院作出（1995）冀刑一终字第129号刑事附带民事判决：维持对聂树斌犯故意杀人罪的定罪量刑，撤销对聂树斌犯强奸妇女罪的量刑，改判有期徒刑十五年，与故意杀人罪并罚，决定执行死刑，剥夺政治权利终身，并根据《最高人民法院关于授权高级人民法院核准部分死刑案件的通知》核准聂树斌死刑。1995年4月27日聂树斌被执行死刑。2005年1月，涉嫌犯故意杀人罪被河北省公安机关网上追逃的王书金，被河南省荥阳市公安机关抓获后自认系本案真凶。此事经媒体报道后，引发社会关注。2007年5月，聂树斌的父母和姐姐向河北省高级人民法院和多个部门提出申诉，请求宣告聂树斌无罪。2016年6月6日，最高人民法院作出（2016）最高法刑申188号再审决定，提审本案。同年11月30日，最高人民法院作出（2016）最高法刑再3号刑事判决：撤销河北省高级人民法院（1995）冀刑一终字第129号刑事附带民事判决和河北省石家庄市中级人民法院（1995）石刑初字第53号刑事附带民事判决，原审被告人聂树斌无罪。

## 【裁判理由】

最高人民法院再审判决认为：原审认定原审被告人聂树斌犯故意杀人罪、强奸妇女罪的主要依据是聂树斌的有罪供述，以及聂树斌的有罪供述与在案其他证据印证一致。但综观全案，本案缺乏能够锁定聂树斌作案的客观证据，聂树斌作案时间不能确认，作案工具花上衣的来源不能确认，被害人死亡时间和死亡原因不能确认；聂树斌被抓获之后前5天讯问笔录缺失，案发之后前50天内多名重要证人询问笔录缺失，重要原始书证考勤表缺失；聂树斌有罪供述的真实性、合法性存疑，有罪供述与在卷其他证据供证一致的真实性、可靠性存疑，本案是否另有他人作案存疑；原判据以定案的证据没有形成完整锁链，没有达到证据确实、充分的法定证明标准，也没有达到基本事实清楚、基本证据确凿的定罪要求。原审认定聂树斌犯故意杀人罪、强奸妇女罪的事实不清、证据不足。根据1979年《刑事诉讼法》的相关规定，不能认定聂树斌有罪。对申诉人及其代理人、最高人民检察院提出的应当改判聂树斌无罪的意见，予以采纳。对申诉人及其代理人提出的王书金系本案真凶的意见，因王书金案不属于本案审理范围，不予采纳。故依法作出前述判决，改判聂树斌无罪。

## 【案例注解】

2016年12月2日，最高人民法院第二巡回法庭对广受国内外关注的聂树斌故意杀人、强奸妇女一案作出公开宣判，撤销了1995年河北省石家庄市中级人民法院和1995年河北省高级人民法院对被告人聂树斌作出的有罪判决，宣告聂树斌无罪。至此，这起发生、审判并执行于20多年之前，因2005年另案被告人王书金归案后自认系本案真凶而引发各种猜测和争议的重大、疑难、复杂案件，终于画上了句号。再审判决所弘扬的司法理念，适用的裁判标准，运用的裁判方法，体现的人权保障，展示的裁判说理，回应的社会关切和解决的争议问题等，皆有可圈可点之处，有些做法对人民法院处理类似案件将具有示范或标杆意义。现就本案再审中所运用的裁判规则和方法分析如下：

### 一、人民法院审查刑事案件证据，应当坚持全部裁量原则，对被告人有利与不利的证据都应当充分考虑，不能顾此失彼

依法全面收集能够证明被告人有罪或无罪、罪重或罪轻的各种证据，是刑事诉讼法对案件办理的基本要求。如果严格贯彻执行刑事诉讼法规定收集证据，通常一个特定案件容易出现有利于被告人的证据和不利于被告人的证据共存的局面。客观、公正地进行证据裁判，必然要求对被告人有利与不利的两方面证据都要充分考虑，不能顾此失彼。而对一个已经作出生效有罪判决的刑事案件而言，重新审判并推翻原判决，需要原判决“在认定事实上或者适用法律上确有错误”。认定原判决在认定事实方面确有错误，要么是有新的事实或证据，要么是通过重新裁判原有证据得出新的结论。无论是哪一种情况，推翻原判都要有足够的理由和依据。对于聂树斌案这类被告人多年前已被执行死刑的案件，推翻原判，宣告无罪，更要慎之又慎。在没有新证据出现的情况下，通过重新裁判原有证据得出新结论，必然要求更为全面、客观和细致地分析和论证原审的所有证据材料。

在聂树斌案中，既有证明被告人有罪的证据，也存在一些与有罪证据相矛盾的反证，例如再审判决所指出的，“本案缺乏能够锁定聂树斌作案的客观证据，聂树斌作案时间不能确认，作案工具花上衣的来源不能确认，被害人死亡时间和死亡原因不能确认”“聂树斌有罪供述的真实性、合法性存疑，有罪供述与在卷其他证据供证一致的真实性、可靠性存疑”等等。再审判决既高度重视审查不利于被告人的证据，也高度重视审查有利于被告人的证据。不仅如

此，在原审作出有罪判决，申诉人多年坚持做无罪申诉，同级检察机关认为原审判决认定事实不清、证据不足的情况下，更是加大了对定罪的反证性证据的审查力度。比如，将视线投射到被告人归案后前5天作出的含有无罪辩解的讯问笔录，而该笔录已经缺失，但合议庭通过分析在卷材料和调查研究，确认被告人曾作过无罪辩解，故仍对此反复做审查与判断。由此，该案再审在证据裁判上不仅针对在卷的所有证据，还注意审查相关证据与线索显示的其他材料或信息。这就拓展了证据裁判的范围。

聂树斌案再审判决充分说明，司法运用证据认定案件事实时，对有利于被告人的证据（特别是证明无罪的反证）不仅不能忽视，还要给予更多关注、重点审查，这是构建定案的严密证据体系所必需的。所谓千里之堤溃于蚁穴，定案的证据体系即是如此。从近年来纠正的刑事冤错案件看，案卷材料中均不同程度地存在定罪的反证性证据或者疑点，而对于这些有利于被告人的证据材料或者信息，原审时法庭也大多不同程度地发现了问题，但都未能充分重视起来，亦未能采取有效措施，以致铸成大错。定罪证据存疑，往往意味着该证据的真实性没有保障或者不能排除非法取证的可能，因此，该证据经审查后，要么不具有证据能力，要么不具有证明力或证明力极低而依法不作为定案依据，进而导致案件的证据体系存在根本缺陷，无法达到“证据确实、充分”的证明标准。所以，只要是定罪上存在可能产生合理怀疑的“疑点”，就应当引起重视，绝不放过。在审判实践中，要善于把反证放到全部证据中去分析、研判，既要从关联性、客观性和合法性入手进行审查，又要注重从其与相关证据材料的比对、印证方面进行判断，必要时还应依程序开展补查、补证工作，以确保定案的证据体系上不存在疑点或疑点都得以排除。

## 二、在案卷宗缺失可能有利于被告人的证据，被告人、辩护人要求审查、评判的，法庭应予支持；办案机关对证据缺失不能作出合理解释时，法庭应当作出对被告人有利的评判

聂树斌案再审过程中，经对申诉人及其代理人的申诉意见和理由进行调查核实，并仔细审查原审侦查卷宗发现，一些本应在案的重要证据材料缺失，去向不明：一是聂树斌系1994年9月23日被抓，但卷内的首次讯问笔录却为9月28日，未见被抓后前5天的任何讯问笔录；二是被害人康某1之父1994年8月10日报案、次日康某1的尸体被发现，公安机关即立案侦查，聂树斌被抓后于9月28日认罪，本案宣告侦破，但卷内除康父的报案笔录外，直至10月1日才出现康某1丈夫侯某某的首次证言，10月11日和10月21日才首

次出现康某1同事王某某、余某某的证言，这些本应是破案重要线索的证人证言，却出现在聂树斌认罪并破案之后，其间50天调查走访所收集的证据材料无一入卷，全部缺失；三是聂树斌所在车间的主任葛某某证实，记载聂树斌1994年8月份每日出勤情况的考勤表被侦查人员调取，该考勤表是证明聂树斌是否具有作案时间的重要书证，但未见入卷、去向不明。

围绕上述证据材料的有无、是否应当入卷以及对本案证据体系和事实认定的影响，合议庭对上述“三大缺失”逐一进行了重点审查，认为本案中上述去向不明的证据材料均系有利于或可能有利于聂树斌的证据，而由于原办案机关在办案中不严格、不规范，导致存在上述“三大缺失”，客观上掩盖了本案被告人供述和证人证言的客观原貌，掩盖了证据之间可能存在的矛盾和疑点。其中，聂树斌被抓获之后前5天的讯问笔录缺失，严重影响在卷讯问笔录的完整性和真实性；原审卷宗内案发之后前50天内证明被害人遇害前后情况的证人证言缺失，严重影响在案证人证言的证明力；聂树斌所在车间案发当月的考勤表缺失，导致认定聂树斌有无作案时间失去重要原始书证，从而极大地动摇了原审判决的证明体系。

基于以上认识，聂树斌案再审判决大胆创新，确立了一项证据缺失的裁判规则，其裁判方法是：首先，针对申诉人及其代理人认为有利于被告人的证据存在缺失的意见和理由进行审查，判定上述证据是否曾确实存在，是否可能对被告人有利；然后，在确定本应在案的证据存在缺失的情况下，要求原办案机关作出解释，当原办案机关对有关证据缺失不能作出合理的解释时，法庭可以就缺失证据作出对被告人有利的裁判意见。

例如，申诉人及其代理人提出，聂树斌被抓后前5天讯问笔录缺失，并认为这些缺失的笔录可能对聂树斌有利。对此，合议庭经审查，聂树斌的在卷供述和原办案人员的证言相互印证，并有原办案单位干警当时采写发表的通讯报道予以佐证，足以证实聂树斌被抓之后前5天办案机关曾对其讯问且有笔录，其中既有有罪供述，也有无罪辩解。由于上述笔录的缺失，导致聂树斌讯问笔录的完整性和真实性受到严重影响，进而判定上述笔录不仅曾经存在，而且可能对被告人有利。之后，再对原办案人员的解释进行审查。原办案人员对前5天讯问笔录缺失的原因有三种解释：一是聂树斌的供述断断续续，笔录不完整，卷内笔录系归纳整理后形成；二是这些笔录可能入了副卷，后由于办公地点搬迁或时间久远等原因无法找到副卷；三是当时存在对完整的讯问笔录入卷移送，不完整的讯问笔录不入卷移送的习惯做法等。对此，合议庭评判认为，全面收集、移送包括讯问笔录在内的案件证据，是1979年《刑事诉讼法》和

1987 年公安部印发的《公安机关办理刑事案件程序规定》的明确要求；公安部 1991 年印发的《公安业务档案管理办法》对副卷的内容也有明确规定，犯罪嫌疑人的供述笔录不属于入副卷的材料；再审期间调取的石家庄市中级人民法院在同时期审理的 16 起死刑案卷宗显示，卷中既有被告人认罪之前的供述，也有不认罪的口供，并不是只有系统完整的认罪供述才入卷；原办案人员也表示，当时石家庄市公安局郊区分局办理案件比较规范，即使前期嫌疑人不供述，也会把这些材料入卷。因此，聂树斌被抓获之后前 5 天讯问笔录没有入卷，既与当时的法律及公安机关的相关规定不符，也与原办案机关当时办案的情况不符，再审判决最终作出对聂树斌有利的评判意见。

对于原审卷宗内案发之后前 50 天内相关证人证言缺失问题，申诉人及其代理人提出，办案机关隐匿了这些对聂树斌可能有利的证据。对此，首先，通过对在案证据的分析得出该证据确实存在的结论。一是多名证人证明案发之后 50 天内，办案人员对其进行过询问并制作了笔录；二是多名原办案人员证实案发之后即作了询问证人的笔录，并有办案单位通讯员采写发表的通讯报道《青纱帐迷案》一文予以佐证。其次，根据当时的法律规定和办案规范，并结合当时当地侦查机关办理案件的惯常做法进行分析，认为原办案人员将案发之后前 50 天内相关证人证言缺失的原因解释为因破案不需要未整理入卷或被预审科剔除入了副卷，均不符合当时的办案规范和惯常做法，也明显不符合常理。据此，再审判决最终作出有利于被告人的评判，采纳了申诉人及其代理人提出的这些缺失证据对聂树斌可能有利的意见。

对于考勤表缺失问题，再审判决同样运用了上述裁判规则。首先，经审查确认该考勤表确实存在并已被公安机关调取，且该考勤表详细记载了聂树斌案发当月的每日出勤情况，对证明其有无作案时间具有重要价值。然后，审查原办案人员的相关解释，因其解释不符合相关规定，不合理、不可信，最终作出了有利于聂树斌的评判。

需要明确的是，聂树斌案再审判决在因本案中存在证据缺失作出对被告人有利评判的同时，对申诉人及其代理人提出的原办案机关有意隐匿对聂树斌有利证据的意见，并没有一味予以支持，而是坚持证据裁判的原则，明确回应“因无证据证实，本院不予采纳”。

通过上述裁判规则的运用，进而可以引申出在刑事审判中可普遍适用的裁判规则：在案卷宗中缺失可能对被告人有利的被告人供述和辩解、证人证言或物证、书证等证据，被告人及其辩护人（或申诉人及其代理人，下同）要求审查、评判的，法庭应当予以支持；对于有证据证明有利于被告人的证据曾经存在而在审判时缺失，且办案机关对缺失的原因不能作出合理解释的，法庭应当作出对被告人有利的评判。对于被告人及其辩护人提出所缺失证据被有意隐匿的，必须有证据证实，否则，不予支持。

证据缺失现象至今在个别案件中仍然存在，遇此情形如何采信证据、认定事实，实践中认识和做法不一。聂树斌案再审对这一问题确立了明确的裁判规则，不仅严格贯彻了证据裁判原则，也为办理类似案件、解决此类疑难问题提供了可供参照的样本。同时，推进以审判为中心的诉讼制度改革的目的就是要切实发挥审判程序应有的终局裁断功能及其对审前程序的制约引导功能，该规则的确立，也向各级执法、司法机关传递了规范执法、严格司法的明确要求，可引导相关办案机关按照裁判的要求和标准收集、固定、审查、运用证据，体现了以审判为中心的精神，具有极为重要的现实意义。

## 三、审查证据应当首先关注其与案件待证事实的关联性，缺乏或者丧失关联性的证据材料，不宜作为定案依据

聂树斌案再审判决指出原审定案证据体系存在九大问题，首要的便是聂树斌的抓获经过与康某1被害案之间缺乏关联性。从证据裁判的要求看，认定事实必须依据合格证据。“合格证据”有多重含义，其一便是该证据要与待证事实之间有“关联性”。如果缺乏关联性，则不是适格的证据，不可以进入诉讼中，更不得作为定案依据。所以，“关联性是证据进入诉讼的第一道‘门槛’，是证据的首要属性。”[①] 基于此，在刑事诉讼中运用每一项证据时，都应该首先关注其有无关联性。其次，证据与待证事实之间的联系，应是客观的，不以人的主观意志为转移的。所以，对证据与待证事实关联程度的评判，虽然有个体认识的差异性，但绝不能脱离在案证据去臆测。聂树斌案原审认定，侦查机关根据群众反映将聂树斌抓获从而将案件侦破，但原审卷宗内却没有群众反映聂树斌涉嫌实施本案犯罪的任何证据或线索，甚至具体是哪些群众反映的证据也没有，那么，聂树斌的抓获经过，显然不具有证据的适格性，也就不能据此确定其为犯罪嫌疑人。

此外，聂树斌案再审判决从抓获经过入手解构原判证据体系，也有重要的方法论意义。从实际看，抓获经过通常是刑事案件侦破过程中侦查机关第一时间收集到的证据材料，也是所有证据中最为直接并相对更为客观的第一手材料，规范、客观、全面、细致的抓获经过，不仅直接关乎定案，而且对案件来

① 马秀娟：《论证据的关联性及其判断》，载《政法学刊》2008年第6期。

源、立案时间、强制措施的运用等程序性事实，以及自首、坦白、悔罪等量刑情节都能起到重要证明作用。所以，刑事案件办理中应当重视对抓获经过的制作以及运用。此为其一。其二，抓过经过虽然由侦查人员出具，但“没有人在自己的案件中被视为可靠的证人”，如作为定案依据仍要经法定程序查证属实。其三，对抓获经过应当结合在案的其他相关证据综合审查判断，必要时通知侦查人员到庭作出说明。对于经审查缺乏其他证据或线索支持的“孤证”，不得作为定案依据。

## 四、被告人有罪供述是否属于非法证据不能确定，其真实性、合法性存在疑问的，不得作为定案依据

证据裁判要求认定事实必须依据查证属实的证据，换言之，定案证据应是客观真实的，证据的客观性审查是证据裁判的重要方面。通常来讲，对据以定案的每一项证据，都要依照法定程序审查其客观性。而对于客观证据缺乏，主要依据供证一致定案的案件，更要加大对被告人供述客观性的审查力度。就聂树斌案原判而言，不能说定案全部依据被告人的有罪供述，毕竟还有现场提取的自行车、凉鞋、连衣裙、内裤等物证，尸体检验报告、现场勘查笔录和照片以及证人余某某、侯某某的证言等，但在锁定被告人作案这一关键事实的证明上，客观证据缺乏是不争事实，如果排除明显存疑的抓获经过，主要就是聂树斌的口供了。如果能够保证聂树斌有罪供述的真实性、合法性，那么结合其他在案证据，仍可依法作出有罪判决，但恰恰聂的有罪供述是存疑的。

案件再审时从五个方面对此作了分析：（1）从供述本身入手，指出被告人对关键事实的供述前后矛盾、反复不定、随证而变、不合常理。（2）从供证一致入手，指出被告人的供述虽然与现场勘查笔录、尸体检验报告等内容基本一致，但由于存在先证后供等问题，难以保证供证一致的可靠性。（3）从取证合法性入手，指出有罪供述的取得，不能排除存在指供、诱供的可能。（4）从经验情理入手，指出被告人关于偷拿花上衣自穿等的供述，不符合生活常识。（5）从供述完整性入手，指出聂树斌被抓获之前5天的讯问笔录缺失，由此严重影响了在卷讯问笔录的客观性等。上述对被告人有罪供述的审查思路，对其他刑事案件办理有着重要借鉴意义。

特别是，再审判决注意对供证一致区分出“先证后供”与“先供后证”两种不同情形。对于先供后证的案件，由于被告人供述在先，根据其供述、指认进一步取得其他物证、书证、证人证言等，有的还提取到隐蔽性强的客观性证据，由此既能建立被告人与这些证据之间的关联性，又能印证被告人的供述

具有可靠性，所以先供后证所形成的供证一致体系，往往具有较强的证明力。但先证后供则不同。被告人归案前，侦查人员在侦破案件过程中已经掌握了相关证据情况，除非能够确保被告人供述的自愿性和合法性，否则很难确定其供述的真实性。故在此情形下，即便被告人的供述与在案其他证据形成印证关系，其证明价值也相对较小。从实践看，在先证后供的案件中，由于侦查人员根据相关证据或线索事先已经锁定了嫌疑人，一旦其归案拒不供认，个别侦查人员为突破口供，还有可能采取指供、诱供甚至逼供等非法手段。综观近年来纠正的刑事冤错案件，在侦查机关已经发现作案现场及被害人尸体的情况下，被告人对现场勘查、尸体检验等方面的一致性供述往往与侦查人员指供、诱供、逼供有关。所以，仅凭被告人的供述与现场勘验、检查、指认等笔录、尸体检验情况一致就认定被告人作案，往往并不可靠。如果案件同时缺乏客观证据，供证一致又不能完全排除指供、逼供、诱供可能，在认定被告人有罪时务必慎之又慎，以避免酿成错案。

在聂树斌案再审判决作出后，社会上仍有个别不同声音，认为原判认定聂树斌作案正确。主要理由是，聂树斌归案后作了有罪供述，并且其有罪供述与现场勘查笔录、尸体检验报告等内容基本一致。该意见既未能认识到聂的有罪供述本身存在的前后矛盾、反复不定以及可能受指供、诱供等问题，也未能意识到本案作为先证后供案件在证据运用上所具有的特殊性，更是忽视了现场勘查、指认、辨认等笔录本身就存在不规范甚至违法并由此导致相关证据的证明能力丧失的问题。

当然，我们说先证后供对认定案件事实的价值低，并没有否定此类案件据此认定的可能性。对于先证后供的案件，只要证据确实充分、形成完整的证据锁链，仍然可以定案，特别是在有目击证人或者提取到了直接客观性证据的案件中，如现场遗留有被告人的血迹、指纹、足迹、精液等，以及抓获被告人时从其身上或住所查获了被害人的手机、银行卡、首饰等物品，由于在案证据充足，即使是先证后供，也不影响定案。而聂树斌案显然不具有上述情形。

### 五、要坚持综合审查思路，强化对客观证据的评判，树立客观证据优先的理念

刑诉法学界根据证据内容的载体不同，将刑事证据分为主观证据与客观证据。主观证据是以人为证据内容载体的证据，包括犯罪嫌疑人、被告人的供述和辩解、被害人陈述、证人证言等。此类证据需要通过对人的调查来获取其所掌握的证据信息，由于人的认知会随着外部环境和内在动机的变化而发生改

变，所以它具有较强的易变性和不稳定性，容易造假，故司法实践中一般都比较重视审查主观证据。客观证据是指以人以外之物为证据内容载体的证据，包括物证、书证、鉴定意见、勘验、检查、辨认、侦查实验等笔录、视听资料和电子数据等。[①]

从证据裁判的角度，任何据以定案的证据都要经过法定程序查证属实。但由于客观证据的载体为客观之物，其外部特征、性状及具体内容等方面受人的主观意志影响较小，通常具有较强的稳定性和可靠性，故刑事诉讼中对其审查工作容易被忽视，不细加审查以及不知如何审查的问题在审判实践中较为突出。

而聂树斌案再审特别重视对上述客观证据的审查：（1）从客观证据缺失入手，指出现场勘查未能找到直接证明被告人实施故意杀人、强奸犯罪的任何痕迹物证，导致案件缺乏锁定被告人作案的客观证据。（2）从证据关联性入手，指出现场勘查提取到的缠绕被害人尸体颈部的花上衣，其来源无法查清，由此该花上衣与被告人之间的联系难以确定。（3）从证据合法性入手，指出辨认程序没有依法进行，导致用于被告人辨认的花上衣与缠绕尸体颈部的衣物是否同一存在疑问，由此认定花上衣为被告人故意杀人的作案工具的证据不足。（4）从客观证据内容入手，指出原判据以定案的尸体检验报告没有提取、检验被害人的胃内容物以确定死亡时间，且法医亦未根据被害人尸体蛆虫情况对其死亡时间作出推断，由此导致被害人的死亡时间不能确认。（5）从客观证据之间印证入手，指出现场勘查笔录虽然记载花上衣缠绕被害人尸体颈部，尸体检验报告进一步记载被害人"符合窒息死亡"，但却未能作出确定性的鉴定意见，因此导致被害人死亡的具体原因不明。（6）从客观证据与被告人供述、证人证言等证据比对入手，指出现场勘查笔录、尸体检验报告等证据与后者存在不协调甚至相矛盾的情况，由此不仅揭示了客观证据的局限性，也表明了被告人供述等言辞证据的真实性存疑。基于上述由表及里、层层深入的分析论证，再审判决很自然地就得出了"本案存疑"的结论。这种对待客观证据的态度以及具体裁判思路，对一线办案无疑有着重要启示意义。

一方面，要重视审查客观证据。主观证据虽然在复述案件全貌方面有着得天独厚的优势，但其在证据内容的稳定性和可靠性上远不如客观证据，"严刑之下其造假的可能性很高"，"我们传统意义上所提到的'口供中心主义'所产生的冤假错案中，起主要作用的正是被害人陈述，犯罪嫌疑人、被告人供述

---

① 樊崇义、赵培显：《论客观性证据审查模式》，载《中国刑事法杂志》2014 年第 1 期。

和辩解等主观性证据”。[①] 所以，有效防范冤假错案，应当扭转长期存在的主观证据为中心、口供至上的倾向，树立客观证据优先的理念，高度重视和加强对客观证据的审查，进而引导侦查机关注重调取客观证据。

另一方面，要提高审查客观证据的能力。客观证据虽然有较强的稳定性和可靠性，但也不能迷信客观证据，不经审查就直接采用。办案中不仅要保持好奇、求真的欲望，充分挖掘客观证据，善于从案件的边边角角中发现问题，还要重视对客观证据进行科学解释，全面、细致地把握证据蕴含的信息。对全案证据不仅要逐一进行审查判断，还要综合进行审查判断，无论是何种证据，只有经甄别后具备真实性、关联性、合法性的，才可作为定案根据。但逐一审查判断证据，并非孤立地进行，亦应将该证据与全案证据进行综合比较、分析，以便排查矛盾与疑点。

## 六、人民法院审查控辩双方移送或提交的证据材料，不仅要审查证据材料本身，而且要审查办案人员收集、制作证据材料的行为

对证据进行全面、审慎裁量时，往往会涉及对有关办案机关收集、制作证据材料的取证行为的审查与判断。比如，在审查证据的客观性时，不能不关注有关侦查人员取证行为是否合法、依规；审查证据的关联性时，需要判断有关证据的调取、制作是否存在人为的疏忽、遗漏信息乃至歪曲、篡改有关证据内容或信息的可能；对证据缺失的判断，需要关注是否存在有关人员故意隐匿证据的情况，等等。特别是在证据材料存在缺失的情况下，当事人往往会提出办案机关隐匿了有利于被告人的证据，故对相关证据进行裁判时必然要求审查办案人员的收集、制作证据材料的行为。可以说，审查有关办案机关的收集、制作证据的行为本身是否存在问题，也是正确裁量相关证据、对案件作出准确判断的关键。

从刑事司法实际看，对取证行为的审查更多体现为证据的合法性审查。换言之，评判某一证据是否为非法证据，其直接指向就是有关办案机关及人员调取、制作证据的合法性。证据裁判所要求的据以定案的“合格证据”，不可能是非法证据，这决定了对证据的合法性审查是证据裁判的重要组成部分。但从具体实践看，这方面仍存在不少突出问题：一是对证据不敢或不能进行合法性审查和判断；二是不清楚合法性审查的重点，甚至认为非法证据主要是刑讯逼

---

① 樊崇义、李思远：《刑事证据新分类：客观性证据与主观性证据》，载《南华大学学报（社会科学版）》2016 年第 1 期。

供等手段获取的口供，从而忽视了其他非法证据类型；三是不知道如何进行合法性审查，包括审查方法和判断依据不明等。

聂树斌案再审审查，第一，在摆事实讲道理的基础上明确地指出有关机关存在违规甚至违法办案的问题，包括现场勘查无见证人违反规定，辨认、指认不规范等，并由此判定原审所采信的指认、辨认笔录不具有证明力，可谓立场坚定，态度鲜明，充分体现了对程序公正和证据裁判理念的坚守；第二，不仅重点审查被告人供述的合法性，指出不排除指供、诱供的可能，被告人供述的真实性存疑，还审查了现场勘查及辨认、指认笔录等证据，由此将合法性审查作为每一项证据裁判的不可或缺的环节，充分体现了对证据合法性审查的重视；第三，针对不同证据类型采取灵活多样的审查方式，对被告人供述主要从甄别其供述内容并结合其他相关证据或线索进行审查，对现场勘查及辨认、指认笔录主要从其有无违反程序规定的角度进行审查；第四，对是否存在非法取证立足于事实及证据进行判断，因没有发现原办案人员在制作讯问笔录时实施刑讯逼供的证据，而对申诉人的相关主张不予采纳等。上述对证据合法性审查的司法立场及裁判思路，同样具有指导意义。

从实践看，非法取证是刑事案件办理中的“重大隐患”。近年来纠正的刑事冤错案件中，大多不同程度地存在非法取证行为。甚至可以说，“刑讯逼供、非法取证是导致冤假错案发生的主要原因”。[①] 所以，必须把证据的合法性审查放在更为突出的位置，在审查控辩双方移送或提交的证据材料，不仅要审查证据材料本身，还要关注和审查办案人员收集、制作证据材料的行为本身是否依法进行，从而通过审判环节加强对证据合法性审查、强化对“证据合法”的要求，来引导和督促有关办案机关“合法取证”。

## 七、审查刑事证据应当积极运用司法推理手段，并且运用证据进行的推理应符合逻辑和经验

生活经验虽然不能像理论法则那样揭示事物之间联系的规律性，但它揭示的事物之间的某种常态联系、某种程度的可能性或盖然性，也可以作为审查判断证据的重要依据。[②]《最高人民法院关于适用〈中华人民共和国刑事诉讼法〉的解释》第一百零五条明确要求“运用证据进行的推理符合逻辑和经验”。而刑事证明标准所要达到的排除合理怀疑，就是要求办案人员在综合全

---

① 李婧：《官方称刑讯逼供非法取证是冤假错案主因》，载人民网，访问时间：2012 年 10 月 9 日。

② 胡云腾：《向群众和传统学习司法智慧》，载《中国审判》2016 年第 19 期。

案证据的基础上，凭借知识、经验和阅历，根据常情常理形成内心确信，避免背离常情常理，违背生活经验逻辑。聂树斌案再审判决，注重常情常理分析，运用经验逻辑法则对证据进行分析论证，抽丝剥茧，发现疑点，多处使用了“不合常理”的表述，并据此得出证据或事实存疑的结论，作出对被告人有利的评判。

首先，在对聂树斌的有罪供述进行评判时运用经验法则，进行了常情常理分析。如：在卷内13份有罪供述中，聂树斌一方面始终认罪，另一方面又无法清楚供述作案的基本事实，特别是对作案时间、实施强奸的情节等关键事实，供述前后矛盾、反复不定，不合常理；根据聂树斌供述及相关证人证言，聂家当时经济条件较好，聂树斌骑的是价值400余元的山地车，月工资有数百元，衬衣有多件，并不缺吃少穿，平时除了上班有些散漫外，无任何证据证明聂树斌此前有过偷盗等劣迹，也无任何证据表明其对女士衣物感兴趣，而涉案上衣是一件长仅61.5厘米且有破口缝补的女式花上衣，显然不适合聂树斌穿着，故聂树斌所供偷拿该花上衣自穿，不合常理；聂树斌所供偷取花上衣的具体地点前后不一，不能确定，甚至在改变了之前所供的偷衣地点并作出解释之后，再次供述又出现反复，不合常理。正是由于存在上述诸多不合常理之处，再审判决根据经验法则，得出聂树斌有罪供述的真实性及与其他证据供证一致的可靠性存疑的评判意见。

其次，在评判原办案机关关于卷内相关重要证据缺失的解释是否合理时，再审判决也运用了经验法则。如：针对案发之后50天内调取的相关证人证言缺失问题。本案复查和再审期间，就原审卷宗内为何没有该50天的证人证言，询问了多名原办案人员，他们作出了两种解释：一种说法是当时摸排大多用笔记本记录，破案需要的材料才会整理，不需要就不整理，可能因此造成没有入卷；另一种说法是当时的办案习惯是侦查卷宗不装订，先送给预审科挑选，没有用的会被预审科剔除，这些证人证言可能被预审科当作没有用的材料剔除了，入了副卷，副卷后来在办公地点搬迁时丢失。对此，合议庭评判认为，被害人丈夫侯某某、同事余某某等人是本案的重要证人，他们在案发之初接受询问所作的证言，是初始证言，是确定被害人遇害时间和被告人有无作案时间的重要依据，是侦破本案的重要线索。对其询问应当按照当时的《刑事诉讼法》和公安部1987年《公安机关办理刑事案件程序规定》，规范制作笔录入卷，并随案移送。即使当时有将材料送预审科挑选的做法，对于这些重要的证人证言也不应当完全剔除。因此，上述解释尽管对于一般的摸排对象是合乎情理的，但是对于与本案有直接关系的重要证人，不仅不符合当时的办案规范和惯常做法，也明显不符合常理。根据经验法则，再审判决认定原办案机关未能作出合理解释，应承担不利的法律后果。又如，针对原办案单位提取的聂树斌所在车间案发当月考勤表缺失问题，原办案人员解释称有两种可能：一是当时证明作案时间的材料要求有公章，聂树斌所在单位出具了盖有公章的出勤证明，该证明比考勤表更重要，所以考勤表没有入卷；二是在预审阶段被剔除出来入了副卷，后来副卷丢失。经审查，该考勤表是证明聂树斌有无作案时间的重要原始书证，根据公安部 1987 年《公安机关办理刑事案件程序规定》，应当认真登记、妥为保管，而且考勤表比单位出具的出勤证明更能客观、真实地反映聂树斌的出勤情况，即使在单位出具盖有公章的出勤证明后，也应当将考勤表一并入卷，以便核对传来证据和原始证据是否一致。因此，考勤表不入卷不仅不符合相关规定，也不合常理。据此，再审判决作出原办案人员对考勤表缺失没有作出合理解释的评判。

这种运用经验常理裁判证据的理念，既有助于正确认定事实，也会提升社会公众对裁判的认同感，具有重要导向作用。“从近年来纠正的冤假错案来看，很多案件从侦查之初，就不仅违背了法律规定的诉讼程序和办案规则，而且背离了常情常理，违背了生活的逻辑”，由此将案件的“侦查方向引入歧途，最后酿成冤错案件”。[①] 比如呼格吉勒图案，被告人是一个刚成年且涉世未深的年轻人，在主动向公安机关报案时因害怕而精神有些紧张，本属正常，但是办案人员却据此认为他有犯罪嫌疑以致弄假成真。又如浙江张氏叔侄案，二被告人是没有任何前科劣迹的正经生意人，且受熟人之托，顺道带一个女孩至杭州。按照生活常识，这种人不可能在光天化日之下将该搭便车的女孩先奸后杀，但办案人员却背离常识地认定叔侄二人系真凶，以致酿成冤错案件。再如杜培武案，被告人作为一名警察，工作及生活均正常，没有表现出任何犯罪潜质和迹象，且案发时正潜心准备司法考试，但却被认定故意持枪当面杀害自己的妻子及其警察同学并陈尸车上等。一个个鲜活的实例表明，背离司法良知和常识常情办案，就容易误入歧途。

所以，在审查运用证据认定案件事实时，一方面，我们绝不能仅凭“经验”就认定案件事实，无视证据规则的“唯经验论”是错误的；另一方面，证据裁判和事实认定也绝不能无视生活常识和常理。应当注意将法律规范层面的证据规则与经验层面的常情常理结合起来综合裁量，分析案件的证据和事实中有无违背常理的情形，对于不符合常理的事实或者情节，应认定存在合理怀

---

① 胡云腾：《向群众和传统学习司法智慧》，载《中国审判》2016 年第 19 期。

疑，作出有利于被告人的评判。

## 八、疑罪是指定罪的事实不清、证据不足，对于属于疑罪的案件，应当按照疑罪从无罪原则宣告被告人无罪

聂树斌案再审是按照疑罪从无宣告被告人无罪的。疑罪从无是一项基本司法原则。但对何为“疑罪”，理论及实务上至今仍有认识分歧。聂树斌案再审判决指出：“原判据以定案的证据没有形成完整锁链，没有达到证据确实、充分的法定证明标准，也没有达到基本事实清楚、基本证据确凿的定罪要求。原审认定聂树斌犯故意杀人罪、强奸妇女罪的事实不清、证据不足。”由此也就明确了疑罪的认定标准。

所谓疑罪，就是指定罪的事实不清、证据不足。如果按照“两高两部”2010年发布的《关于办理死刑案件审查判断证据若干问题的规定》（以下简称《规定》）对“证据确实、充分”证明标准的界定，所谓定罪的事实不清、证据不足，是指据以定罪的证据之间、证据与案件事实之间存在矛盾，或者根据证据认定案件事实的过程不符合逻辑和经验法则，全案证据不能得出被告人有罪的唯一结论。该界定对疑罪的范围作了限定，其一，排除了量刑上的事实不清、证据不足；其二，必须是定罪证据和主要案件事实上存在疑点，如果案件中存在一般的细枝末节问题和不影响定罪事实的疑点，不属于“疑罪”。聂树斌案发生于1994年，理应依据当时的“两个基本”来判断。“两个基本”是指认定有罪必须达到“基本事实清楚，基本证据确凿”。其中，基本事实是指按照刑事法律规定足以影响定罪量刑的事实，即决定被告人的行为是否构成犯罪、构成何罪、罪行轻重的事实；基本证据是指对案件的基本事实起决定性证明作用的证据，即直接关涉定罪量刑的证据。“两个基本”旨在强调，办案不要纠缠案件事实证据的细枝末节，而要卡死案件的基本事实和基本证据。这是对证明对象的缩小，不是证明标准的降低。所以，“两个基本”与1979年《刑事诉讼法》实施以来我国一贯坚持的“证据确实、充分”的证明标准并无实质差异，可参考《规定》对“定罪的事实不清、证据不足”的具体阐释，来理解和把握“两个基本”。

聂树斌案再审判决对“疑罪”作了很好的注解。一方面，从证实的角度，检察机关承担证明被告人有罪的举证责任，应当提供确实、充分的证据来证实被告人有罪。如果其提供的证据不足以认定犯罪行为系被告人实施，就是我们讲的“疑罪”。换言之，疑罪是检察机关未能实现证明责任的结果，本身不以被告人是否认罪为前提。即使被告人笼统认罪，但如其有罪供述的真实性缺乏

保障，在案证据未能达到确实、充分标准，也不能认定被告人有罪。另一方面，从证伪的角度看，疑罪不同于存在无罪证据的案件，如果有证据证明被告人是无辜者（如能确认王书金系真凶），则案件不再属于疑罪，而应当依法宣告被告人无罪。这种无罪不是基于疑罪从无原则宣告的无罪，而是事实上的无罪。基于以上分析，对刑事案件证明标准的理解，也应当从正反两个方面来把握。详言之，作出有罪认定，要能保证所有的证据都指向被告人，且没有证据指向其他人（即定案证据体系上没有疑点或疑点得以排除）。换言之，既要从正面证实的角度做到内心确信，又要从反面证伪的角度排除合理怀疑、得出唯一结论。而所谓的“疑罪”，就是在案证据对被告人是否犯罪既不能证实也不能证伪的案件。

如前所述，聂树斌案件中，既有证明被告人有罪的证据，也存在一些与有罪证据相矛盾的反证。例如，“本案缺乏能够锁定聂树斌作案的客观证据，聂树斌作案时间不能确认，作案工具花上衣的来源不能确认，被害人死亡时间和死亡原因不能确认”“聂树斌有罪供述的真实性、合法性存疑，有罪供述与在卷其他证据供证一致的真实性、可靠性存疑”等等。这些反证，意味着本案在证据体系上存在疑点，在正面证实的方面难以达到“内心确信”的程度。从反面证伪的角度看，另案被告人王书金自认系本案的真凶，其供述内容能与在案部分证据相佐证，且其有罪供述能够排除办案机关刑讯逼供、被告人道听途说、替人顶罪或者邀功请赏等情形，虽然相关证据不能从正面证实的角度证明其确系本案的真凶，但应当认定不排除其具有作案的可能性。换言之，本案的证据体系达不到“排除合理怀疑、得出唯一结论”的要求，应属于典型的“对被告人是否犯罪既不能证实也不能证伪”的疑罪案件。

对于“疑罪案件”，在一些案件中未能作无罪宣判，部分作了疑罪从轻、疑罪从挂处理。这些处理本质上都是有罪推定的表现，不符合人权保障的要求，也极易导致冤错案件，无论是可能的风险还是现实的危害都很大。周强院长在2017年全国“两会”的工作报告中指出：“冤错案件的发生，让正义蒙羞，教训十分深刻。我们要坚决引以为戒，强化本案责任，健全制度机制，坚决守住防止冤假错案底线。”聂树斌案再审按照党的实事求是、有错必纠的一贯方针，果断地依法宣判被告人无罪，坚定地实践了党的十八届四中全会提出的证据裁判、疑罪从无等法律原则，这在人民法院的刑事审判工作中具有里程碑意义。试想一下，对这样一起20余年前被告人已经被执行死刑的“历史悬案”，都敢于按照疑罪从无罪原则宣告被告人无罪，在今后的刑事审判实践中，我们更要毫不顾虑地坚守疑罪从无！

## 九、再审程序既要坚持程序法从新并对当事人有利原则，也要坚持用当时的法律法规和办案条件评判办案人员的行为，体现对办案人员公平合理的原则

聂树斌案侦查、起诉、一审和二审均发生于20世纪90年代，当时的办案条件和办案能力相对落后，诉讼程序和办案规程有失规范，尊重和保障人权的观念相对淡漠。由于这些因素的影响，办案中存在不少程序瑕疵、不规范甚至违反程序规定的做法，导致证据本身存在很多问题。随着社会的发展、时代的进步，20多年来我国刑事诉讼法先后经历两次大修，司法理念和执法环境都发生了巨大变化。如今对这一历史案件进行再审，如何评价办案人员当年的办案行为，如何看待和处理历史案件中的问题证据，是本案再审判决无法回避的问题。

在聂树斌案的复查和再审过程中，有观点认为：本案确有不少瑕疵，证据存在欠缺，办案不够规范，甚至有违反程序规定的做法，但这些均系因当时的刑事政策、执法理念、执法条件和实际水平所致，不应该以现在的标准来苛求陈年旧案。合议庭经审慎研究，认为上述观点不能成立，并通过再审判决明确了评判历史案件中办案行为和问题证据的基本规则。即：在适用现行《刑事诉讼法》规定的程序及按照现行法律保障当事人权利的同时，对于原办案机关的办案行为，则按照当时的法律和规范以当时的标准来评判；坚持以历史的眼光，实事求是，客观、理性、辩证地看待和处理历史案件中的问题证据。

首先，坚持以案发当时的法律和规范为标准评判历史案件中的办案行为。

聂树斌案于1995年裁判生效，当时适用的是1979年《刑事诉讼法》，之后我国《刑事诉讼法》经过了1996年、2012年两次修订。再审该案，是适用当时的《刑事诉讼法》，还是适用现行的《刑事诉讼法》，存在不同认识。合议庭经过审慎研究认为，本案再审应当适用现行的《刑事诉讼法》。主要基于：一方面，对于再审案件适用程序法采用“从新原则”是基本原则。从中外司法实践看，均不存在置新程序法于不用，转而适用已经废止的旧程序法的先例，现行《刑事诉讼法》专章规定的审判监督程序，是对生效裁判的专门纠错程序，再审案件当然要适用新法；另一方面，决定新旧法律选择适用的根本考量因素，要看是否有利于当事人特别是被告人。从程序法修改的规律看，我国刑事诉讼法的两次修订，在当事人权利保障方面一次比一次更加强化，适用新法也更有利于从程序上体现对当事人及其他诉讼参与人的权利保护，更有利于尊重和保障人权。

但同时，在保障当事人及其他诉讼参与人的诉讼权利和评价办案人员的办案行为方面，应当采取不同的标准。具体而言，在保障当事人及其他诉讼参与人的诉讼权利时适用现行《刑事诉讼法》，而在评价办案人员的办案行为时应当适用当时的法律规范，不应该用今天的法律标准来评价他们当年的办案行为，力避以现行标准评价历史案件，这样既合情合理，又能为各方面所接受，体现了对办案人员公平合理的原则。

聂树斌案再审判决中，多处引用了当年的法律和办案规范，对办案行为予以评价。例如：（1）原办案机关在没有掌握聂树斌任何犯罪线索的情况下就将其抓获，对其采取监视居住措施，且监视居住期间一直将其羁押于派出所内，违反了1979年《刑事诉讼法》及公安部1987年印发的《公安机关办理刑事案件程序规定》的有关规定。（2）本案现场勘查没有邀请见证人参与，且勘查笔录除记录人外，其他参加勘验、检查人员本人均未签名，违反了1979年《刑事诉讼法》、1979年《公安部刑事案件现场勘查规则》及公安部1987年印发的《公安机关办理刑事案件程序规定》的有关规定。（3）聂树斌被抓后前5天讯问笔录、案发之后前50天内证明被害人遇害前后情况的证人证言、聂树斌所在车间案发当月的考勤表均没有入卷并随案移送，违反了1979年《刑事诉讼法》及公安部1987年印发的《公安机关办理刑事案件程序规定》中关于全面收集证据、规范制作笔录并随案移送的相关规定。（4）原办案人员关于前5天讯问笔录可能入了副卷的解释，不符合公安部1991年印发的《公安业务档案管理办法》关于犯罪嫌疑人的供述笔录不属于入副卷材料的明确规定。

其次，客观理性地审慎评判历史案件中的问题证据。

刑事诉讼中的问题证据包括非法证据和瑕疵证据。聂树斌案是一起各方高度关注、极为重大复杂的历史疑案，本案再审判决坚持以客观理性、实事求是的审慎态度评判这一历史案件中的问题证据。

一方面，对于严重违反法定程序或存在重大缺陷，导致证据的真实性、合法性或关联性存在重大疑问，证明力受到严重影响的问题，不回避，不含糊，明确作出否定性的评判。

例如，关于聂树斌相关辨认笔录的评判。组织犯罪嫌疑人、被告人对作案现场和涉案物品进行指认和辨认，是判断其供述真伪、确定其与案件关联性的重要手段，客观真实、合法的辨认笔录是认定案件事实的重要证据。原审卷宗显示，本案在侦查期间，办案机关先后组织聂树斌分别对现场提取的被害人颈部缠绕的花上衣、被害人所骑自行车、被害人康某1的照片进行了混杂辨认，并制作了辨认笔录。但经审查，这些辨认极不规范，辨认笔录存在重大缺陷。一是无论是对作案、藏衣现场的指认还是对被害人照片及现场提取物品的混杂辨认，均仅有一份极为简单的笔录在卷，既没有指认现场的照片，也没有混杂辨认对象的照片。如在对被害人照片的混杂辨认中，笔录记载聂树斌从康某1和其他两名妇女的3张照片中辨认出康某1的照片，但卷内既未见康某1照片，也未见两张陪衬照片，陪衬者的年龄、体貌特征是否与康相仿不清，且对康某1的照片来自何处，卷中也无任何材料反映。二是用于混杂辨认的陪衬物与辨认对象差异过于明显。按照混杂辨认的规范要求，为了保证辨认的客观准确，用于混杂辨认的陪衬物应当与辨认对象的特征相类似，如果差异过大，就失去了混杂辨认的意义，势必降低甚至丧失辨认笔录的证明力。本案中，对花上衣、自行车虽然组织了混杂辨认，但陪衬物与辨认对象差异非常明显。聂树斌在供述中所述的花上衣系旧短袖，但用于混杂辨认的三件陪衬物中，有两件系长袖上衣，其中一件还是新上衣，与辨认对象的特征明显不同；聂树斌在供述中称被害人的自行车为蓝色的比二六型小的自行车，但作为混杂辨认陪衬物的三辆自行车均为二六型自行车，且全部为黑色，其中还有一辆为赛车，与辨认对象现场提取的蓝色二四型女式坤车差异明显。三是用于混杂辨认的辨认对象与案件的关联性存在重大疑问。原审侦查卷宗显示，现场勘查笔录附件中包括被害人尸体照片在内的全部照片均为黑白，显示为现场所拍，但让聂树斌用于混杂辨认的花上衣照片却是彩色的，显示为在水泥地上拍摄。花上衣照片与其他物证及现场照片显然不是同一时间、同一地点拍摄形成，该彩照上的花上衣比较干净，与被害人尸体颈部缠绕的衣服差异极大。对此，原办案人员解释，从尸体颈部提取的衣服因受到雨水及尸体腐液侵蚀，不具备辨认条件，为方便辨认，办案人员对该上衣进行了清洗。但在卷内对此没有任何记载或说明，无任何证据证实，无法让人相信彩照上的花上衣与被害人尸体颈部的衣服为同一物证，以致用于辨认的彩色花上衣与现场提取的尸体颈部衣物是否同一、该辨认对象与本案是否具有关联性存在重大疑问。上述问题的存在，导致这些辨认笔录的证明力受到严重影响甚至丧失殆尽。因此，不能作为定案的依据。

另一方面，对于取证程序存在瑕疵的证据，坚持以历史的眼光，实事求是，对其证明力及其对认定案件事实的影响作出客观理性的评判。

例如，辩证评判尸体检验报告的证明力。本案因案发时尸体高度腐败，法医在尸体检验时没有提取、检验被害人的胃内容物以确定死亡时间；现场勘查时，尸体及周围布满蛆虫，但法医未根据尸体蛆虫情况对死亡时间作出推断；

尸体检验报告中记载的“康某1符合窒息死亡”只是“分析意见”，不具有确定性。上述问题的存在，致使该份证据对于认定被害人的死亡时间和死亡原因缺乏足够的证明力，再审判决对此作出了明确的评判。但同时，鉴于案发当年的技术水平和被害人尸体高度腐败的客观实际，再审判决并没有完全否定该份尸体检验报告的证明力，该份证据仍是认定被害人康某1死亡的重要依据。

又如关于聂树斌签名代签问题。申诉人的诉讼代理人提出，原审卷宗内送达起诉书笔录及送达回证、一审宣判笔录及送达回证、验明正身笔录、二审判决送达回证上，虽有聂树斌的手印，但签名均为代签，据此认为原办案机关存在伪造或变造案卷的可能。经鉴定，上述证据材料上聂树斌的签名虽系办案人员代签，但按捺的指印均为聂树斌本人所留；同时，从再审期间调取的河北省石家庄市中级人民法院当年办理的16件死刑案件卷宗看，在送达回证、宣判笔录等证据材料上办案人员代为签名并非聂树斌案所独有的现象。据此，再审判决以历史的眼光，采取了实事求是的态度，对这些材料的效力予以认可，对诉讼代理人提出的原办案机关伪造或变造卷宗的意见不予采纳。

此外，再审判决对聂树斌有罪供述的评判，也同样采取了实事求是、审慎处理的态度。本案复查和再审过程中，申诉人及其代理人都明确提出，要求认定原审存在刑讯逼供，并将聂树斌的有罪供述作为刑讯逼供所获得的非法证据予以排除。为核查这些有罪供述是否系刑讯逼供所得，再审合议庭反复审查了本案原审卷宗、河北省高级人民法院和山东省高级人民法院的复查卷宗，没有从中发现有价值的线索；分别询问了10多名原办案人员，了解他们当年取证过程，结果也一无所获；多次与最高人民检察院的办案人员进行沟通，其中就涉及原办案机关是否存在刑讯逼供问题，也没有获得肯定的意见；申诉人及其代理人亦无法提供相关证据或线索。在这种情况下，再审判决作出评判：“对申诉人及其代理人提出侦查机关存在刑讯逼供的意见，因无证据证实，本院不予采纳。”但同时经审查发现，聂树斌曾经供述自己本来想不说，后在办案人员“劝说和帮助下说清整个过程”；聂树斌供述偷花上衣的地点存在随证而变的情形；一些笔录显示讯问内容指向明确；参与现场勘查的办案人员曾称被安排到讯问场所与聂树斌核对案发现场情况等，故不能排除存在指供、诱供的可能。加之，聂树斌对关键事实的供述前后矛盾、反复不定，供证一致的真实性、可靠性存疑，故作出评判：“对申诉人及其代理人提出聂树斌有罪供述的真实性、合法性存疑，不能排除指供、诱供可能的意见，对检察机关提出的侦查机关讯问过程明显具有指供倾向的意见，本院予以采纳。”最终判定聂树斌的有罪供述不能作为定案的依据。这种实事求是、客观理性的评判不仅贯彻了证据裁判原则，也彰显了程序公正的理念。

## 十、对事实复杂疑难的案件进行证据审查时，应当坚持运用多种方法并善于从多个方面综合审慎考量、评判

聂树斌案是一起“各方关注、重大复杂的历史疑案”。其再审工作的难度之大超乎想象，只要通读一遍再审判决书就会有深切感受。本案事发多年、证据残缺、信息较多、真假混杂等状况，决定了再审时证据裁判的思路、视角和方法等，对案件正确认定具有重要意义。概括地讲，该案再审在事实证据的审判判断上，坚持运用多种方法并善于从多个方面综合审慎考量、评判，做到了“立足两个视角、关注三个方面、善用多种方法、坚持因材施法，审查思路清晰”。

“立足两个视角”，即分别从证据能力和证明力入手，对原审定案的证据逐一进行审查，通过摆事实讲道理，认定有的证据属于缺乏关联性，不具有证据能力，而不能作为定案依据，如抓获经过。有的证据属于取证违规而导致其证明力降低，如证人证言。还有的证据因取证违法而丧失证明力。所谓丧失证明力，也就是排除了其证据资格，不再作为定案依据，如现场勘查及辨认、指认笔录等。

“关注三个方面”，即将证据的关联性审查、客观性审查和合法性审查结合，贯彻全面审查原则，不放过任何一个疑点。

“善用多种方法”，是指聂树斌案再审对证据审查不仅综合运用了个别甄别、同一认定、比较印证等阅卷评判的常见方法，同时积极运用了实证调查、咨询专家、经验识别等非常规的方法。例如，合议庭除认真审查原审卷宗、河北高院和山东高院复查卷宗百余卷外，积极奔赴案发地核实相关证据，察看案发现场、被害人上下班路线、聂树斌被抓获地点及其所供偷衣地点，询问部分原办案人员和相关证人，还就有关尸体照片及尸检报告等证据的审查判断咨询著名的刑侦技术专家（李昌钰），并从经验识别的角度，对原办案人员当年的办案行为和事后的解释进行评判，认为“不合常理”，从而排除认定一些事实和情节等。正是坚持综合运用多种分析方法，由表及里，层层递进，全面审查，客观评定，从而清晰地揭示出原审定案证据体系上存在的问题。

“坚持因材施法”，是指聂树斌案再审针对不同的证据类型各有侧重地采取了相应的审查方法。概括地讲，对被告人供述、证人证言等主观证据的审查，更为侧重证据的内容方面；对物证、书证、鉴定意见、勘验、检查笔录等客观证据的审查，更加重视证据的形式方面，强调针对证据的不同特点有针对

性地开展工作。比如，对被告人的有罪供述，着重从供述的时间、地点、有无逼供诱供等方面进行审查，对证人证言重点从证人的辨别能力、与案件的利害关系等方面进行判断，对物证、书证着重从来源、提取过程、签名及标注等方面进行甄别，对鉴定意见重视分析鉴定人的资质、检材的原始性、鉴定过程等方面，辨认笔录重点关注辨认过程是否符合程序等等。聂树斌案再审的审查思路无疑具有重要导向意义。实际上，各类证据的特性各有不同，只有坚持因材施法，才能够更为准确、有效地把握证据存在的相关问题及实质，从而去粗存精、去伪存真。

"审查思路清晰"，是指聂树斌案再审审查时，重视审查思路的逻辑性、系统性和有效性。在对具体证据进行审查和判断时，大致按照以下三个步骤依次推进：第一，单个证据的分解验证。即将某个证据的相关信息掰开揉碎，仔细甄别以查看其自身内容有无问题，比如被告人的有罪供述是否存在对关键事实的供述前后矛盾、反复不定、随证而变、不合常理的情况。通过对单个证据的分解、甄别，往往就能够审查出问题。第二，相关证据的双向比对。即将证明同一事实的两个或两个以上的证据材料进行比较和对照，查看其所证明的内容是否一致。具体有纵向对比和横向对比两种方法。前者主要针对言辞证据而言，即对同一案件事实做过的多次陈述或供述进行对比，辨明其前后内容有无矛盾之处。后者是指对证明同一案件事实的不同种类的证据进行比对。比对印证是证据分析、审查最基本、最直接的方法。第三，全案证据的综合判断。即将经过分解验证和比对分析后的各个证据材料，按照法律逻辑有机地整合成一个证据体系，既在全案证据体系中考察、评估单个证据的证明力，又对整个证据体系是否达到确实、充分的法定要求进行综合判断。

综上，聂树斌案再审审查正是坚持因材施法、对症下药、全面审查、客观评定，从而清晰地揭示出原审定案证据体系上存在的问题，并由此顺利地得出了具有较强说服力的裁判结论。

（**一审法院合议庭成员**　康平平　梁建琴　张贵军
**二审法院合议庭成员**　赵桂云　王振云　姜　枫
**再审法院合议庭成员**　胡云腾　夏道虎　虞政平　管应时　罗智勇
**编写人**　最高人民法院　于同志　管应时
**责任编辑**　高　尚
**审稿人**　李玉萍）

“严惩贪污贿赂犯罪。坚持‘打虎拍蝇’不放松，对腐败犯罪始终保持高压态势，健全职务犯罪案件审判机制，严厉打击和震慑腐败分子。会同最高人民检察院制定办理贪污贿赂案件司法解释，审结贪污贿赂等案件19.5万件26.3万人，其中，被告人原为省部级以上干部101人，厅局级干部810人。依法审理周永康、薄熙来、郭伯雄、令计划、苏荣等重大职务犯罪案件，在白恩培案中首次依法适用终身监禁，彰显党中央惩治腐败的坚强决心。依法惩治行贿犯罪，判处罪犯1.3万人。依法审理贪污扶贫款、农资补贴等犯罪案件，严惩发生在群众身边的涉农腐败。完善犯罪嫌疑人、被告人逃匿、死亡案件违法所得没收程序，依法审理任润厚等案件，决不让腐败分子在经济上得到好处。依法审理‘红通1号’杨秀珠等案件，决不让腐败分子逃脱正义的审判。”

——摘自最高人民法院院长周强2018年3月9日在第十三届全国人民代表大会第一次会议上所作《最高人民法院工作报告》。后面的案例即为《最高人民法院工作报告》中提及的杨秀珠贪污、受贿案。

# 杨秀珠贪污、受贿案

## ——“红通人员”归国投案的量刑问题

**关键词：刑事　“红通一号”　杨秀珠案　反腐败追逃追赃　依法减轻处罚**

### 【裁判要旨】

“红通人员”归国投案成立自首，应当根据其犯罪事实、性质以及自首、退赃等情节和对于社会的危害程度，依法公正处刑。

### 【相关法条】

**《中华人民共和国刑法》第三百八十二条第一款**　国家工作人员利用职务上的便利，侵吞、窃取、骗取或者以其他手段非法占有公共财物的，是贪污罪。

**第三百八十五条第一款**　国家工作人员利用职务上的便利，索取他人财物的，或者非法收受他人财物，为他人谋取利益的，是受贿罪。

**第六十七条第一款**　犯罪以后自动投案，如实供述自己的罪行的，是自首。对于自首的犯罪分子，可以从轻或者减轻处罚。其中，犯罪较轻的，可以免除处罚。

**第十二条第一款**　中华人民共和国成立以后本法施行以前的行为，如果当时的法律不认为是犯罪的，适用当时的法律；如果当时的法律认为是犯罪的，依照本法总则第四章第八节的规定应当追诉的，按照当时的法律追究刑事责任，但是如果本法不认为是犯罪或者处刑较轻的，适用本法。

## 【案件索引】

一审：浙江省杭州市中级人民法院（2017）浙01刑初71号（2017年10月12日）

## 【基本案情】

### 一、贪污事实

1996年12月至1997年12月，被告人杨秀珠利用担任温州铁路房地产开发有限公司（现更名为温州市轨道交通置业有限公司，以下简称铁路房开公司）董事长、浙江省金温铁路建设工程总指挥部（以下简称金温铁路指挥部）副总指挥、温州市副市长等职务上的便利，以非法占有为目的，侵吞公款共计人民币19045155元（以下如无注明，币种相同）。具体事实如下：

1. 铁路房开公司成立于1993年，系国有独资公司温州市地方铁路有限公司（以下简称地方铁路公司）控股的有限公司。1995年3月，被告人杨秀珠被任命为铁路房开公司董事长，1996年10月，地方铁路公司委派杨秀珠任铁路房开公司董事。1996年12月下旬，杨秀珠利用担任铁路房开公司董事长职务上的便利，指使时任该公司总经理高云光、财务人员金建林（均已判刑）及林素华（已死亡）等人，虚构温州水心汇昌小区项目需补缴配套费事由，采用先以作废发票入账报销、后在转账支配存根联上填写虚假的收款单位平账等方式侵吞单位公款。截至1997年9月，杨秀珠等人从铁路房开公司账户套取资金11045155元。

2. 1997年11月至12月，被告人杨秀珠利用担任金温铁路指挥部副总指挥、温州市副市长职务上的便利，指使时任温州火车站站前开发建设指挥部（以下简称站前指挥部）副指挥高云光套取800万元，高云光遂联系温州市华中房地产开发有限公司法定代表人黄长顺，以虚假材料申请拆迁补偿、虚增工程款等方式，从温州市人民政府划拨至站前指挥部的工程建设资金中套取800万元。站前指挥部系温州市人民政府1996年10月成立的临时性机构，于1999年8月撤销。

## 二、受贿事实

1994年4月至1999年5月，被告人杨秀珠利用担任温州市市长助理、副市长、浙江省建设厅副厅长等职务上的便利，为金剑平及其经营的温州新世界房地产开发有限公司（以下简称新世界房产公司）、陈其跃及其经营的温州米莉沙鸿州房地产开发有限公司（以下简称米莉沙鸿州房产公司）在取得土地使用权、调整项目规划、增加建筑面积、减免配套费等事项上提供帮助，收受上述个人、单位所送的钱款，共计折合7354300元。具体事实如下：

1. 1994年4月至1997年12月，被告人杨秀珠利用担任温州市市长助理、副市长职务上的便利，为金剑平及其经营的新世界房产公司在取得温州市广场路54号地块、马鞍池西路1号地块的土地使用权、调整项目规划、增加建筑面积、减免配套费等事项上提供帮助。1997年12月至1998年8月，杨秀珠先后三次收受上述个人、单位银行转账港币110万元、现金人民币200万元、银行转账美元20万元，共计折合4834300元。

2. 1996年10月至1999年5月，被告人杨秀珠利用担任温州市副市长、浙江省建设厅副厅长职务上的便利，为陈其跃及其经营的米莉沙鸿州房产公司在取得温州市动物园地块、车站大道3－3号地块土地使用权、调整容积率、增加建筑面积等事项上提供帮助。1997年9月至1998年12月，杨秀珠先后多次收受上述个人、单位所送的现金共计252万元。

## 三、综合事实

1. 主体身份。被告人杨秀珠于1993年4月任金温铁路指挥部副总指挥，同年7月任温州市市长助理；1995年1月任温州市副市长，同年3月兼任铁路房开公司董事长；1998年4月任浙江省建设厅副厅长，系国家工作人员。

2. 案发及归案经过。2003年4月，被告人杨秀珠潜逃出境。2016年11月16日，杨秀珠主动回国投案，如实供述贪污、受贿事实。

3. 赃款、赃物扣押及退缴。案发后，被告人杨秀珠积极配合退缴赃款、赃物，现已扣押赃款12259617.98元，对杨秀珠实际出资购买的温州市县前头大楼C、D幢118号商铺、温州市东南大厦112号商铺、杭州市文欣苑×××室住宅及杨秀珠名下杭州市宝石二路×××室住宅等四处房产已被限制交易。杨秀珠自愿以上述款物退缴违法所得。

## 【裁判结果】

浙江省杭州市中级人民法院于2017年10月12日作出（2017）浙01刑初71号刑事判决：一、被告人杨秀珠犯贪污罪，判处有期徒刑六年，并处罚金人民币50万元；犯受贿罪，判处有期徒刑五年，并处罚金人民币30万元，决定执行有期徒刑八年，并处罚金人民币80万元。二、追缴被告人杨秀珠贪污所得人民币11045155元，返还温州市轨道交通置业有限公司；追缴被告人杨秀珠贪污、受贿所得人民币15354300元，予以没收，上缴国库。

宣判后，被告人杨秀珠未提出上诉，杭州市人民检察院未提出抗诉，一审判决现已生效。

## 【裁判理由】

浙江省杭州市中级人民法院认为：

1. 被告人杨秀珠身为国家工作人员，利用职务上的便利侵吞公款19045155元，其行为构成贪污罪，且数额特别巨大；杨秀珠利用职务上的便利，为他人谋取利益，收受他人财物7354300万元，其行为构成受贿罪，且数额特别巨大。上述两罪依法应予并罚。

2. 杨秀珠指使他人为其侵吞公款，在贪污共同犯罪中起主要作用，系主犯。

3. 杨秀珠主动回国投案，如实供述罪行，具有自首情节，且真诚悔罪，积极配合退缴全部违法所得，依法可以对其减轻处罚。

4. 杨秀珠从铁路房开公司侵吞的公款11045155元应返还该公司即更名后的温州市轨道交通置业有限公司；从站前指挥部套取的公款800万元应直接上缴国库；受贿所得予以没收。

## 【案例注解】

党的十八大以来，反腐败追赃追逃工作持续深入推进。2015年4月，中央追逃办公布“百名红通令”。经过不懈的追逃等工作，2016年11月16日，杨秀珠作为“红通一号”人员在潜逃海外13年零7个月后回国投案接受审判。

本案的争议焦点在于，杨秀珠贪污、受贿数额特别巨大，潜逃海外十余年后才归国投案，如何既严厉打击外逃腐败分子，又充分考虑归国投案、配合退赃等情节，依法公正裁量刑罚。

第一，被告人杨秀珠虽潜逃海外多年，但能在反腐败追逃追赃工作震慑之下，回国投案接受审判，属于主动投案，且杨秀珠归案后如实供述主要犯罪事实，当庭自愿认罪，应当认定自首，依法可从轻或减轻处罚。

第二，对“红通人员”的审判既体现了严惩外逃腐败分子的坚定决心，也依据被告人杨秀珠的犯罪事实、性质和对社会的危害程度，充分考量自首、真诚悔罪、积极配合退缴全部违法所得等法定、酌定从宽情节，依照从旧兼从轻的刑法原则和宽严相济的刑事政策，对其减轻处罚，在法定量刑幅度内实现公正处刑；并追缴杨秀珠的贪污、受贿全部犯罪所得，据实返还被害单位或予以没收，上缴国库，实现最大限度的追赃挽损。

对被告人杨秀珠的惩处，既维护了国家司法主权，也彰显了严厉打击外逃腐败分子的坚定决心和司法威严，警示腐败分子，无论逃到天涯海角，都要缉拿归案、绳之以法，决不让腐败分子在经济上得到好处，逃脱正义的审判；对杨秀珠的规范公正审判、依法减轻处罚，也起到了引导尚在外逃的“红通人员”主动归国接受审判的政治效果和法律效果。

（**一审法院合议庭成员**　朱敏明　刘宏水　沈　励
**编写人**　浙江省杭州市中级人民法院　朱敏明　沈　励
**责任编辑**　高　尚
**审稿人**　李玉萍）

# 二、案例精析

**编者按** 各级人民法院坚持“反映审判全貌，总结审判经验，服务审判工作”的编辑方针，突出“真实、全面、及时、说理”编辑特色，报送了一批具有典型性、新类型、重大疑难复杂案例，对指导审判业务、宣传国家法制、预防和化解社会矛盾纠纷，促进法学教育与理论研究做出了积极努力。《人民法院案例选》将继续坚持这一优良传统，并通过中国应用法学研究所责任编辑撰写编后补评等方式，对判决和评析中虽未提及但比较重要的或评析不充分的问题，进行补充评析，以期达到总结经验教训、指导审判业务、促进理论研究的目的。

# 刑　事

## 黄宇恒、郭凤勤等非法收购、出售珍贵、濒危野生动物案

——非法收购、出售《濒危野生动植物种国际贸易公约》保护动物的情节认定

关键词：驯养繁殖物种　CITES　同属或同科　情节特别严重

### 【裁判要旨】

1. 司法解释规定的“珍贵、濒危野生动物”包括相关野生动物以及驯养繁殖的上述物种，驯养繁殖物种可成为非法收购、出售珍贵、濒危野生动物罪的犯罪对象。

2. 涉案动物被列入CITES附录Ⅱ，但司法解释附表中仅有同科的国家一级保护野生动物，无同属或同科的国家二级保护野生动物，遵循刑法谦抑理念，不得参照该国家一级保护野生动物“情节严重”或“情节特别严重”的认定标准执行。

3. 涉案动物被列入CITES附录Ⅰ、附录Ⅱ，但在司法解释附表中无同属或同科的国家一、二级保护野生动物，无可供参照的“情节严重”“情节特别严重”的认定标准，根据罪刑法定原则，不得类比参照与其同目的国家一、二保护野生动物的认定标准执行。

### 【相关法条】

**《中华人民共和国刑法》第三百四十一条第一款**　非法猎捕、杀害国家重

点保护的珍贵、濒危野生动物的，或者非法收购、运输、出售国家重点保护的珍贵、濒危野生动物及其制品的，处五年以下有期徒刑或者拘役，并处罚金；情节严重的，处五年以上十年以下有期徒刑，并处罚金；情节特别严重的，处十年以上有期徒刑，并处罚金或者没收财产。

**《最高人民法院关于审理破坏野生动物资源刑事案件具体应用法律若干问题的解释》第一条** 刑法第三百四十一条第一款规定的“珍贵、濒危野生动物”，包括列入国家重点保护野生动物名录的国家一、二级保护野生动物、列入《濒危野生动植物种国际贸易公约》附录一、附录二的野生动物以及驯养繁殖的上述物种。

**第十条** 非法猎捕、杀害、收购、运输、出售《濒危野生动植物种国际贸易公约》附录一、附录二所列的非原产于我国的野生动物“情节严重”、“情节特别严重”的认定标准，参照本解释第三条、第四条以及附表所列与其同属的国家一、二级保护野生动物的认定标准执行；没有与其同属的国家一、二级保护野生动物的，参照与其同科的国家一、二级保护野生动物的认定标准执行。

## 【案件索引】

一审：广东省广州市荔湾区人民法院（2017）粤0103刑初695号（2017年9月19日）

二审：广东省广州市中级人民法院（2017）粤01刑终1835号（2018年4月12日）

## 【基本案情】

广东省广州市荔湾区人民检察院指控称：2012年至2013年期间，被告人黄宇恒从广州市荔湾区芳村花鸟鱼艺大世界市场等地收购红尾蚺8条、球蟒2条，再以收购的红尾蚺6条分别交换得球蟒2条、网纹蟒2条以及杜氏蚺2条，以用作饲养和销售，并将前述动物放置在广州市荔湾区浣花西路芬芳街76号605房内，由被告人郭凤勤、黄健强协助饲养。

随后，被告人黄宇恒于2012年至2016年期间，在“爬行天下”论坛里，通过其注册的实名商家“恒宇爬宠”及其他账户发帖、跟帖，并在微信、QQ等网络平台发布前述动物的饲养、交易信息，以招揽客户。其中，2012年4

月，被告人黄宇恒以人民币13000元的价格，向客户方某某（另案处理）销售红尾蚺4条。2015年9月3日，被告人黄宇恒以人民币900元的价格，向微信上的客户“爬杨石良一哥红”（另案处理）销售红尾蚺幼体1条，并指使被告人郭凤勤与该客户现场交收。2015年9月11日，被告人黄宇恒通过邮寄的方式，以人民币3500元的价格，向微信上的客户“张某”（另案处理）销售红尾蚺成体1条。

2016年11月24日，被告人黄健强在广州市荔湾区浣花西路芬芳街76号605房被民警抓获，当场被查获杜氏蚺2条（经鉴定，该动物被列入《濒危野生动植物种国际贸易公约》附录Ⅰ）、球蟒2条、网纹蟒2条、红尾蚺17条（经鉴定，上述三种动物均被列入《濒危野生动植物种国际贸易公约》附录Ⅱ）、台式电脑主机1台、笔记本2本和快递单据8张等。随后，被告人黄宇恒在广州市海珠区革新路137号船舶太古酒店被民警抓获。2016年12月7日，被告人郭凤勤经民警电话通知后，在亲属陪同下到案。

公诉机关认为：被告人黄宇恒无视国家法律，非法收购、出售珍贵、濒危野生动物，情节特别严重，其行为触犯了《刑法》第三百四十一条第一款之规定，应当以非法收购、出售珍贵、濒危野生动物罪追究其刑事责任。被告人郭凤勤、黄健强无视国家法律，非法出售珍贵、濒危野生动物，情节特别严重，其行为触犯了《刑法》第三百四十一条第一款之规定，应当以非法出售珍贵、濒危野生动物罪追究其刑事责任。

被告人黄宇恒辩称：对公诉机关指控其非法收购、销售红尾蚺的事实不持异议，但球蟒2条、网纹蟒2条、杜氏蚺2条共6条蛇是交换而来，并非收购。自己的犯罪情节不是情节特别严重，请求法院从轻处罚。其辩护人另提出以下辩护意见：黄宇恒饲养球蟒2条、网纹蟒2条、杜氏蚺2条的行为最多构成犯罪预备；涉案的6条蛇可能为杂交品种，鉴定意见仅根据形态学方法鉴定作出结论缺乏科学依据；黄宇恒主观恶意小，归案后如实供述自己的罪行，且涉案动物未流入社会，请求法院对其从轻处罚。

被告人郭凤勤、黄健强辩称：对公诉机关指控的事实及定性无异议，但主观上为饲养动物，并无打算出售的意图，请求法院从轻处罚。

一审宣判后，黄宇恒不服，提起上诉称：黄宇恒仅是一个宠物玩家，涉案小动物是从宠物市场购买来的，不知道涉案行为构成犯罪，请求二审法院改判黄宇恒无罪。

上诉人黄宇恒的辩护人提出的辩护意见：（1）黄宇恒通过交换获得涉案4条蟒蛇，不属于情节特别严重的情形。①涉案4条蟒蛇分别被列入《濒危野生动植物种国际贸易公约》附录Ⅱ，应对照国家二级重点保护野生动物标准保护，原判参照国家一级重点保护野生动物标准认定，属于适用法律错误，根据有利于被告人的原则，应认定黄宇恒为一般情节。②全国多地法院判例均将球蟒、网纹蟒认定为国家二级重点保护野生动物，未将4条蟒蛇作为情节特别严重的认定对象。③涉案4条蟒蛇原产地在国外，经多次杂交后转入境内，华南野生动物物种鉴定中心出具的鉴定意见，仅从形态学上判断物种，并未详细说明涉案物种是人工杂交还是野生物种，更未对涉案物种的保护级别进行详细说明。(2) 黄宇恒没有直接的犯罪故意。黄宇恒从小宠物蛇开始养起，养了几年，对于涉案蛇类是否属于国家保护动物没有知道或者应当知道的途径，被抓捕后才知道涉案动物属于保护动物。(3) 黄宇恒存在自首及其他从轻、减轻量刑情节，应从宽处罚。①其父黄健强主动提供黄宇恒的明确位置供抓捕，与亲友送去投案无实质差别，应认定黄宇恒自动投案，其到案后如实供述自己的罪行，应认定自首。②黄宇恒不存在职业贩卖和杀害的情节，无犯罪的主观恶意。③黄宇恒此前无刑事或行政处罚记录，有一份很好的工作，且勤奋好学。④其父黄健强因工导致残疾，其母郭凤勤患有双向情感障碍重性精神疾病，黄宇恒患有中度抑郁症，且结婚多年至今无小孩，如被处以十年有期徒刑，整个家庭将被无情摧毁。综上，请求二审法院对黄宇恒适用一般情节进行处罚，并适用缓刑。

法院经审理查明的事实与公诉机关指控的事实一致。

## 【裁判结果】

广东省广州市荔湾区人民法院于2017年9月19日作出（2017）粤0103刑初695号刑事判决：一、被告人黄宇恒犯非法收购、出售珍贵、濒危野生动物罪，判处有期徒刑十年，并处罚金2万元。二、被告人黄健强犯非法出售珍贵、濒危野生动物罪，判处有期徒刑一年，缓刑二年，并处罚金5000元。三、被告人郭凤勤犯非法出售珍贵、濒危野生动物罪，判处有期徒刑十个月，缓刑一年，并处罚金5000元。四、依法扣押的蛇类、作案工具予以没收。宣判后，被告人黄宇恒提起上诉。广东省广州市中级人民法院以适用法律不当，对上诉人黄宇恒的量刑过重为由，于2018年4月12日作出（2017）粤01刑终1835号刑事判决：一、维持广东省广州市荔湾区人民法院作出的（2017）粤0103刑初695号刑事判决第一项的定罪部分及第二项、第三项、第四项。二、撤销广东省广州市荔湾区人民法院作出的（2017）粤0103刑初695号刑事判决第一项的量刑部分。三、上诉人黄宇恒犯非法收购、出售珍贵、濒危野生动物罪，判处有期徒刑一年十个月，并处罚金1万元。

## 【裁判理由】

法院生效裁判认为：上诉人黄宇恒无视国家法律，非法收购、出售珍贵、濒危野生动物，其行为已构成非法收购、出售珍贵、濒危野生动物罪，原审被告人郭凤勤、黄健强无视国家法律，非法出售珍贵、濒危野生动物，其行为均已构成非法出售珍贵、濒危野生动物罪，应依法予以惩处。原审被告人郭凤勤、黄健强在共同犯罪中起次要作用，是从犯，原审被告人郭凤勤有自首情节，依法均可从轻处罚。

关于上诉人黄宇恒提出的涉案动物为人工繁殖物种，并非野生动物，其行为不构成犯罪的意见。经查，本案鉴定意见并未明确涉案动物是否为驯养繁殖物种，上诉人黄宇恒主张涉案动物系驯养繁殖物种缺乏事实依据。且依照《最高人民法院关于审理破坏野生动物资源刑事案件具体应用法律若干问题的解释》第一条的规定，“珍贵、濒危野生动物”包括相关野生动物以及驯养繁殖的上述物种，涉案球蟒、网纹蟒、红尾蚺和杜氏蚺均被列入《濒危野生动植物国际贸易公约》（CITES）附录Ⅰ或附录Ⅱ，非法收购、出售前述野生动物以及驯养繁殖的上述物种，均构成非法收购、出售珍贵、濒危野生动物罪，涉案动物是否为驯养繁殖物种不影响罪名成立。上述意见理据不足，应不予采纳。

关于上诉人黄宇恒的辩护人提出黄宇恒不构成“情节特别严重”的辩护意见。经查，涉案球蟒、网纹蟒为爬行纲蛇目蟒科蟒属，均被列入《濒危野生动植物种国际贸易公约》附录Ⅱ，但司法解释附表中仅有同科的国家一级保护野生动物“蟒”，无同属或同科的国家二级保护野生动物。依照《最高人民法院关于审理破坏野生动物资源刑事案件具体应用法律若干问题的解释》第十条的规定，涉案球蟒、网纹蟒“情节严重”或“情节特别严重”的认定标准能否参照“蟒”的认定标准执行。根据《濒危野生动植物种国际贸易公约》的定义，该公约附录Ⅰ的物种为若再进行国际贸易会导致灭绝的动植物，明确规定禁止其国际贸易，附录Ⅱ的物种为目前无灭绝危机，管制其国际贸易的物种，可见，公约对附录Ⅰ、附录Ⅱ中物种的保护力度明显不同。《最高人民法院、最高人民检察院、国家林业局、公安部、海关总署关于破坏野生动物资源刑事案件中涉及的CITES附录Ⅰ和附录Ⅱ所列陆生野生动物制品价值核定问题的通知》亦明确："我国是《濒危野生动植物种国际贸易公约》(CITES) 缔约国，非原产我国的 CITES 附录Ⅰ和附录Ⅱ所列陆生野生动物已依法被分别核准为国家一级、二级保护野生动物。"可见，涉案球蟒、网纹蟒被列入公约附录Ⅱ，其"情节严重""情节特别严重"的认定标准不能参照国家一级保护野生动物"蟒"的认定标准执行，否则将造成量刑畸重，违背刑法谦抑理念。原审判决参照"蟒"的认定标准，认定上诉人黄宇恒的行为属于"情节特别严重"，适用法律不当，应予以纠正。另涉案红尾蚺、杜氏蚺为爬行纲蛇目蚺科懒髓属，虽被列入公约附录Ⅰ或附录Ⅱ，但在司法解释附表中并无与其同属或同科的国家一、二级保护野生动物，无可供参考的"情节严重""情节特别严重"的认定标准，根据罪刑法定原则，亦不能认定上诉人黄宇恒属于"情节严重"或"情节特别严重"。因此，上述辩护意见理据充分，应予以采纳。

关于上诉人黄宇恒的辩护人提出黄宇恒构成自首的辩护意见，经查，侦查人员是根据原审被告人黄健强提供的准确地址，在广州市海珠区革新路 137 号船舶太古酒店抓获上诉人黄宇恒，上诉人黄宇恒不属于"自动投案"，不构成自首，应对该项辩护意见不予采纳，但上诉人黄宇恒无抗拒抓捕的行为，到案后如实供述自己的罪行，有坦白表现，依法可予以从轻处罚。

关于上诉人黄宇恒的辩护人提出黄宇恒主观上不明知涉案动物是珍贵、濒危野生动物的辩护意见，经查，QQ、微信、微博截图证实，黄宇恒通过多种渠道发布有关涉案动物的资讯，清楚涉案物种相关情况，且知悉国家禁止红尾蛇等交易，综合全案证据，可推定上诉人黄宇恒主观上明知涉案动物属于国家重点保护的珍贵、濒危野生动物，因而该项辩护意见理据不足，应不予采纳。

综上，鉴于涉案球蟒、网纹蟒被列入《濒危野生动植物种国际贸易公约》附录Ⅱ，不能参照国家一级保护野生动物"蟒"的认定标准执行，司法解释附表中亦无同属或同科的国家二级保护野生动物可供参照，涉案杜氏蚺、红尾蚺也无可供参考的国家一、二级保护野生动物，不能认定上诉人黄宇恒属于"情节严重"或"情节特别严重"。上诉人黄宇恒犯罪数量较少、获利不多，未造成大量珍贵、濒危野生动物死亡的严重后果，属犯罪情节较轻；同时还考虑到上诉人黄宇恒在抓捕过程中无反抗，到案后如实供述自己的罪行，有坦白表现等法定酌定从轻情节，原审判处其有期徒刑十年，并处罚金 2 万元属量刑畸重，二审应予以改判。综上，原审判决认定事实清楚，证据确实、充分，确定的罪名正确，审判程序合法，唯适用法律不当，对上诉人黄宇恒的量刑过重，应予以纠正。

## 【案例注解】

笔者结合本案审理情况，对非法收购、出售珍贵濒危野生动物罪相关问题分析如下：

### 一、驯养繁殖物种能否成为本罪的犯罪对象

本罪的犯罪对象为“珍贵、濒危野生动物”，根据《最高人民法院关于审理破坏野生动物资源刑事案件具体应用法律若干问题的解释》第一条的规定，《刑法》第三百四十一条第一款规定的“珍贵、濒危野生动物”包括列入国家重点保护野生动物名录的国家一、二级保护野生动物、列入《濒危野生动植物种国际贸易公约》附录一、附录二的野生动物以及驯养繁殖的上述物种。在司法解释层面，我国现阶段将驯养繁殖的相关物种归入“珍贵、濒危野生动物”范畴，予以保护。而学术界基于不同的理论，对“野生动物”有不同理解：有学者认为，应当根据动物的自然天性区别是否是野生动物，将其定义为存活、生长于野外自然生态环境之中的，未经驯养繁育的各类动物；有学者认为，野生动物本身以及其子代，虽然经过驯养繁殖，但仍具有野生、自然的属性，也应认定为野生动物。从实际情况看，动物大致可以分为纯粹野外自然生长的动物、原本野外自然生长尔后为驯养繁殖的动物、原本为驯养繁殖尔后在野外自然生长的动物、纯粹驯养繁殖的动物。从理论上讲，纯粹驯养繁殖的动物完全没有野外自然生长的过程和经历，不宜按照野生动物保护，否则会过分扩大打击面，违背罪刑法定原则。但按照目前的物种鉴定技术，除科学研究证实无法驯养繁殖的物种（如穿山甲）外，无法就相关动物是否为驯养繁殖物种作出准确鉴定，如被告人据此做无罪辩护，根据疑罪从无原则，只能认定其无罪，将造成不必要的枉纵，不利于珍贵、濒危野生动物资源的保护。鉴于此，除涉案动物被列入人工繁育国家重点保护野生动物名录，且有充分证据证明确系驯养繁殖物种，不以犯罪论处之外，非法收购、出售相关野生动物以及驯养繁殖的上述物种，均构成非法收购、出售珍贵、濒危野生动物罪，涉案动物是否为驯养繁殖物种不影响罪名成立。

### 二、非法收购、出售 CITES 保护动物的情节认定

我国是《濒危野生动植物种国际贸易公约》（CITES）缔约国，有义务保护非原产我国的 CITES 附录Ⅰ和附录Ⅱ所列陆生野生动物。《最高人民法院关

于审理破坏野生动物资源刑事案件具体应用法律若干问题的解释》第十条规定："非法猎捕、杀害、收购、运输、出售《濒危野生动植物种国际贸易公约》附录一、附录二所列的非原产于我国的野生动物"情节严重"、"情节特别严重"的认定标准，参照本解释第三条、第四条以及附表所列与其同属的国家一、二级保护野生动物的认定标准执行；没有与其同属的国家一、二级保护野生动物的，参照与其同科的国家一、二级保护野生动物的认定标准执行。"但该条如何适用，各地法院做法不一，导致严重的"同案不同判"现象，笔者结合本案作如下分析：

1. 非法收购、出售CITES附录Ⅱ所列的非原产于我国的野生动物，但在司法解释附表中仅有同属或同科的国家一级保护野生动物，没有同属或同科的国家二级保护野生动物，能否参照该国家一级保护野生动物"情节严重""情节特别严重"的认定标准执行？如本案中，涉案球蟒、网纹蟒为爬行纲蛇目蟒科蟒属，被列入公约附录Ⅱ，但附表中仅有同科的国家一级保护野生动物"蟒"，无同属或同科的国家二级保护野生动物。

第一种观点认为：应参照《最高人民法院、最高人民检察院、国家林业局、公安部、海关总署关于破坏野生动物资源刑事案件中涉及的CITES附录Ⅰ和附录Ⅱ所列陆生野生动物制品价值核定问题的通知》第二条"如果仅有一种国家重点保护陆生野生动物的，应当参照该种国家重点保护陆生野生动物的同类制品价值标准核定"的规定执行，即在司法解释附表中仅有同属或同科的一种国家一级保护野生动物，没有同属或同科的国家二级保护野生动物，应当参照该国家一级保护野生动物"情节严重""情节特别严重"的认定标准执行。

第二种观点认为：根据CITES的定义，该公约附录Ⅰ的物种为若再进行国际贸易会导致灭绝的动植物，明确规定禁止其国际贸易，附录Ⅱ的物种为目前无灭绝危机，管制其国际贸易的物种，可见，公约对附录Ⅰ、附录Ⅱ中物种的保护力度明显不同。《最高人民法院、最高人民检察院、国家林业局、公安部、海关总署关于破坏野生动物资源刑事案件中涉及的CITES附录Ⅰ和附录Ⅱ所列陆生野生动物制品价值核定问题的通知》亦明确："我国是《濒危野生动植物种国际贸易公约》（CITES）缔约国，非原产我国的CITES附录Ⅰ和附录Ⅱ所列陆生野生动物已依法被分别核准为国家一级、二级保护野生动物。"可见，非法收购、出售被列入公约附录Ⅱ所列的非原产于我国的野生动物，如在司法解释附表中仅有同属或同科的国家一级保护野生动物，没有同属或同科的国家二级保护野生动物，则不能参照该国家一级保护野生动物"情节严重"

"情节特别严重"的认定标准执行，否则将造成量刑畸重，违背刑法谦抑理念。笔者同意第二种观点。

遵循刑法谦抑理念和罪责刑相一致原则，笔者认为：（1）非法收购、出售 CITES 附录Ⅰ所列的非原产于我国的野生动物，在司法解释附表中仅有同属或同科的国家一级保护野生动物，或者既有同属或同科的国家一级保护野生动物，又有同属或同科的国家二级保护野生动物的，应参照该国家一级保护野生动物"情节严重""情节特别严重"的认定标准执行；（2）非法收购、出售 CITES 附录Ⅰ所列的非原产于我国的野生动物，在司法解释附表中仅有同属或同科的国家二级保护野生动物，没有同属或同科的国家一级保护野生动物的，应参照该国家二级保护野生动物"情节严重""情节特别严重"的认定标准执行；（3）非法收购、出售 CITES 附录Ⅱ所列的非原产于我国的野生动物，在司法解释附表中仅有同属或同科的国家二级保护野生动物，或者既有同属或同科的国家一级保护野生动物，又有同属或同科的国家二级保护野生动物的，应参照该国家二级保护野生动物"情节严重""情节特别严重"的认定标准执行；（4）非法收购、出售 CITES 附录Ⅱ所列的非原产于我国的野生动物，在司法解释附表中仅有同属或同科的国家一级保护野生动物，没有同属或同科的国家二级保护野生动物的，不能参照该国家一级保护野生动物"情节严重""情节特别严重"的认定标准执行，仅能按照一般情节处理。此外，在司法解释附表中有多种同级国家重点保护野生动物可供参照的，根据有利于被告人的原则，应参照数量标准最高的国家重点保护野生动物的认定标准执行，给予被告人较轻量刑。

2. 非法收购、出售 CITES 附录Ⅰ、附录Ⅱ所列的非原产于我国的野生动物，但在司法解释附表中没有同属或同科的国家一、二级保护野生动物，是否一概按照一般情形量刑？如本案中，杜氏蚺为爬行纲蛇目蚺科懒膳属，被列入 CITES 附录Ⅰ，红尾蚺为爬行纲蛇目蚺科蚺属，被列入 CITES 附录Ⅱ，在司法解释附表中无同属或同科的国家一、二级保护野生动物，仅有同目的国家一级保护野生动物"蟒"。

第一种意见认为：应参照《最高人民法院、最高人民检察院、国家林业局、公安部、海关总署关于破坏野生动物资源刑事案件中涉及的 CITES 附录Ⅰ和附录Ⅱ所列陆生野生动物制品价值核定问题的通知》第一条"没有与其同科的国家重点保护陆生野生动物的，参照与其同目的国家重点保护陆生野生动物的同类制品价值标准核定；没有与其同目的国家重点保护陆生野生动物的，参照与其同纲或者同门的国家重点保护陆生野生动物的同类制品价值标准核定”的规定执行，即附表中没有同属或同科的国家一、二级保护野生动物的，可参照与其同目、同纲或同门的国家一、二级保护野生动物“情节严重”、“情节特别严重”的认定标准执行。否则会导致对部分附录二物种的保护力度明显大于附录Ⅰ物种，与公约精神相悖。

第二种观点认为：涉案动物虽被列入公约附录Ⅰ或附录Ⅱ，但在司法解释附表中并无与其同属或同科的国家一、二级保护野生动物，无可供参考的“情节严重”“情节特别严重”的认定标准，根据罪刑法定原则，不能认定属于“情节严重”或“情节特别严重”，仅能认定为一般情形。笔者同意第二种观点。

## 三、结语

珍贵、濒危野生动物是宝贵的自然资源，是全人类的共同财富。近年来，随着森林资源的减少和人为地猎捕，许多物种灭绝加剧，生物多样性不断退化，人类赖以生存的生态环境正在经受严峻的挑战，加强珍稀动物的保护刻不容缓，坚持打击惩治犯罪行为，加大生态系统保护力度，具有现实紧迫性。人与自然是生命的共同体，人类必须尊重自然，顺应自然，保护自然，保护野生动物，繁荣物种，建立人与其他物种唇齿相依的关系，促进人与生态，人与自然的和谐发展，真正保护人类自己的美好家园。

（**一审法院合议庭成员** 蔡正尧 欧少颜 冯志强
**二审法院合议庭成员** 丁阳开 谢国雄 茹艳飞
**编写人** 广东省广州市中级人民法院 丁阳开 董广绪
**责任编辑** 周维明
**审稿人** 李玉萍）

# 吕宁盗窃案

## ——通过秘密方式修改他人支付宝密码并转移其绑定银行卡内资金的行为，认定为盗窃罪

**关键词：秘密方式修改支付宝密码　盗窃罪　信用卡诈骗**

## 【裁判要旨】

行为人趁被害人不备，以秘密方式修改被害人手机中的支付宝信息，随后登录被害人支付宝，将其绑定的银行卡内的资金转移到自己银行卡内的行为，应按盗窃罪论处，不宜认定为信用卡诈骗罪。

## 【相关法条】

**《中华人民共和国刑法》第二百六十四条**　盗窃公私财物，数额较大的，或者多次盗窃、入户盗窃、携带凶器盗窃、扒窃的，处三年以下有期徒刑、拘役或者管制，并处或者单处罚金；数额巨大或者有其他严重情节的，处三年以上十年以下有期徒刑，并处罚金；数额特别巨大或者有其他特别严重情节的，处十年以上有期徒刑或者无期徒刑，并处罚金或者没收财产。

**第一百九十六条**　有下列情形之一，进行信用卡诈骗活动，数额较大的，处五年以下有期徒刑或者拘役，并处二万元以上二十万元以下罚金；数额巨大或者有其他严重情节的，处五年以上十年以下有期徒刑，并处五万元以上五十万元以下罚金；数额特别巨大或者有其他特别严重情节的，处十年以上有期徒刑或者无期徒刑，并处五万元以上五十万元以下罚金或者没收财产：

（一）使用伪造的信用卡，或者使用以虚假的身份证明骗领的信用卡的；

（二）使用作废的信用卡的；

（三）冒用他人信用卡的；

（四）恶意透支的。

前款所称恶意透支，是指持卡人以非法占有为目的，超过规定限额或者规定期限透支，并且经发卡银行催收后仍不归还的行为。

盗窃信用卡并使用的，依照本法第二百六十四条的规定定罪处罚。

## 【案件索引】

一审：四川省成都市龙泉驿区人民法院（2016）川 0112 刑初 498 号（2016 年 8 月 22 日）

## 【基本案情】

公诉机关四川省成都市龙泉驿区人民检察院指控：2015 年 12 月 2 日，被告人吕宁趁同寝室被害人何某睡觉之机，将何某手机上的支付宝密码重置，随后分两次把何某支付宝绑定的建设银行卡中的人民币 3000 元转账至自己的支付宝账户后使用。被告人吕宁在 2015 年 12 月 4 日、12 月 5 日、12 月 8 日又采取上述相同手段分 3 次通过支付宝平台将何某建设银行卡中的人民币共计 5300元转账至自己的支付宝账户并使用。2016 年 2 月 5 日，被告人吕宁与何某一起到公安机关报案，案发后吕宁家属代为退赔了何某全部经济损失并取得何宇谅解。

被告人吕宁对指控事实无异议。

四川省成都市龙泉驿区法院经审理查明，案件事实与指控事实一致。

## 【裁判结果】

四川省成都市龙泉驿区人民法院于 2016 年 8 月 22 日作出（2016）川 0112 刑初 498 号刑事判决：被告人吕宁犯盗窃罪，判处拘役四个月，缓刑十个月，罚金 1000 元。

一审判决后，被告人未提起上诉，检察机关未抗诉，该判决已发生法律效力。

## 【裁判理由】

法院生效裁判认为："支付宝"具有快捷支付功能，用户将银行卡与"支付宝"账户绑定，在使用"支付宝"账户付款时，仅需要输入"支付宝"的密码，相应款项即自动从绑定的银行卡内转出。

被告人吕宁未经何某同意，更改其"支付宝"密码，使用更改后的"支付宝"密码，从其绑定银行卡转走8300元，其行为已构成盗窃罪。被告人吕宁犯罪后主动投案，到案后如实供述其犯罪事实，属自首，可以从轻处罚。被告人吕宁初次犯罪，退赔损失，取得谅解，酌情从轻处罚。公诉机关指控被告人吕宁的事实清楚，证据确实充分，法院予以支持。本案中，被告人吕宁并没有获取何某信用卡信息，信用卡的相关属性被无限弱化，仅是一个象征的程序，不属于以窃取等方式获他人信用卡信息资源，并通过通讯终端等使用的，从而不属于冒用他人信用卡，不构成信用卡诈骗罪，因此，公诉机关指控罪名不当，予以纠正。

## 【案例注解】

### 一、通讯移动设备具有支付功能应用的性质分析

随着通讯网络技术的不断发展，现代社会中通过移动通讯设备上具有支付功能的应用替代现金支付的网络支付方式日益兴起。这类具有支付功能的应用程序，通过将移动通讯设备持有人及其银行卡、信用卡进行关联，当持有人需用此应用进行支付时，以向通讯移动设备的该应用输入支付密码或小额免密等方式，将银行卡内的资金转移到需要支付的账户上，即完成支付。移动通讯设备持有人在通讯设备上使用这一应用程序，通过注册、绑定银行卡、设定密码等一系列行为使持有人银行卡内的资金进入一种实际的被控制的便捷（随时随地可以任意适用）状态，从而避免对银行卡内资金控制必须通过银行柜台或ATM机器进行而带来的不便。此外，持有人还可以通过该应用程序将银行卡内的资金直接转入此应用的电子账户用于保管和支付。故而持有人可以通过移动通讯设备及应用程序对自己银行卡内资金形成实时控制，移动通讯设备中的应用程序则通过数字密码或指纹密码等等形式对持有人进行识别。从这个角度看来"电子钱包"或许是对这类应用程序的性质的一种解读。而密码则可

以被看作“电子钱包”的钥匙。

本案中，被告人吕宁对被害人何某手机上的支付宝密码进行重置，在掌握被害人支付宝密码后分2次把何某支付宝绑定的建设银行卡中的人民币3000元转账至自己的支付宝账户。后被告人吕宁在2015年12月4日、12月5日、12月8日又采取上述相同手段分3次通过支付宝平台将何某建设银行卡卡中人民币共计5300元转账至自己的支付宝账户。

被告人吕宁的行为可以解释为：被告人吕宁趁被害人睡觉之机，通过更换被害人“电子钱包的钥匙”（更改支付宝密码）的方式，将被害人“电子钱包”（支付宝应用程序绑定的银行卡）的资金转移到自己的“电子钱包”（支付宝账户）的行为。

因此，法院认为被告人吕宁的行为中并没有获取何某信用卡信息，信用卡的相关属性被无限弱化，仅是一个象征的程序，不属于以窃取等方式获他人信用卡信息资源，并通过移动通讯设备等使用的情况，故不属于冒用他人信用卡，不构成信用卡诈骗罪。

## 二、信用卡诈骗罪与盗窃罪的区别

信用卡诈骗罪，是指以非法占有为目的，利用信用卡进行诈骗活动，骗取数额较大财物的行为。

盗窃罪，是指以非法占有为目的，窃取他人占有的数额较大的财物的行为。

信用卡诈骗罪是包含于诈骗罪内的特殊诈骗罪。从侵犯法益角度来看两罪均是对他人财物的占有，都属于侵犯财产型案件。因此，区分两罪的关键在于其行为方式和内容的不同。

信用卡诈骗罪要求行为人具有利用信用卡进行诈骗的行为，主要有以下三种方式：（1）是行为人使用伪造的信用卡或者使用以虚假的身份证明骗领的信用卡骗取财物；（2）是行为人使用作废的信用卡骗取财物；（3）是行为人冒用他人信用卡骗取财物。冒用行为，是非持卡人以持卡人的名义使用信用卡进行诈骗的行为。这三种情形中信用卡的取得方式虽各有不同，但是取得信用卡后实际获得财物的方式应当均是骗取。有学者认为：“冒用他人信用卡，只限于对自然人使用，在机器上使用他人信用卡取款的，成立盗窃罪。”① 笔者赞同此意见。诈骗罪的行为内容在于使被害人陷入错误认识从而进行财物的处

---

① 张明楷：《刑法学》（第五版），法律出版社2016年版，第803页。

分，而对于机器（如ATM机或移动通讯设备）来说，只能通过识别密码判断行为人的人身专属性，一旦密码正确，则任何人都可以被认为是银行卡的持有人，而若持有人忘记密码而导致密码错误，机器亦无法辨认出持有人的真实身份。因此从这个意义上来说，被告人吕宁通过通讯移动设备更改密码转移资金的行为并不能构成对通讯移动设备或移动通讯设备中的应用程序的欺骗，属于行为（欺骗）对象的不能。

从行为的方式来看，在信用卡诈骗罪中，利用信用卡这一方式是区别此罪与彼罪的重要条件。从前面的分析可以看出，在持有人通过对移动通讯设备中的支付应用程序与银行卡进行关联后，银行卡的功能已经被弱化，其大部分功能尤其是支付功能已被移动设备中的支付应用程序所取代。被告人的行为方式表现为变更密码转移资金，并非单纯持有他人名义信用卡进行欺骗。

而盗窃罪中的行为关键在于窃取，所谓窃取行为是指违反他人意志，窃取他人财物的行为。我国刑法理论的通说还认为，秘密窃取是盗窃行为的必要特征。在本案中，被告人吕宁趁被害人何某睡着之机，对其手机中的支付宝程序密码的修改行为就是一种秘密窃取行为。这一行为完全符合盗窃罪的犯罪构成中关于行为方式的规定，被告人虽未实际对被害人的现金进行占有，但将其绑定的银行卡上的资金转移到自己的支付宝账户的行为已经构成对银行卡上债权的转移占有，因此本案中，被告人的行为更为符合盗窃罪的犯罪构成，应以盗窃罪论处。

## 三、关于利用通讯移动设备支付应用的相关犯罪分析

近年来，利用移动通讯设备支付应用程序占有他人财物的犯罪行为越来越多，例如：在违章机动车上贴假罚单，要求被害人通过二维码扫描方式支付罚款的行为；将商家用于收款的二维码私自更换为自己账户的二维码以致顾客扫描二维码后应支付给商家的款项转入犯罪人账户的行为等。

对于这类犯罪的性质，素来在盗窃罪和诈骗罪之间颇有争议。笔者认为：盗窃罪与诈骗罪的关键区别就在于犯罪嫌疑人的行为手段及该行为导致的法律后果，如果犯罪嫌疑人通过骗取被害人的信任，获得被害人自愿对财物进行处分的法律后果的，以诈骗罪论处；如果取得信任后窃取被害人财物的行为仍宜定盗窃罪。

就具体案例而言，在违章机动车上贴假罚单，要求被害人通过二维码扫描方式支付罚款的行为，是通过假罚单骗取被害人信任由被害人主动处分其财物的行为，符合诈骗罪的犯罪构成要件。而在将商家用于收款的二维码私自更换

为自己账户的二维码以致顾客扫描二维码后应支付给商家的款项转入犯罪人账户的这类行为则较为复杂。犯罪嫌疑人行为的对象有两个：一个是商家，一个是顾客，应分别进行分析。对顾客而言，犯罪嫌疑人将商家的收款二维码更改的行为顾客并不知情，类似于犯罪嫌疑人假冒商家的名义收取货款，此时顾客是受骗方，误以为该二维码是正确的二维码，于是处分自己的财物。我们应当注意的是，顾客在收银台处时，购买行为虽未完成，但双方的买卖合同已经生效，并且实际已经取得了商品的占有，此时的货款理论上说应该属于商家所有。即使顾客因误解处分了货款的所有权，自己却并未有任何损失。从法益侵害角度来说，这一行为未对顾客的法益造成损坏，故而不成立诈骗罪。对商家而言，用于收款的二维码类似于电子收银台，与自己的银行账户相关联，犯罪嫌疑人通过改变二维码的方式将顾客的货款直接转移到自己的账户。这一过程表面看似商家从未取得过该货款的占有和所有权，而事实上并非如此，当顾客拿着商品到收银台处，扫描误以为是商家的收款二维码时买卖合同就已经生效完成，货款处于商家拟制占有的状态。因此，认定犯罪嫌疑人的行为是一种窃取符合法律规定，只是这种窃取发生的时间上比较独特，但完全符合盗窃罪的构成要件。

随着科技进步与经济社会发展，我们还将面临对更多法律没有直接进行规定的行为进行裁判的难题，但是，只要对法律条文和新的犯罪行为进行深入分析，仍然能够得出正确的判断，从而使罪刑法定原则贯彻始终。

（**一审法院合议庭成员** 金学强 汪广秀 刘云嫦
**编写人** 四川省成都市龙泉驿区人民法院 杨 佳
**责任编辑** 周维明
**审稿人** 李玉萍）

# 肖开海非法获取计算机信息系统数据案

## ——以技术手段窃取苹果手机 ID 密码的刑法定性

关键词：非法获取苹果手机 ID 密码　计算机信息系统数据

## 【裁判要旨】

苹果手机 ID 密码属于计算机系统重要数据，行为人以技术手段非法获取苹果手机 ID 密码的行为，属于非法获取计算机信息系统数据，应以非法获取计算机信息系统数据罪定罪处罚。

## 【相关法条】

**《中华人民共和国刑法》第二百八十五条第二款**　违反国家规定，侵入前款规定以外的计算机信息系统或者采用其他技术手段，获取该计算机信息系统中存储、处理或者传输的数据，或者对该计算机信息系统实施非法控制，情节严重的，处三年以下有期徒刑或者拘役，并处或者单处罚金；情节特别严重的，处三年以上七年以下有期徒刑，并处罚金。

**第二十五条第一款**　共同犯罪是指二人以上共同故意犯罪。

**第六十七条第一款**　犯罪以后自动投案，如实供述自己的罪行的，是自首。对于自首的犯罪分子，可以从轻或者减轻处罚。其中，犯罪较轻的，可以免除处罚。

**第六十四条**　犯罪分子违法所得的一切财物，应当予以追缴或者责令退赔；对被害人的合法财产，应当及时返还；违禁品和供犯罪所用的本人财物，应当予以没收。没收的财物和罚金，一律上缴国库，不得挪用和自行处理。

**《最高人民法院、最高人民检察院关于办理危害计算机信息系统安全刑事案件应用法律若干问题的解释》第一条** 非法获取计算机信息系统数据或者非法控制计算机信息系统，具有下列情形之一的，应当认定为刑法第二百八十五条第二款规定的“情节严重”：

（一）获取支付结算、证券交易、期货交易等网络金融服务的身份认证信息十组以上的；

（二）获取第（一）项以外的身份认证信息五百组以上的；

（三）非法控制计算机信息系统二十台以上的；

（四）违法所得五千元以上或者造成经济损失一万元以上的；

（五）其他情节严重的情形。

实施前款规定行为，具有下列情形之一的，应当认定为刑法第二百八十五条第二款规定的“情节特别严重”：

（一）数量或者数额达到前款第（一）项至第（四）项规定标准五倍以上的；

（二）其他情节特别严重的情形。

明知是他人非法控制的计算机信息系统，而对该计算机信息系统的控制权加以利用的，依照前两款的规定定罪处罚。

## 【案件索引】

一审：广东省中山市第二人民法院（2016）粤 2072 刑初 1944 号（2017年6月30日）

二审：广东省中山市中级人民法院（2017）粤 20 刑终 258 号（2017 年 9月 19 日）

## 【基本案情】

2015 年 5 月开始，被告人肖开海在中山市东凤镇唯美家园小区六栋 701 房内通过网络发布破解苹果手机账号（即 Apple ID）密码广告，先后接受微信名为“飞飞”“市场代卖解 ID 黄老板”等 12 名客户的订单，在没有获得手机绑定 ID 用户的同意下，本人或者委托“大力王”和“宋弟”（均另案处理）利用网上租用的“钓鱼网站”和“XSS”方式非法获取进入苹果官方服务器的 ID 密码，对手机与 ID 进行解除绑定的操作，从中收取每台人民币 100 元至

450元不等的费用。过程中，利用“钓鱼网站”获取ID密码的方式为：被告人肖开海发送虚假的苹果官方邮件或短信至ID用户邮箱或手机内，ID用户点击进入钓鱼网站并输入ID密码后，被告人肖开海便可从后台获得ID密码进行解除绑定操作。利用“XSS”方式（仅针对将QQ邮箱作为ID的用户）获取ID密码的方式为：被告人肖开海先加ID用户为QQ好友，后向对方发送含有链接的信息或者邮件，ID用户点击后，被告人肖开海便可从后台进入ID用户的QQ邮箱进行ID密码重置，随后完成解除绑定操作。截至2016年6月，被告人肖开海共采用上述手段破解174台苹果手机ID，违法所得人民币44180元。2016年6月2日，被告人肖开海被抓获归案。

## 【裁判结果】

广东省中山市第二人民法院于2017年6月30日作出（2016）粤2072刑初1944号刑事判决：以被告人肖开海犯非法获取计算机信息系统数据罪，判处有期徒刑三年，并处罚金3万元。肖开海不服原审判决，提起上诉，广东省中山市中级人民法院于2017年9月19日作出（2017）粤20刑终258号刑事裁定：驳回上诉，维持原判。

## 【裁判理由】

法院生效裁定认为：上诉人肖开海无视国家法律，结伙违反国家规定，采用技术手段，非法获取计算机信息系统中存储的数据，情节特别严重，其行为已构成非法获取计算机信息系统数据罪，应依法惩处。肖开海归案后如实供述其罪行，认罪态度较好，依法可以从轻处罚。原审判决认定事实清楚，适用法律正确，量刑适当，审判程序合法。肖开海上诉所提，经查无据，不予采纳。二审驳回上诉，予以维持。

## 【案例注解】

### 一、非法获取计算机信息系统数据罪的刑法规定及犯罪手段

非法获取计算机信息系统数据罪，是指行为人违反国家法律规定，侵入普通计算机信息系统或者采用其他技术手段，获取该计算机信息系统中存储、处

理或者传输的数据，情节严重的行为。非法获取计算机信息系统数据罪是《刑法修正案（七）》颁布后增加的较新的罪名。

计算机信息系统中存储、处理或者传输的数据，是指存在于计算机信息系统中的各种数据。苹果手机账户（即 Apple ID，苹果公司为其产品所引入的认证系统）密码，属于苹果手机系统中存储的数据，可以在任何计算机终端使用，是用于确认用户在计算机信息系统上操作权限的数据，属于身份认证信息，即便排除手机来源非法，也不能非法获取手机系统中存储的邮箱账户和密码等数据。苹果手机 ID 密码可以让手机权利人在手机丢失时通过使用密码达到查找手机下落或远程遥控锁死手机使用功能的目的。

本案中，被告人通过网络发布破解苹果手机账户密码的广告，接受 12 名客户的订单，在没有获得手机绑定 ID 用户的同意下，其本人或者委托他人利用网上租用的“钓鱼网站”和“XSS”方式非法获取进入苹果官方服务器的 ID 密码，对手机与 ID 进行解除绑定的操作，从中收取每台人民币 100 元至 450 元不等的费用。其利用“钓鱼网站”获取 ID 密码的方式为：被告人发送虚假的苹果官方邮件或短信至 ID 用户邮箱或手机内，ID 用户点击进入钓鱼网站并输入 ID 密码后，被告人便可从后台获得 ID 密码进行解除绑定操作。利用“XSS”方式（仅针对将 QQ 邮箱作为 ID 的用户）获取 ID 密码的方式为：被告人先加 ID 用户为 QQ 好友，后向对方发送含有链接的信息或者邮件，ID 用户点击后，被告人肖开海便可从后台进入 ID 用户的 QQ 邮箱进行 ID 密码重置，随后完成解除绑定操作。综上，被告人肖开海的行为均符合非法获取计算机信息系统数据罪的构罪特征。有观点认为，根据《刑法》第二百八十五条规定，明确了非法获取计算机信息系统数据罪必须是侵入计算机信息系统或者采用其他技术手段来获取计算机数据。而被告人在采用钓鱼网站技术欺骗被害人取得苹果手机的登录密码，该行为并未侵入计算机系统获取数据，只是笼统套用采用其他技术手段，如果定罪则有违刑法罪行法定之原则。笔者认为，上述观点并不正确，只要行为人的行为符合采用其他技术手段非法获取了计算机数据，就可以符合该类犯罪的客观构成要件。

司法实践中，还有一类犯罪方法是被告人购买了公民个人使用的邮箱和邮箱密码，又购买了 APP 的扫号器软件，因为苹果用户的注册名都是邮箱号，而有的人的邮箱账号密码和苹果手机 ID 密码是一样的，被告人把购买的邮箱和密码分批次数据导入到 APP 扫号器软件，软件会自动把邮箱号及密码假设为苹果 ID 号和密码进行登陆，一旦软件后台发现 ID 账户密码登陆成功后，就会将该账户的 ID 账户资料包括账户、密码、注册信息、账户剩余余额数、绑定的信用卡信息（该信息是被屏蔽掉的，只看到信用卡的最后两位数，并非每一个 ID 都会绑定信用卡）、ID 支付是否需要密码保护等内容生成文本格式保存，完成发现苹果 ID 号的工作，并实施该类犯罪。这种犯罪手段，同样符合采用其他技术手段非法获取了计算机数据，同样符合该类犯罪的客观构成要件。

## 二、非法获取计算机信息系统数据罪的量刑规定。

《刑法》第二百八十五条规定，违反国家规定，侵入前款规定以外的计算机信息系统或者采用其他技术手段，获取该计算机信息系统中存储、处理或者传输的数据，或者对该计算机信息系统实施非法控制，情节严重的，处三年以下有期徒刑或者拘役，并处或者单处罚金；情节特别严重的，处三年以上七年以下有期徒刑，并处罚金。《最高人民法院、最高人民检察院关于办理危害计算机信息系统安全刑事案件应用法律若干问题的解释》第一条规定："非法获取计算机信息系统数据或者非法控制计算机信息系统，具有下列情形之一的，应当认定为刑法第二百八十五条第二款规定的'情节严重'：（一）获取支付结算、证券交易、期货交易等网络金融服务的身份认证信息十组以上的；（二）获取第（一）项以外的身份认证信息五百组以上的；（三）非法控制计算机信息系统二十台以上的；（四）违法所得五千元以上或者造成经济损失一万元以上的；（五）其他情节严重的情形。实施前款规定行为，具有下列情形之一的，应当认定为刑法第二百八十五条第二款规定的'情节特别严重'：（一）数量或者数额达到前款第（一）项至第（四）项规定标准五倍以上的；（二）其他情节特别严重的情形。明知是他人非法控制的计算机信息系统，而对该计算机信息系统的控制权加以利用的，依照前两款的规定定罪处罚。

本案中，被告人肖开海本人或委托他人非法破解 174 台苹果手机 ID，违法所得共 44180 元，属于情节特别严重，符合《刑法》第二百八十五第二款以及《最高人民法院、最高人民检察院关于办理危害计算机信息系统安全刑事案件应用法律若干问题的解释》的规定，法院对其量刑是正确的。值得注意的是，该类犯罪还有一种形态，即被告人为非法获取他人计算机信息系统数据，而以金钱购买的形式非法获取公民个人信息，如果其中部分信息与被告人所犯的非法获取计算机信息系统数据罪没有关联，则除了按非法获取计算机信息系统数据罪定罪处罚被告人外，还应当对被告人的行为另行按构成非法获取公民个人信息罪进行处罚。

此外，此类犯罪侵犯的客体是计算机信息系统的安全，客观上只要行为人实施了非法侵入并获取计算机数据的行为并达到情节严重的标准，就构成犯罪，不存在犯罪未遂形态，至于获取的苹果ID密码具体由谁变卖、获利如何分配不影响本案定罪量刑。

（**一审法院合议庭成员** 黄宏图 区美定 袁耀明
**二审法院合议庭成员** 陆渊亮 徐昶洁 裴 涛
**编写人** 广东省中山市第二人民法院 李世寅 黄宏图
**责任编辑** 周维明
**审稿人** 李玉萍）

# 民　事

## 安徽籍山律师事务所诉翟彦彪、翟大昌法律服务合同纠纷案

——律师风险代理的范围认定

关键词：民事　律师风险代理　风险代理范围　举证责任　违约责任

### 【裁判要旨】

判断委托代理合同的性质是否属于律师风险代理，其依据是合同的内容，而非合同的名称。交通肇事附带民事诉讼中的保险理赔属于律师风险代理的范围，就此订立的风险代理合同有效。受托人应当举证证明其完成了代理义务，委托人提出异议应当提供相反证据。受托人未按相关规定要求与委托人明确约定风险代理的违约后果，其主张委托人承担违约责任不予支持。

### 【相关法条】

**《中华人民共和国合同法》第七条**　当事人订立、履行合同，应当遵守法律、行政法规，尊重社会公德，不得扰乱社会经济秩序，损害社会公共利益。

**第四百零五条**　受托人完成委托事务的，委托人应当向其支付报酬。因不可归责于受托人的事由，委托合同解除或者委托事务不能完成的，委托人应当向受托人支付相应的报酬。当事人另有约定的，按照其约定。

**《中华人民共和国律师法》第二十五条**　律师承办业务，由律师事务所统一接受委托，与委托人签订书面委托合同，按照国家规定统一收取费用并如实入账。

律师事务所和律师应当依法纳税。

**第三十条** 律师担任诉讼法律事务代理人或者非诉讼法律事务代理人的，应当在受委托的权限内，维护委托人的合法权益。

## 【案件索引】

一审：安徽省芜湖市弋江区人民法院（2016）皖0203民初3243号（2016年12月26日）

二审：安徽省芜湖市中级人民法院（2017）皖02民终300号（2017年3月7日）

## 【基本案情】

原告安徽籍山律师事务所诉称：被告翟彦彪因犯交通肇事罪被司法机关追究刑事责任，刑事附带民事诉讼原告同时提起附带民事赔偿。因被告翟彦彪涉嫌酒驾及逃逸行为，其车辆保险赔偿面临拒赔。被告翟彦彪在此情况下要求与该所签订《风险代理合同》，被告翟大昌作为保证人在合同上签字。合同签订后，该所依约指派了律师为其代理诉讼，严格按照合同约定履行代理义务。该案经两级法院审理后作出的判决已生效，该所已为两被告实现了合同目的，但两被告拒绝履行给付代理费义务。请求判令两被告共同支付法律服务费61799元。

被告翟彦彪辩称：原告代理人没有尽到代理义务，导致其被羁押。其在不了解情况下与原告签订风险代理合同。风险代理只适用于涉及财产关系的民事案件，本案委托事项为道路交通人身损害赔偿之诉，不属于涉及财产关系的民事案件，属于法律禁止的风险代理范围。请求法院驳回原告的诉讼请求。

被告翟大昌辩称：同意翟彦彪的辩称意见。

法院经审理查明：2015年8月1日21时许，翟彦彪驾驶皖BL1V××号小型轿车沿芜湖市弋江区利民中路由西向东超速行驶，行驶至杨先虎中医诊所门前路段时，其车前部右侧与由南向北通过人行横道的曹某某发生碰撞，发生致曹某某经抢救无效死亡的交通事故。事故发生后，翟彦彪随救护车将曹某某送至医院后不久即离开。次日上午，翟彦彪到芜湖市公安局弋江交警大队投案，如实供述自己的犯罪事实。芜湖市公安局弋江交警大队认定翟彦彪负事故全部责任。因涉嫌犯交通肇事罪，翟彦彪于2015年8月2日被芜湖市公安局刑事拘留，同年8月14日被逮捕。

2015年8月17日，翟彦彪委托代理人陶善武（乙方）与受害人曹某某之妻女王某某、曹某1（甲方）签订《谅解协议》一份，翟大昌作为保证人在协议上签字。《谅解协议》载明："一、乙方表示除法定赔偿之外，自愿另行补偿甲方15万元，作为对甲方的抚慰和帮助。二、乙方承诺，在今后的民事赔偿诉讼中，保证足额兑现并支付法院依法判决确定的应由乙方个人承担的赔偿款。三、鉴于乙方在事故发生后，有弃车逃逸的行为，故乙方承诺将来在民事判决中，若因交通肇事逃逸致使法院的生效判决确定保险公司不予赔付的情况下，乙方将承担全部法定的赔偿责任，甲方同意将乙方已支付的额外赔偿款15万元作为乙方整个赔偿款的组成部分予以冲抵，倘若将来法院的生效判决确定保险公司予以赔付的情况下，则该15万元额外赔偿款不予冲抵。四、为确保甲方的法定赔偿将来得以实现，双方商定在2015年8月25日之前乙方先行支付甲方额外补偿款15万元，甲方出具收条，并出具谅解书；另外乙方以保证人翟大昌名义单独在银行开户，预存35万元在该账户。该账户密码由甲方代理人武自强设定，该账户预留甲方代理人武自强的电话号码。该账户款项由甲乙双方共同保管，确保若法院生效判决确定保险公司不予赔付情况下，由该款项足额支付甲方赔偿款。倘若将来法院的生效判决确定保险公司予以赔付情况下，则甲方向乙方提供密码，该款由乙方自行提取。"

2015年9月14日，翟彦彪的强制措施由逮捕变更为取保候审，11月17日其被芜湖市弋江区人民检察院取保候审，12月14日其被一审法院取保候审。

2016年2月17日，安徽籍山律师事务所（受托人）与翟彦彪（委托人）签订《委托代理合同》一份，翟大昌作为保证人在合同上签字。《委托代理合同》约定：受托人指派陶善武律师为委托方代理人，以诉讼或非诉讼方式依法为委托方向中财保芜湖市分公司主张保险赔偿；委托方在合同签订之日暂不向受托方支付律师代理费，仅向受托方缴纳案件基本费用3000元（该款不计入代理费）；当受托方为委托方代理没有获得保险赔付时，委托方不支付受托方代理费；当受托方通过代理行为使中国人民财产保险股份有限公司芜湖市分公司履行保险赔付（即刑事附带民事原告王某某等主张的赔偿款由保险公司赔付）时，委托方应按保险公司实际赔付款项数额的10%向受托方支付律师代理费（交强险赔偿数额不计入支付代理费范围内），委托方支付代理费具体时间为判决生效之日起3日内付清。在代理期限内，委托方不得单方解除合同，否则视为受托方已实现全部诉讼请求（即王某某等主张赔偿金额），委托方则应按照起诉状标的额并按照本合同确定的付费标准向受托方支付律师代理费。本合同一经双方签章，双方应遵守约定，若任何一方违约，则需承担诉讼标的额10%的违约金。

2016年2月23日，翟彦彪交通肇事附带民事诉讼案在一审法院公开开庭进行审理。安徽籍山律师事务所律师陶善武作为翟彦彪辩护人暨附带民事诉讼代理人出庭，在该案审理过程中，翟彦彪及其代理人均没有当庭出示2015年8月17日所签订的《谅解协议》。翟彦彪于2016年3月7日被该院决定逮捕。后翟大昌将该份《谅解协议》提交至该院。该院于2016年5月26日作出（2015）弋刑初字第230号刑事附带民事判决书，判决：一、翟彦彪犯交通肇事罪，判处有期徒刑三年，宣告缓刑四年（缓刑考验期限自判决确定之日起计算）；二、中国人民财产保险股份有限公司芜湖市分公司于判决生效后10日内赔付王某某、曹某1各项经济损失共计528093.72元；三、驳回王某某、曹某1其他诉讼请求。宣判后，王某某、曹某1、中国人民财产保险股份有限公司芜湖市分公司不服提出上诉，芜湖市中级人民法院立案受理后依法组成合议庭，经过阅卷，听取各方当事人意见后，认为本案事实清楚，决定不开庭审理，并于2016年8月29日作出（2016）皖02刑终228号刑事附带民事裁定：驳回上诉，维持原判。

另查明，翟彦彪就其交通肇事附带民事诉讼一案已向安徽籍山律师事务所支付刑事案件代理费11000元（公安侦查至法院审判阶段）、附带民事诉讼一审代理费3000元、二审代理费3000元。附带民事诉讼原告人王某某、曹某1起诉请求金额为617991.72元，生效判决支持金额为528093.72元（不含交强险赔偿金额为417976元）。

## 【裁判结果】

安徽省芜湖市弋江区人民法院于2016年12月26日作出（2016）皖0203民初3243号民事判决：一、翟彦彪于判决生效后10日内给付安徽籍山律师事务所服务代理费15000元，翟大昌对上述款项的给付承担连带责任；二、驳回安徽籍山律师事务所其他诉讼请求。

宣判后，安徽籍山律师事务所提出上诉。安徽省芜湖市中级人民法院于2017年3月7日作出（2017）皖02民终300号民事判决：变更一审判决第一项中服务代理费为41797.6元，对其他判项予以维持。

## 【裁判理由】

法院生效裁判认为，本案争议焦点为：（1）本案双方争议的代理事项的性质及是否适用风险代理收费；（2）受托人未及时向法院提交《谅解协议》是否构成违约及委托人能否据此拒付律师代理费；（3）委托人应支付的律师代理费金额的认定。

关于焦点（1），在本案的附带民事诉讼中，翟彦彪并非交通事故的受害人，其属于侵权人，对受害人亲属负有赔偿义务，二者之间为人身损害赔偿关系。人身损害赔偿纠纷案件不宜实行风险代理，主要是因为这样做会变相减少受害人的赔偿数额，不利于保护受害人的利益，也不符合人们对社会善良风俗的一般理解。但翟彦彪与保险公司之间属于保险理赔关系，翟彦彪对受害人亲属进行赔偿的款项来源并非仅限于保险理赔款，翟彦彪能否获得全额理赔存在一定的风险，安徽籍山律师事务所称其所代理事项属于财产关系的民事案件，具有法律依据，故本案代理事项能够适用风险代理收费。

关于焦点（2），受托人是否向法院提交《谅解协议》属于刑事辩护法律服务中的事项，并不属于本案双方约定的民事代理事项范围。并且，双方对翟彦彪后被法院在开庭后收监的原因存在争议，翟彦彪方主张系因受托人未及时向法院提交《谅解协议》和未明确确告知当事人向法院提交《谅解协议》导致，但其并未提交相应的证据予以证明。故翟彦彪方以此作为拒付律师代理费的抗辩理由不能成立，不予支持。

关于焦点（3），本案双方在《委托代理合同》的第三条中约定，如果安徽籍山律师事务所为翟彦彪代理没有获得保险赔付时，则不支付代理费；当安徽籍山律师事务所通过代理行为使保险公司履行保险赔付时，翟彦彪应按保险公司在第三者责任保险范围内实际赔偿款数额的10%支付律师代理费。该条款约定具有明显的风险代理收费特征，安徽籍山律师事务所称其与翟彦彪、翟大昌所签订《委托代理合同》仅是一般代理的主张不能成立，不予采信。《安徽省律师服务收费标准》规定，实行风险代理收费，律师事务所应当与委托人签订专门的风险代理收费合同，约定双方应承担的风险责任、收费方式、收费时限、收费数额或比例，合同中应当载明已告知委托人政府指导价。安徽籍山律师事务所并未按照前述规定的要求与翟彦彪、翟大昌签订专门的风险代理收费合同，故其主张按《委托代理合同》第七条的约定请求支付律师代理费61799元（附带民事诉讼原告人王某某、曹某1起诉请求金额617991.72元的

10%），依据不足，应依据该合同第三条关于正常情况下风险代理收费的约定确定委托人应支付的律师代理费金额，即委托方应按保险公司实际赔付款项数额的10%向受托方支付律师代理费（交强险赔偿数额不计入支付代理费范围内）。生效判决支持金额为417976元（不含交强险赔偿金额），故翟彦彪、翟大昌应支付的律师代理费为41797.6元。

## 【案例注解】

风险代理作为我国律师行业一种新型的收费方法，自在我国出现以来便引起不少争议，理论界和实务界对其褒贬不一。究其原因，主要是由于法律规定不够完善、律师业缺乏明确的操作指引和风险代理协议范本、律师管理部门和律师事务所监管不到位、风险代理双方诚信度不高等，导致律师风险代理双方权益保障不到位，从而影响了律师风险代理的实践效果。① 以上问题的存在，导致风险代理的双方容易产生矛盾，因律师风险代理纠纷而诉诸法院的案件也屡见不鲜。因缺乏相应明确法律规定，法院处理此类案件的认识与做法也不统一。该案例从律师风险代理的概念、特征、制度价值出发，归纳了律师风险代理的判断标准，厘清了律师风险代理的适用范围，明确了律师风险代理纠纷案件的举证责任、违约责任的认定，对于正确处理同类案件、规范律师风险代理秩序具有较高的借鉴价值。

### 一、判断委托代理合同的性质是否属于律师风险代理，其依据是合同的内容，而非合同的名称

国家发改委、司法部于2006年4月13日颁布、2006年12月1日施行的《律师服务收费管理办法》[发改价格（2006）611号]，第一次正式确认了律师风险代理在我国的合法性，明确规定了律师风险代理的适用范围、适用程序、收费标准等内容。此后，各地也出台了相关规定。律师风险代理制度的主要内容如下：

第一，律师风险代理的基本概念。风险代理是法律认可的委托代理的一种特别形式，是律师事务所一般委托代理行为的补充形式，是指当事人在委托律师事务所代理法律事务时，事先不支付法律服务费或只支付少量服务费，通过

① 刘小平、刘玉娇、洪利民：《律师风险代理的实践作用及问题研究》，载《中国司法》2011年第9期。

律师的代理活动，在委托的法律事务达到约定的目标（包括判决书确定或经由调解、和解得到或经由法院执行得到财产或利益）之后，当事人按约定得到的财产或利益的一定比例向律师事务所支付法律服务费；如果当事人委托的法律事务没有达到约定的目标，则不向律师事务所支付法律服务费或少付服务费。风险代理收费的性质是一种附条件的民事法律行为，律师是否能得到代理费取决于其代理案件的结果，如果案件达到协议约定的结果，代理费支付条件成就，反之支付条件不成就。实践中，律师代理案件的最终结果一般是难以预测的，实行风险代理的律师也因此承担了一定的风险。①

第二，律师风险代理的特征。② 这主要体现在风险代理与普通代理的区别之中。风险代理区别于普通代理的三个突出特征是“风险收费”“按结果收费”和“高额收费”。“风险收费”即采取风险代理的案件必须有现实存在的收费风险，且收费数额必须与所承担的风险成比例。“按结果收费”即风险代理案件的收费依据是有利的诉讼结果。案件必须达到约定的有利结果律师才有权收取代理费。“高额收费”即由于采取风险代理案件的律师承担了收费风险，为了弥补律师所承担的该风险，故允许风险代理律师高于普通代理案件收取代理费。

合同性质的认定不能仅凭合同名称而定，而应根据合同内容（主要条款）所涉法律关系，即合同双方当事人所设立权利义务关系进行全面理解和准确判定。本案中，双方在《委托代理合同》的第三条中约定，如果安徽籍山律师事务所为翟彦彪代理没有获得保险赔付时，则不支付代理费；当安徽籍山律师事务所通过代理行为使保险公司履行保险赔付时，翟彦彪应按保险公司在第三者责任保险范围内实际赔偿款数额的 10% 支付律师代理费。该条款的内容明显具有风险代理的上述三个特征。故安徽籍山律师事务所与翟彦彪、翟大昌所签订的《委托代理合同》，其名称虽未表明为风险代理，但其内容并非普通代理，应认定其为风险代理。

## 二、交通肇事附带民事诉讼中的保险理赔属于律师风险代理的范围，就此订立的风险代理合同有效

风险代理由于其特殊性，并不适用于所有的诉讼代理案件。《律师服务收费管理办法》第十一条规定，以下四类民事案件不得适用风险代理：（1）婚

---

① 梁尚秋：《浅议风险代理收费制度——以案件适用类型为视角》，载《知识经济》2016 年第 3 期。

② 丁小娟、李贵雨：《浅议律师风险代理收费制度》，载《法制与社会》2009 年第 8 期。

姻、继承案件；（2）请求给予社会保险待遇或者最低生活保障待遇的；（3）请求给付赡养费、抚养费、扶养费、抚恤金、救济金、工伤赔偿的；（4）请求支付劳动报酬的等。第十二条规定，以下四类案件禁止适用风险代理：（1）刑事诉讼案件；（2）行政诉讼案件；（3）国家赔偿案件；（4）群体性诉讼案件。《国家发改委关于放开部分服务价格意见的通知》［发改价格（2014）2755号］第一条第四项规定，下列律师服务（刑事案件辩护和部分民事诉讼、行政诉讼、国家赔偿案件代理外）。除律师事务所和基层法律服务机构（包括乡镇、街道法律服务所）提供的下列律师服务收费实行政府指导价外，其他律师服务收费实行市场调节价：（1）担任刑事案件犯罪嫌疑人、被告人的辩护人以及刑事案件自诉人、被害人的代理人；（2）担任公民请求支付劳动报酬、工伤赔偿，请求给付赡养费、抚养费、扶养费，请求发给抚恤金、救济金，请求给予社会保险待遇或最低生活保障待遇的民事诉讼、行政诉讼的代理人，以及担任涉及安全事故、环境污染、征地拆迁赔偿（补偿）等公共利益的群体性诉讼案件代理人；（3）担任公民请求国家赔偿案件的代理人。

《律师服务收费管理办法》第十一条明确规定了四类不得适用风险代理的民事案件。这些案件不宜实行风险收费制度是因为它们除了涉及个人利益之外，更涉及社会公共利益、社会秩序和社会风尚，即公序良俗。设立公序良俗原则的目的在于，促使人们的行为在社会一般道德观念中运行，有助于净化社会风气，维护并促进整个社会的基本价值、道德观念。从法律层面讲，我国《合同法》第七条规定："当事人订立、履行合同，应当遵守法律、行政法规，尊重社会公德，不得扰乱社会经济秩序，损害社会公共利益。"这是公序良俗原则在《合同法》中的具体体现。人身损害赔偿纠纷案件虽然不在《律师服务收费管理办法》第十一条明确规定的四类不得适用风险代理的民事案件范围内，但如适用风险代理则会变相减少受害人的赔偿数额，很可能影响受害人今后的生活，不利于保护受害人的利益，也不符合人们对社会善良风俗的一般理解。因此，有必要扩张风险代理的适用范围包括人身损害赔偿纠纷案件。[①] 交通事故损害赔偿属于人身损害赔偿的范畴，因此，该类案件也不能实行风险代理。

在本案的交通肇事附带民事诉讼中，翟彦彪并非交通事故的受害人，其属于侵权人，对受害人亲属负有赔偿义务，二者之间为人身损害赔偿关系。但翟

① 洛法：《风险代理引出的官司》，载《法制与社会》2015年第7期。

彦彪与保险公司之间属于保险理赔关系，翟彦彪对受害人亲属进行赔偿的款项来源并非仅限于保险理赔款，翟彦彪能否获得全额理赔存在一定的风险，安徽籍山律师事务所称其所代理事项属于财产关系的民事案件，具有法律依据，故本案代理事项能够适用风险代理收费，就此订立的风险代理合同有效。

### 三、受托人应当举证证明其完成了代理义务，委托人提出异议应当提供相反证据

《合同法》第四百零五条规定："受托人完成委托事务的，委托人应当向其支付报酬。因不可归责于受托人的事由，委托合同解除或者委托事务不能完成的，委托人应当向受托人支付相应的报酬。"受托人完成委托事务的，委托人应当按约向其支付报酬。《合同法》以意思自治为原则，承认合同权利为自治权，意思自治是合同权利的本质属性。在一般诉讼代理的情形下，律师事务所获取代理报酬通常是一案一计，一个诉讼程序阶段即为一个案件，分别获得报酬，案件之间相互并无影响。一案一酬符合合同法上的公平原则，符合意思自治、责任自负的原则。同样，在风险代理的情形中，如无特别约定，律师应对并且仅对其代理的诉讼程序阶段的结果负责，仍应按一案一酬的原则计付代理费。①

本案中，刑事辩护与附带民事诉讼代理属于不同的诉讼程序阶段，应当按照约定分别收费。安徽籍山律师事务所举证证明生效判决支持保险公司赔偿金额为417976元（不含交强险赔偿金额），其已完成了约定代理事项。安徽籍山律师事务所是否向法院提交《谅解协议》属于刑事辩护法律服务中的事项，并不属于本案双方约定的民事代理事项范围。并且，双方对翟彦彪后被法院在开庭后收监的原因存在争议，翟彦彪方主张系因受托人未及时向法院提交《谅解协议》和未明确告知当事人向法院提交《谅解协议》导致，但其并未提交相应的证据予以证明，故翟彦彪方以此作为拒付律师代理费的抗辩理由不能成立。

### 四、受托人未按相关规定要求与委托人明确约定风险代理的违约后果，其主张委托人承担违约责任不予支持

《律师服务收费管理办法》第十一条规定，委托人被告知政府指导价后仍要求实行风险代理的，律师事务所可以实行风险代理收费。《安徽省律师服务

① 周舜隆：《风险代理中的报酬条款》，载《人民法院报》2004年6月23日。

收费标准》规定，实行风险代理收费，律师事务所应当与委托人签订专门的风险代理收费合同，约定双方应承担的风险责任、收费方式、收费时限、收费数额或比例，合同中应当载明已告知委托人政府指导价。

律师风险代理的过程中，信息不对称表现得比较突出。尤其是代理费用的协商中，委托人往往处于明显的弱势地位。作为一种附条件的委托合同，在风险代理的成立过程中，委托人和律师协商时通常要考虑案件的复杂程度、所附条件发生的可能性、所可能取得的赔偿数额和该业务所需要的工作量以及律师本身的资质等因素。由于律师作为专门的法律职业工作者，对案件的复杂程度和诉讼风险的评估能力比委托方要高得多，这就使律师可能利用这种绝对优势，欺瞒委托人，夸大风险系数，抬高酬金。这就是在律师风险代理中可能存在的信息不对称问题。因此，必须加强对风险代理中信息不对称的规制，强化律师的风险告知义务，保护交易的公平，维护委托人的正当权益。如前所述，确定风险代理费最重要的因素就是所附胜诉条件发生的可能性。因此，律师对委托人就案件的风险告知显得尤为重要。律师与委托人商谈风险代理时，应当本着诚实信用的原则，运用专业技能和经验，指出风险的程度，向委托人分析案件难度、所需要的时间、可能支出的费用，在此基础上报出收费标准。律师在风险告知中不能对委托人一味夸大风险，更不能利用当事人法律知识的欠缺，把本来无风险的业务说成是有风险的。委托人对影响案件风险的信息享有知情权。因为该信息影响到委托人是否选择风险代理以及愿意支付的风险代理金额。如果律师利用信息优势采取欺诈性的行为，根据我国的《合同法》，因此产生的风险代理合同属于可撤销合同，委托人可以依法行使撤销权。①

目前，律师风险代理操作流程不规范的现象比较突出。大多数律师事务所没有制定本所律师适用的风险代理协议文本，即使有，因为涉及商业秘密及其他因素不愿公开。不少律师对风险代理协议的签订不够重视，只是将本所现有的一般委托代理协议略作修改，在内容不够具体、细化的情况下，即作为风险代理协议与委托人签约，这使得当事人对服务内容及权利义务等约定往往不够明确。不少风险代理事项经双方约定后，由律师用手填写，而且在修改的地方双方未签字或按手印确认，极易引发纠纷。有的律师不履行告知义务，有意或无意误导当事人本可以签订一般委托代理协议而签订风险代理协议，个别律师甚至擅自扩大适用风险代理的案件范围；有的律师在风险代理协议中不明确风险代理收费的方式、数额以及责任承担方式，即使明确，也过于简单，缺乏操

① 侯怀霞、荆秋：《律师风险代理制度的完善》，载《法治论丛》2007年第6期。

作性。

本案中，安徽籍山律师事务所并未按照前述规定的要求与翟彦彪、翟大昌签订专门的风险代理收费合同，其主张按《委托代理合同》第七条的约定请求支付律师代理费61799元（附带民事诉讼原告人王某某、曹某1起诉请求金额617991.72元的10%），实质是主张委托人翟彦彪、翟大昌承担违约责任。但委托人翟彦彪、翟大昌并未单方解除合同，且案涉《委托代理合同》对“若任何一方违约，则需承担诉讼标的额10%的违约金”的具体含义未作明确约定，故应依据该合同第三条关于正常情况下风险代理收费的约定确定委托人应支付的律师代理费金额，即委托方应按保险公司实际赔付款项数额的10%向受托方支付律师代理费（交强险赔偿数额不计入支付代理费范围内）。生效判决支持金额为417976元（不含交强险赔偿金额），故翟彦彪、翟大昌应支付的律师代理费为41797.6元。

（**一审法院独任审判员** 张　瑜
**二审法院合议庭成员** 文　勇　朱莉娟　蔡　俊
**编写人** 安徽省芜湖市中级人民法院　文　勇
**责任编辑** 杨　奕
**审稿人** 蒋惠岭）

# 刘斌诉李某1、李某2等健康权纠纷案

## ——校园欺凌案件中正当防卫的认定

**关键词：民事　侵权行为　校园欺凌　正当防卫　“不得已”**

## 【裁判要旨】

民法上的正当防卫须在“不得已”的情况下针对侵权行为实施。其中“不得已”的基本含义是：舍此方法别无他方法可以避免不法侵害。如果有请求国家公力保护的可能或有其他方法可以避免不法侵害时，便不能滥用防卫权。如果行为人放弃判断是否属于“不得已”这一前提，或者判断错误，应承担防卫不当带来的法律责任。

## 【相关法条】

**《中华人民共和国民法通则》第一百二十八条**　因正当防卫造成损害的，不承担民事责任。正当防卫超过必要的限度，造成不应有的损害的，应当承担适当的民事责任。

**《中华人民共和国侵权责任法》第三十条**　因正当防卫造成损害的，不承担责任。正当防卫超过必要的限度，造成不应有的损害的，正当防卫人应当承担适当的责任。

**《中华人民共和国刑法》第二十条**　为了使国家、公共利益、本人或者他人的人身、财产和其他权利免受正在进行的不法侵害，而采取的制止不法侵害的行为，对不法侵害人造成损害的，属于正当防卫，不负刑事责任。

正当防卫明显超过必要限度造成重大损害的，应当负刑事责任，但是应当减轻或者免除处罚。

对正在进行行凶、杀人、抢劫、强奸、绑架以及其他严重危及人身安全的暴力犯罪，采取防卫行为，造成不法侵害人伤亡的，不属于防卫过当，不负刑事责任。

## 【案件索引】

一审：江西省安福县人民法院（2015）安城民初字第86号（2015年5月25日）

二审：江西省吉安市中级人民法院（2015）吉中民一终字第434号（2015年12月1日）

## 【基本案情】

原告刘斌诉称：2014年10月23日下午，由于被告李某1前段时间偷了原告父母的音响和内存卡，后将音响归还给了原告父母，但内存卡没有归还。原告父亲就找他要回内存卡，他不但不归还，还拿刀威胁原告父亲。原告得知后就找到他，因当时他在教室旁，原告想给他留点面子，就将他拉到一边，他见状就想推开原告，原告就上去搂住他，他就用藏在身上的刀割伤了原告。原告受伤后，先后送至安福县中医院和吉安市红十字医院进行治疗，用去医药费3万多元。经吉安安平司法鉴定中心鉴定，原告为轻伤二级、误工损失日60天、护理时间30天、后续治疗费1000元。此前，被告李某2向原告支付了5000元医药费，其余项目未向原告赔偿。被告李某2系被告李某1的法定代理人，对被告李某1的伤害行为应承担民事赔偿责任。为此，原告诉请：判令被告赔偿原告医疗费32725.37元（安福县中医院3052.47元+吉安市红十字医院33110.4元+处方笺562.5元+后续治疗费1000元－已付5000元）、护理费3582元（119.4元/天×30天）、误工费7164元（119.4元/天×60天）、住院伙食补助费350元、营养费210元、交通费800元、鉴定费1920元（鉴定费1900元+工本费20元）、精神损害抚慰金2000元，合计48751.37元；本案诉讼费由被告承担。

被告李某1、李某2辩称：（1）原告及其父亲在本案中存在过错。虽然被告李某1拿过原告家的音响，但被告李某1将音响归还给原告父母后，原告及其父亲仍在2014年10月23日到安福县瓜畲学校（以下简称瓜畲学校）找正在上课的被告李某1，多次殴打和辱骂被告李某1。被告李某1由于反抗才打伤原告，双方对伤害事件都存在过错，将责任全都归到被告李某1与事实不符，也不公平。（2）被告属于正当防卫。原告及其父亲都是成年人，而被告李某1只有15岁，两个成年人多次殴打和辱骂一个未成年人，被告李某1是出于正当防卫才打伤原告的。（3）瓜畲学校存在过错。学校门卫没有登记审核就让原告进入学校，没有履行好自己的职责。原告的父亲殴打和辱骂被告李某1被学校领导劝走后，被告李某1返回教室上课，原告又到教室找被告李某1，在场的老师明知被告李某1和原告会发生冲突，也知道被告李某1当时身上带了水果刀，不进行劝阻放任被告李某1和原告两人自行解决争议，没有尽到学校应履行的责任。（4）由于原告的原因导致被告李某1现无法上学。被告李某1父母均为农民，母亲多病，家庭经济困难。事件发生后，被告李某1父母已经支付给原告5000元医疗费。对于整个事件，被告李某1自愿承担20%的责任。

被告瓜畲学校辩称：校方在本案中不应该承担责任。（1）校方在日常管理中已经履行了自己的责任，如门卫、值班老师、机构管理，校方不存在责任。（2）由于原告与被告李某1关系一直很好，被告李某1偷盗原告家的音响应该不属实，可能只是拿来用用。（3）原告在本案中存在重大过错，原告在被告李某1不情愿的情况采取了过激的行为导致矛盾激发。且当时老师进行了规劝，但是原告没有听取老师的意见。（4）被告李某1没有正确使用刀具，也是导致本案发生原因。故被告李某1、李某2在本案中追加校方作为被告缺乏依据。按照义务教育法及相关法律，校方不应该承担本案责任。

法院经审理查明：原告刘斌家在被告瓜畲学校旁经营一小商店，被告李某1为被告瓜畲学校初三学生。平时，被告李某1经常去该商店买东西，与原告及其父母均相识。本次事件前一星期，被告李某1到该商店里私自拿走原告父母的音响（含内存卡），原告父母发现后要求被告李某1归还。之后，被告李某1的同学将该音响拿回给了原告父母，但内存卡不知去向。2014年10月23日下午3时多，原告父亲刘海峰进入校园找被告李某1要回内存卡，碰到被告李某1后，双方发生了一些争执，此场景被周国云老师看见，周国云老师劝刘海峰最好与被告李某1家长联系。刘海峰走后，被告李某1回到教室从抽屉里拿出一把水果刀冲到教室外面。此场景被正在教室上课的英语老师温小红看见。温小红老师劝住被告李某1回到教室上课。快下课时，温小红老师将被告李某1叫到教室外，劝其将水果刀交给老师保管，被告李某1也表示同意（此时刀藏在衣袖里）。这时，原告过来了，用手钳住被告李某1的脖子到一边。温小红老师问怎么回事，原告回答不关她的事。被告李某1就用手推开原告，原告仍不放手，被告李某1就掏出水果刀将原告的右手割伤。原告受伤后，被送往安福县中医院进行治疗，用去医疗费3052.47元。当日下午，又被送往吉安市红十字医院进行治疗，于2014年11月5日出院，用去医疗费33110.4元。经鉴定，原告的损伤程度为轻伤二级，后续治疗费1000元，误工损失日60天，护理时间30天，用去鉴定费用1920元。被告李某1因未满16周岁，免于追究刑事责任。经鉴定，被告李某1在本次事件中的的损伤程度为轻微伤。另查明，被告李某2为被告李某1父亲。原告及其父亲从校门口进入学校时，学校门卫未进行登记，也未进行劝阻。原告受伤后，被告李某2已支付原告医疗费5000元。本案原告诉请被告李某1、李某2赔偿其医疗费、护理费、误工费、住院伙食补助费、营养费、交通费、鉴定费、精神损害抚慰金，合计48751.37元。被告李某1、李某2辩称，被告李某1的行为属于正当防卫。原告及其父亲都是成年人，而被告李某1只有15岁，两个成年人多次殴打和辱骂一个未成年人，被告李某1是出于正当防卫才打伤原告的。瓜畲学校存在过错，应追加学校为本案被告。被告瓜畲学校辩称，校方在日常管理中已经履行了自己的责任，不应该承担责任。

## 【裁判结果】

江西省安福县人民法院于2015年5月25日作出（2015）安城民初字第86号民事判决：一、被告李某2于本判决生效之日赔偿原告刘斌医疗费、后续治疗费、误工费、护理费、住院伙食补助费、营养费、交通费共计23686.7元；二、被告瓜畲学校于本判决生效之日赔偿原告刘斌医疗费、后续治疗费、误工费、护理费、住院伙食补助费、营养费、交通费共计4781.12元；三、被告李某1不承担本案民事赔偿责任；四、驳回原告刘斌的其他诉讼请求。

宣判后，被告李某1、李某2提出上诉。江西省吉安市中级人民法院于2015年12月1日作出（2015）吉中民一终字第434号民事判决：驳回上诉，维持原判。

## 【裁判理由】

法院生效裁判认为：本案争议焦点为被告李某1的行为是否构成正当防卫及应否承担民事赔偿责任。

被告李某1在与原告父亲争执后，本可以向学校反映情况，但其却带好水果刀藏在身上，经老师劝阻未及时交出。原告入校逼问被告李某1时其尚身处学校，当时也有老师在场，被告李某1本可以寻求在场老师的帮助或者要求老师报警等更妥善的方式解决，而非必须采取用水果刀割伤对方的极端手段，也即其割伤原告右手并非迫不得已而实施，属于防卫不适时。因此，其行为并不构成正当防卫，应承担防卫不适时带来的法律责任。既然不构成正当防卫，也不存在防卫过当的问题。公民的健康权受法律保护，行为人因过错侵害他人民事权益的，应当承担侵权责任。本案中，被告李某1用水果刀将原告的右手割伤，造成对方较为严重的损害后果，符合侵权行为的构成要件，应当承担主要的侵权民事赔偿责任，法院酌情确定为60%的责任。由于被告李某1为在校学生，系限制民事行为能力人，故其对原告造成的损害，责任由其监护人被告李某2承担。

## 【案例注解】

校园欺凌长期存在，近年由于网络媒体发达，使得类似事件屡屡曝光，引发了人们的注意。校园欺凌通常指发生在学校校园内、学生上学或放学途中、学校的教育活动中，由老师、同学或校外人员，蓄意滥用语言、躯体力量、网络、器械等，针对师生的生理、心理、名誉、权利、财产等实施的达到某种程度的侵害行为。本案事发在学校，起因学生偷拿校外人员物品，校外人员入校用过激手段逼问学生，致使学生反抗，用水果刀割伤校外人员，与一般的校园欺凌不同，具有一定的特殊性，也可以纳入广义上的校园欺凌范围。司法实践中，“关于正当防卫的民事判决较为少见”，[①] 本案对校园欺凌案件中的正当防卫问题有一定的指导意义。

### 一、正当防卫在民法和刑法中的区别适用

有权利就有救济。民法上对权利的救济，分为公力救济与私力救济。私力救济又分为自卫行为和自助行为，自卫行为又包含正当防卫和紧急避险。正当防卫从性质来说是一种阻却违法的正当合法行为，在民法上和刑法上都有规定。《侵权责任法》第三十条规定，因正当防卫造成损害的，不承担责任。正当防卫超过必要的限度，造成不应有的损害的，正当防卫人应当承担适当的责任。《民法通则》第一百二十八条的规定与此基本相同。《刑法》第二十条规定，为了使国家、公共利益、本人或者他人的人身、财产和其他权利免受正在

① 王泽鉴：《侵权行为法》（第一册），中国政法大学出版社2001版，第234页。

进行的不法侵害，而采取的制止不法侵害的行为，对不法侵害人造成损害的，属于正当防卫，不负刑事责任。正当防卫明显超过必要限度造成重大损害的，应当负刑事责任，但是应当减轻或者免除处罚。对正在进行行凶、杀人、抢劫、强奸、绑架以及其他严重危及人身安全的暴力犯罪，采取防卫行为，造成不法侵害人伤亡的，不属于防卫过当，不负刑事责任。民法上的正当防卫强调的是一种针对不法侵害人行使的防卫权；而刑法上的正当防卫注重国家对排除社会危害性行为的评价。一般侵权行为与犯罪之间存在的差异，决定了正当防卫在民法、刑法上有不同的构成要求。一般来说，其区别有以下几个方面：

一是防卫动机不同。刑法上对正当防卫的目的有所表述，即为了国家、公共利益、本人或者他人的人身、财产和其他权利。但民法上对正当防卫的目的没有作出明确的规定。由于一般侵权行为所造成的损害较之于犯罪要轻，且防卫人一般只对个人的人身或财产损害有准确的认识，且人身权重于财产权，因此，在大多情况下，为保护国家、社会公共的不明确利益，防卫人对侵权人本人实施防卫所带来的损害，可能超过所保护利益，即所保护的财产利益与所损害的人身利益失衡，既容易造成防卫过当，又有滥用权利之嫌，使防卫失去了本来的意义。所以，民法上应把防卫动机限定在“为防卫自己或他人的权利为目的”，重点强调可保护的个人利益。①

二是防卫起因不同。正当防卫的起因均可概述为不法侵害。但在刑法上，正当防卫的起因包括一般违法行为在内的广义的不法侵害，而民法上正当防卫的起因是民事侵权行为。即有时候侵权行为既是民法上正当防卫的起因，也是刑法上正当防卫的起因之一。一般情况下，从民法和刑法上严格界定正当防卫的起因不太容易，只有置于特定案件中，才能作出区分。

三是防卫时机不同。防卫时机是正当防卫实施的重要限制条件。民法上，正当防卫针对侵权行为实施，当人们的合法权利遭受攻击性、杀伤力并不大的侵权行为侵害时，人们会有较为充足的时间去思考应对的办法，故防卫时机应受“不得已”这一条件的限制。其的基本含义是：舍此方法，别无他法可以避免不法侵害。如果当时有请求国家公力保护的可能或有其他方法可以避免不法侵害时，便不能滥用防卫权。因此，如果行为人放弃判断是否属于不得已这一前提，或者判断错误，应承担防卫不适时带来的法律责任。②如果刑法上正当防卫非要等到不得已的情况下才实施正当防卫，将会纵容犯罪。因此，刑法上正当防卫的时机不以“不得已”作为限制条件，而以“紧迫性”为要求，

---

①② 杨玉英：《正当防卫在民法和刑法中的区别运用》，载《前沿》2006 年第 9 期。

从而避免防卫人在遭遇现时而紧迫的不法侵害时，在防卫与否的选择上犹豫不决，错过防卫时机。

四是防卫限度不同。刑法上的正当防卫限度受“是否明显超过必要限度造成重大损害”的约束，而民法上的正当防卫限度不应超出“必要的限度”和“造成不应有的损害”。从中可以看出，两者有各自的侧重点，刑法上的正当防卫对防卫人的要求较为宽松，含有鼓励公民进行正当防卫之意；但民法中的正当防卫对防卫人的行为控制更为严格，必须控制在一定的范围内，稍有不慎，就极易引发防卫过当，引起民事责任的承担。

## 二、关于校园欺凌案件中正当防卫的认定

在校园欺凌案件中，由于学生大都属于无刑事责任能力的未成年人，因此，即使学生有违法犯罪行为，也是免于追究刑事责任。这使得部分学生有恃无恐，认为即使犯罪也无需承担刑事责任，加剧了校园欺凌案件的发生。本案被告李某1就是因未满16周岁，免于追究刑事责任。面对校园欺凌，无论是一般侵权行为还是刑事犯罪行为，被欺凌者也有正当防卫的权利，但如何恰到好处地行使正当防卫的权利却并非易事。首先，在防卫动机上，被欺凌者防卫的目的一般出于保护自己个人利益，较少保护他人利益，一般不会为了公共利益和国家利益。因此，在防卫动机上，不论是民法上还是刑法上均符合构成要件。其次，在防卫起因上，由于校园欺凌本身就是不法侵害，因此，不论是民法上还是刑法上亦均符合构成要件。再次，在防卫时机上，因民法上的正当防卫受“不得已”这一条件的限制，刑法上的正当防卫受“紧迫性”这一条件的限制，这就要求在具体的校园欺凌案件中具体进行分析。如果校园欺凌案件发生在校园，并且当时也有老师在场，或者有机会寻求校方帮助或者自己有其他方法可以避免不法侵害，一般不属于不得已的情形，对于一般侵权行为不能实施正当防卫，如果当时情况也没有达到非常紧迫的情形，则对于违法犯罪行为也不能实施正当防卫，若此时实施防卫造成损害的，应视具体情况承担相应的侵权责任；反之，如果受欺凌时没有其他人在场，也没有办法呼救，迫不得已时可以对一般侵权行为实施正当防卫，情况紧急的话，对于违法犯罪行为也可以实施正当防卫。如果校园欺凌案件发生在校园外，也应视周围具体环境而定。但“不得已”或“紧迫性”对于一个在校未成年学生而言，一般难以判断或者判断错误，所以造成实践中被欺凌者因防卫不适时不构成正当防卫应承担相应的法律责任。最后，在防卫限度上，如果不构成正当防卫，也就谈不上防卫过当的问题。在防卫过当问题上，因民法上的正当防卫的构成条件更为严

格，使得防卫过当的成立更为宽松，因此，被欺凌者也更易踏入防卫过当这个雷区。

本案中，校外人刘斌入校，虽然其要求李某1归还内存卡合情合理，但其却用手钳住学生李某1的脖子，采取的手段过于激烈，符合校园欺凌的特征，属于一般侵权行为。李某1在面对刘斌的欺凌时，为保护自己免受不法侵害，用水果刀割伤对方，虽然具有防卫动机和防卫起因，但刘斌入校逼问李某1时其尚身处学校，当时也有老师在场，李某1本可以寻求在场老师的帮助或者要求老师报警等更妥善的方式解决，而非必须采取用水果刀割伤对方的极端手段，也即其割伤原告右手并非迫不得已而实施，防卫时机判断错误，属防卫不适时。因此，李某1的行为并不构成正当防卫，既然不构成正当防卫，也不存在防卫过当的问题，其应视过错程度承担侵权责任。

## 三、对本案的思考

在面对校园欺凌时，被欺凌者最好寻求校方、家长或警方的帮助，不轻易进行正当防卫。理由如下：（1）在校未成年学生无论在心理还是身体上都属于不成熟的阶段，尤其是法律意识比较淡薄，因此，在面对校园欺凌或者欺凌别人时，可能会作出违法或者犯罪的事情。在校园欺凌案件中，被欺凌者可能都有防卫的意识，但是如何行使正当防卫的权利，面临着对“不得已”或“紧迫性”防卫时机的判断，但对一个未成年学生而言，这并非易事，于是实践中有些被欺凌者因难以判断或者放弃判断防卫时机造成防卫不适时，不构成正当防卫，因此造成对方损害的，即使不用承担刑事责任，也需承担民事侵权责任。（2）面对校园欺凌进行防卫时，由于学生普遍惧怕报复，所以即使有其他学生看到欺凌场景，当警方询问或要求做笔录时，他们很少愿意作证。一旦缺少关键证人或其他证据，将影响到正当防卫的认定。（3）因当事人互殴时双方都有伤害对方的故意，不具备防卫动机。实践中，当被欺凌者为了防卫与欺凌者形成互殴的局面时，因关键证人或其他证据，当事人双方可能各执一词，法院因此无法对正当防卫进行认定，在无法判明的情况下，认定为互殴的可能性比较大，也就不能因此免责。（4）被欺凌者大都较为弱小或者势单力薄，一旦与对方搏斗，比较容易吃亏，造成自身更大的伤害。

当然，不轻易进行正当防卫并不是就要忍气吞声，如果被欺凌者对防卫时机能够作出准确的判断，完全可以进行正当防卫。这就要求不断提高学生们的法律意识和心理素质，这是一个系统工程，需要家长、学校、法制机关等整个社会的不断努力。

（**一审法院合议庭成员** 郑 辉 刘忠瑜 王志勇
**二审法院合议庭成员** 杨思铭 彭 箭 陈利国
**编写人** 江西省安福县人民法院 郑 辉
**责任编辑** 杨 奕
**审稿人** 蒋惠岭）

# 双城雀巢有限公司诉阳昔杨、北京华联综合超市股份有限公司大望路分公司第三人撤销之诉案

——无独立请求权的第三人撤销之诉原告主体资格的认定

**关键词：民事　第三人撤销之诉　无独立请求权的第三人　利害关系　法律上的密切联系**

## 【裁判要旨】

无独立请求权的第三人对生效案件提起撤销之诉，应具备两个条件：一是第三人应当属于“案件处理结果同他有法律上的利害关系”，二是生效裁判内容损害该第三人的民事权益。其中，“案件处理结果同他有法律上的利害关系”是法律上的密切联系而非事实上的牵连关系，应通过原诉中是否应加入该案外人来逆向考虑；“损害其民事权益”是指现实的权益，而非“将来的”或“可能的”利益，第三人系非因可归责于己的事由没有参与诉讼，且无法通过另行起诉、提起再审等方式维护固有利益。

## 【相关法条】

**《中华人民共和国民事诉讼法》第五十六条**　对当事人双方的诉讼标的，第三人认为有独立请求权的，有权提起诉讼。

对当事人双方的诉讼标的，第三人虽然没有独立请求权，但案件处理结果同他有法律上的利害关系的，可以申请参加诉讼，或者由人民法院通知他参加诉讼。人民法院判决承担民事责任的第三人，有当事人的诉讼权利义务。

前两款规定的第三人，因不能归责于本人的事由未参加诉讼，但有证据证

明发生法律效力的判决、裁定、调解书的部分或者全部内容错误，损害其民事权益的，可以自知道或者应当知道其民事权益受到损害之日起六个月内，向作出该判决、裁定、调解书的人民法院提起诉讼。人民法院经审理，诉讼请求成立的，应当改变或者撤销原判决、裁定、调解书；诉讼请求不成立的，驳回诉讼请求。

**《中华人民共和国食品安全法》第九十六条第二款**[①] 生产不符合食品安全标准的食品或者销售明知是不符合食品安全标准的食品，消费者除要求赔偿损失外，还可以向生产者或者销售者要求支付价款十倍的赔偿金。

## 【案件索引】

一审：北京市朝阳区人民法院（2015）朝民（商）初字第30484号（2016年6月30日）

二审：北京市第三中级人民法院（2016）京03民撤25号（2016年10月17日）

## 【基本案情】

原告双城雀巢有限公司（以下简称雀巢公司）诉称：北京市朝阳区人民法院（2014）朝民（商）初字第43621号民事判决错误，雀巢公司生产的涉诉商品外包装的营养成分表中明确标注了蛋白质含量，符合《预包装食品标签通则》的规定。由于“专佳蛋白”是一种商标名称，根据《预包装食品标签通则》的规定，配料表中应当使用食品真实属性的专用名称，所以，雀巢公司在营养成分表中使用了蛋白质并标明其含量，而未使用“专佳蛋白”的名称。（2014）朝民（商）初字第43621号案件中，民事判决认定商品标签存在瑕疵，属于认定事实错误。阳昔杨将华联大望路店作为唯一被告提起诉讼，而华联大望路店未能将诉讼事宜及时告知雀巢公司，雀巢公司因不能归责于本人的事由未能参加阳昔杨与华联大望路店之间的诉讼，致使（2014）朝民

① 根据2015年4月24日第十二届全国人民代表大会常务委员会第十四次会议修订的《食品安全法》，修改为第一百四十八条第二款，修改后的条文内容为：生产不符合食品安全标准的食品或者经营明知是不符合食品安全标准的食品，消费者除要求赔偿损失外，还可以向生产者或者经营者要求支付价款十倍或者损失三倍的赔偿金；增加赔偿的金额不足一千元的，为一千元。但是，食品的标签、说明书存在不影响食品安全且不会对消费者造成误导的瑕疵的除外。

（商）初字第43621号民事判决书发生法律效力。根据《产品质量法》第四十三条的规定，雀巢公司作为商品的生产者，（2014）朝民（商）初字第43621号民事判决书中所认定商品标签存在瑕疵而裁决的赔偿款最终将由雀巢公司承担。消费者与销售者之间的诉讼，势必影响雀巢公司的实体权利，所以，雀巢公司属于原审案件中有实际利害关系的第三人。故起诉请求：撤销（2014）朝民（商）初字第43621号民事判决，改判驳回阳昔杨的诉讼请求。

被告阳昔杨辩称：服从一审裁定。

被告华联大望路店辩称：认可雀巢公司的意见。

法院经审理查明：2014年10月19日，阳昔杨在华联大望路店购买了4盒雀巢公司生产的雀巢能恩1婴儿配方奶粉，单价108元，共计432元。华联大望路店向阳昔杨开具了购物小票，购物小票载明了商品的名称为雀巢能恩金盾1奶粉，数量4盒，单价108元，商品总价432元。涉诉商品的外包装上均标注：雀巢能恩1婴儿配方奶粉专门针对健康的0～12个月宝宝的营养需求，特别添加利用雀巢专利技术萃取的“专佳蛋白”，适合婴儿生长发育的需要。

2014年10月21日，阳昔杨起诉至北京市朝阳区人民法院称：依据《食品安全国家标准预包装食品标签通则》（GB7718－2011）（以下简称《预包装通则》）规定，如果在食品标签或食品说明书上特别强调添加了或含有一种或多种有价值、有特性的配料或成分，应标示所强调配料或成分的添加量或在成品中的含量。涉诉商品标注特别添加利用雀巢专利技术萃取的“专佳蛋白”，但未标示“专佳蛋白”的添加量，不符合食品安全标准，故要求华联大望路店退还货款432元，支付货款10倍赔偿4320元，并承担该案的诉讼费。

2015年3月11日，北京市朝阳区人民法院作出（2014）朝民（商）初字第43621号民事判决书，认为：作为销售者，华联大望路店应保证所销售的食品符合食品安全标准。根据食品安全法的相关规定，食品安全标准包括对于食品安全、营养有关的标签、标识、说明书的要求，而预包装食品包装上应当有标签，专供婴幼儿和其他特定人群的主辅食品，标签应当标明主要营养成分及其含量。故对于婴幼儿食品而言，成分及其含量作为标签的必要组成部分，应属食品安全标准的内容之一。同时，《预包装通则》规定，如果在食品标签或食品说明书上特别强调添加了或含有一种或多种有价值、有特性的配料或成分，应标示所强调配料或成分的添加量或在成品中的含量。《预包装通则》系食品安全国家标准，应严格依照执行。故销售者应保证其售出的婴幼儿食品的外包装标注的成分及其含量符合上述法律规定。本案中，阳昔杨购买的涉诉商品外包装上明确标注特别添加“专佳蛋白”，但并未标注“专佳蛋白”的添加量或在成品中的含量，因此，涉诉商品属于不符合食品安全标准的食品。阳昔杨要求华联大望路店退还货款的诉讼请求，符合法律规定，北京市朝阳区人民法院予以支持。据此判决：一、华联大望路店于判决生效之日起10日内向阳昔杨退还货款432元；二、华联大望路店于判决生效之日起10日内向阳昔杨支付赔偿金4320元。

此后，双方当事人均未提出上诉，现（2014）朝民（商）初字第43621号民事判决已生效。

## 【裁判结果】

北京市朝阳区人民法院于2016年6月30日作出（2015）朝民（商）初字第30484号民事裁定：驳回雀巢公司的起诉。宣判后，雀巢公司向北京市第三中级人民法院提起上诉。北京市第三中级人民法院于2016年10月17日作出（2016）京03民撤25号民事裁定：驳回上诉、维持原判。

## 【裁判理由】

法院生效裁判认为：《民事诉讼法》第五十六条规定：“对当事人双方的诉讼标的，第三人认为有独立请求权的，有权提起诉讼。对当事人双方的诉讼标的，第三人虽然没有独立请求权，但案件处理结果同他有法律上的利害关系的，可以申请参加诉讼，或者由人民法院通知他参加诉讼。人民法院判决承担民事责任的第三人，有当事人的诉讼权利义务。前两款规定的第三人，因不能归责于本人的事由未参加诉讼，但有证据证明发生法律效力的判决、裁定、调解书的部分或全部内容错误，损害其民事权益的，可以自知道或者应当知道其民事权益受到损害之日起六个月内，向作出该判决、裁定、调解书的人民法院提起诉讼……”由上述规定可知，有权提起第三人撤销之诉的第三人仅限于上述法律规定的因不能归责于本人的事由未参加原审诉讼的有独立请求权的第三人和无独立请求权的第三人；发生法律效力的判决、裁定、调解书的部分或者全部内容错误，损害第三人利益。本案中，阳昔杨购买涉诉商品的时间系在2014年10月19日，现行《食品安全法》尚未实施，故应当适用2009年2月28日通过、2009年6月1日起施行的《食品安全法》（以下简称2009年《食品安全法》）。2009年《食品安全法》第九十六条第二款规定：“生产不符合食品安全标准的食品或者销售明知是不符合食品安全标准的食品，消费者除要求赔偿损失外，还可以向生产者或者销售者要求支付价款十倍的赔偿金。”故消费者因为不符合食品安全标准的食品受到损害的，可选择向生产者主张权利，亦可向经营者主张权利。（2014）朝民（商）初字第43621号案件诉的标的系基于阳昔杨与华联大望路店之间的买卖合同关系，但雀巢公司并非买卖合同的相对方，在阳昔杨选择向销售者华联大望路店主张权利时，作为生产者的雀巢公司与该案事实上存在一定的牵连关系，但并不存在法律上的直接利害关系。（2014）朝民（商）初字第43621号案件判决华联大望路店承担给付责任，并未涉及雀巢公司的实体权利。事实上，雀巢公司与上述案件的牵连关系体现在华联大望路店会以该判决为依据向生产者雀巢公司追偿，但雀巢公司对于华联大望路店的追偿行为亦可提出相应的抗辩，现雀巢公司是否应承担责任并无法律上的定论，且雀巢公司尚未向华联大望路店给付上述款项，在此情况下雀巢公司的民事权益未受到侵害，不符合提起第三人撤销之诉之主体要件。综上，雀巢公司不符合提起第三人撤销之诉之要件。

## 【案例注解】

本案的争议焦点为雀巢公司是否为第三人撤销之诉的适格原告。我国《民事诉讼法》第五十六条第二款、第三款规定，对当事人双方的诉讼标的，第三人虽然没有独立请求权，但案件处理结果同他有法律上的利害关系的，因不能归责于本人的事由未参加诉讼，但有证据证明发生法律效力的判决、裁定、调解书的部分或全部内容错误，损害其民事权益的，可以提起第三人撤销之诉。这一规定赋予了无独立请求权的第三人提起第三人撤销之诉的主体资格。然而，由于无独立请求权的第三人作为第三人撤销之诉的主体资格的实质要件缺乏明确的法律指引，因此，在实践中处理和把握起来存在一定难度。本案的典型意义在于其反映了无独立请求权的第三人主体资格的两个构成要件及其认定难点：一是“案件处理结果同他有法律上的利害关系”的判断标准；二是“损害其民事权益”的法律认定。

### 一、“案件处理结果同他有法律上的利害关系”的判断

对于无独立请求权的第三人，“案件处理结果同他有法律上的利害关系”的判断标准存在争议。一种观点认为，该第三人与案件所涉法律关系有密切联系，因而案件处理结果对他的利益有直接影响。另一种观点认为，无须考虑第

三人与案件法律关系的关联性，只要案件处理结果影响到他的利益，即可以认定案件处理结果同他有法律上的利害关系。[①] 我们认为，可以从以下几方面分析和认定：

第一，从遏制恶意诉讼的制度功能出发理解“有法律上的利害关系”。第三人撤销之诉的立法背景系司法实践中当事人通过恶意诉讼等手段侵害他人权益的情况时有发生，而原有的第三人参加诉讼和执行异议制度对第三人权益的保护仍不够充分，因此，增加第三人撤销之诉对受到侵害而未能参加诉讼且案件也未能进入执行程序的第三人给予救济。[②] 因而法院在审查起诉时，一方面，应当对前诉存在意在损害第三人权益之不正当诉讼行为的概率与涉及原告实体权利的紧密或松散程度这两种因素进行权衡，若法院判断前者的概率并没有高到可以忽视后者牵连性的程度，则不可承认原告具有第五十六条前两款规定的第三人地位。[③] 另一方面，该第三人应当系有必要加入前诉以保障其程序权利的人。诉讼第三人制度中的“第三人”概念很难正面确定，进行第三人撤销之诉原告适格的判断，应当站在“事后救济”的视角考虑案外人有无可能以无独立请求权第三人的身份参加到原诉讼中。换言之，法官在判断案外人是否与前诉“有法律上的利害关系”时，可以采取逆推逻辑，即通过考察原诉中是否应加入该案外人，进而判断案外人是否具有提起第三人撤销之诉的主体资格。

第二，从维护生效裁判的安定性上适当限制“有法律上的利害关系”第三人的主体范围。撤销之诉是一种特殊的救济机制，其特殊性主要体现在对原判决既判力效力具有击破作用上。就我国目前的立法而言，除了第三人撤销之诉，只有再审和抗诉程序能够击破确定判决既判力。为了维护审判秩序的稳定和司法的权威，各国在设计前述三种程序时均采取从严控制的司法政策，在必要的限度内尽量控制程序的适用范围。[④] 因此，对第三人撤销之诉的提出主体必须慎重把握考量，应当以诉的利益和加重起诉条件限制第三人撤销之诉的随意启动，防止滥用诉权行为的发生。

---

① 沈德咏主编：《最高人民法院民事诉讼法司法解释理解与适用》（下），人民法院出版社2015年版，777页。

② 全国人大常委会法制工作委员会民法室编：《中华人民共和国民事诉讼法条文说明、立法理由及相关规定（2012修订版）》，北京大学出版社2012年版，第86～87页。

③ 王亚新：《第三人撤销之诉原告适格的再考察》，载《法学研究》2014年第6期。

④ 胡军辉：《案外第三人撤销之诉的程序建构——以法国和我国台湾地区的经验为参照》，载《政治与法律》2009年第1期。

第三，从法律上与事实上的利害关系的区别把握无独立请求权第三人的界限。案件处理结果同他有法律上的利害关系强调第三人与前诉的联系应当系法律上的利害关系而非仅仅是事实上的牵连。诉讼中，常见的存在法律上的利害关系的情况包括：连环合同中因标的物质量引起的诉讼，缺陷产品引起的侵权诉讼，合同转让中的第三人，保证合同中的第三人等。相反地，《最高人民法院关于在经济审判工作中严格执行〈中华人民共和国民事诉讼法〉的若干规定》中规定了三种法院不得通知其作为无独立请求权第三人参加诉讼的情形，[①] 也可以作为法院在判断第三人是否与案件存在法律上的利害关系的借鉴和参考。

本案中，《食品安全法》[②] 第九十六条第二款规定："生产不符合食品安全标准的食品或者销售明知是不符合食品安全标准的食品，消费者除要求赔偿损失外，还可以向生产者或者销售者要求支付价款十倍的赔偿金。"因此，阳昔杨有权选择向生产者或销售者主张权利。(2014) 朝民（商）初字第43621号案件中，阳昔杨选择起诉销售者华联大望路店，双方系买卖合同法律关系。但是，雀巢公司并非买卖合同的相对方，雀巢公司认为其与上述案件的牵连关系体现在华联大望路店会以该判决为依据向作为生产者的雀巢公司追偿，但这种牵连关系属于一种事实上的联系，而非法律上的联系，雀巢公司在前诉程序中并无作为第三人的必要，采取逆推逻辑，雀巢公司在本案中也并非与前诉有法律上利害关系的第三人，且前诉并不存在恶意诉讼的嫌疑，并从维护生效裁判的稳定性上考虑，雀巢公司不属于"案件处理结果同他有法律上的利害关系"的第三人。

## 二、"损害其民事权益"的法律认定

无独立请求权的第三人作为第三人撤销之诉的适格原告的第二个要件为民

---

① 《最高人民法院关于在经济审判工作中严格执行〈中华人民共和国民事诉讼法〉的若干规定》第九条规定："受诉人民法院对与原被告双方争议的诉讼标的无直接牵连和不负有返还或者赔偿等义务的人，以及与原告或被告约定仲裁或有约定管辖的案外人，或者专属管辖案件的一方当事人，均不得作为无独立请求权的第三人通知其参加诉讼。"第十条规定："人民法院在审理产品质量纠纷案件中，对原被告之间法律关系以外的人，证据已证明其已经提供了合同约定或者符合法律规定的产品的，或者案件中的当事人未在规定的质量异议期内提出异议的，或者作为收货方已经认可该产品质量的，不得作为无独立请求权的第三人通知其参加诉讼。"第十一条规定："人民法院对已经履行了义务，或者依法取得了一方当事人的财产，并支付了相应对价的原被告之间法律关系以外的人，不得作为无独立请求权的第三人通知其参加诉讼。"

② 本案买卖合同发生于2014年10月19日，现行《食品安全法》尚未实施，故此处指的是2009年2月28日通过、2009年6月1日起施行的《食品安全法》。

事权益受到损害。其包含三个方面的含义：

第一，民事权益的范围和来源。依据最高人民法院的意见，本条所规定的民事权益的范围与《侵权责任法》第二条规定的范围一致，包括生命权、健康权、姓名权、名誉权、荣誉权、肖像权、隐私权、婚姻自主权、监护权、所有权、用益物权、担保物权、著作权、专利权、商标专用权、发现权、股权、继承权等人身、财产权益。对于普通债权，原则上不适用第三人撤销之诉保护。[①]《北京市高级人民法院关于审理第三人撤销之诉案件适用法律若干问题的研讨纪要》对民事权益的范围进一步明确为："从目前的审判实践来看，〈民事诉讼法〉第五十六条第三款规定受侵害的'民事权益'通常是指所有权、用益物权和担保物权、股权等。多数意见认为，以金钱债权受到侵害为由提起撤销之诉的，一般裁定驳回起诉，但原诉当事人利用诉讼转移财产、逃避执行以致享有金钱债权的第三人无法行使撤销权的除外。"依据《最高人民法院关于适用〈中华人民共和国诉讼法〉的解释》第二百九十六条的规定，这种利益来源应限于裁判主文。

第二，民事权益的性质。这种权益应当是现实的权益，而非"将来的"或"可能的"利益。如果允许诉讼第三人只是出于对生效裁判可能损害其民事权益的担忧而起诉，显然并非立法的本意。且从法律条文表述及其文义解释上看，不论是"知道"还是"应当知道"，都暗含了损害应为"现实的"而非"将来的"之意蕴。如果立法要对"将来的""可能的"利益损害施以救济，则应使用"预见"而非"知道"。[②]

第三，损害的认定。第三人应当属于非因可归责于己的事由未被赋予参加前诉的机会，且无其他救济途径可利用。对于无独立请求权的第三人而言，非因可归责于己的事由没有参与诉讼，由于对诉讼标的不具有独立的请求权，一般无法通过另行起诉、提起再审等方式维护固有利益，应当把为无独立请求权第三人提供必要的程序保障这一功能纳入第三人撤销之诉的作用范围。法院在审查这种第三人提起的撤销之诉时，如果认为其可以通过另诉的方式解决纠纷，尤其是前诉并无明显剥夺第三人程序权利等情节，则应在给予一定释明的同时作出不予受理或驳回起诉的裁定。[③]

---

① 沈德咏主编：《最高人民法院民事诉讼法司法解释理解与适用》（下），人民法院出版社2015年版，第780页。

② 傅贤国：《"第三人撤销诉讼"抑或"诉讼第三人异议之诉"——基于我国〈民诉法〉第56条第3款的分析》，载《法学评论》2013年第5期。

③ 王亚新：《第三人撤销之诉原告适格的再考察》，载《法学研究》2014年第6期。

本案中，雀巢公司主张其可能被华联大望路追诉，属于一种金钱债权；且其亦未向华联大望路店给付款项，因此，系一种“将来的”或“可能的”利益，而非现实存在的利益；雀巢公司并未被剥夺程序权利，依据判决效力的相对性，前诉判决结果对于雀巢公司并不具有反射效力，前诉判决结果并不当然意味着雀巢公司应当担负法律上的责任，雀巢公司是否应承担责任尚无法律上的定论，其对于华联大望路店可以对其提起的追偿行为仍可在另案中提出相应的抗辩，因此，雀巢公司不属于民事权益受到了侵害的无独立请求权的第三人。

综上，我们认为，第三人撤销之诉的主体适格问题应当综合两点判断：一是第三人应当属于“案件处理结果同他有法律上的利害关系”，二是生效裁判内容损害第三人的民事权益。其中，“案件处理结果同他有法律上的利害关系”可以从遏制恶意诉讼的立法目的、维护生效裁判的安定性、牵连关系是法律上的联系还是事实上的联系作为判断的基本维度；“损害其民事权益”则可以从民事权益的范围、来源、性质，“损害”所蕴含的程序上事后救济的必要性等角度予以认定。

（**一审法院合议庭成员**　李增辉　张爱恭　李凤雨
**二审法院合议庭成员**　邢　军　郑慧媛　孙承松
**编写人**　北京市第三中级人民法院　郑慧媛　黄　丹
**责任编辑**　杨　奕
**审稿人**　蒋惠岭）

# 黄秀荣诉余殿海、黄宗思生命权纠纷案

## ——权利人刑事报案及信访构成民事诉讼时效中断的事由

关键词：民事　刑事报案　信访　诉讼时效　中断事由

## 【裁判要旨】

当事人的刑事报案行为造成诉讼时效中断后，诉讼时效应从公安机关作出不予调查的处理意见时重新起算。之后当事人向有关机关进行信访要求保护其权利的行为系主张权利的一种形式，再次构成诉讼时效中断。

## 【相关法条】

**《中华人民共和国民法通则》第一百四十条**　诉讼时效因提起诉讼、当事人一方提出要求或者同意履行义务而中断。从中断时起，诉讼时效期间重新计算。

**《最高人民法院关于贯彻执行〈中华人民共和国民法通则〉若干问题的意见（试行）》第一百七十三条**　诉讼时效因权利人主张权利或者义务人同意履行义务而中断后，权利人在新的诉讼时效期间内，再次主张权利或者义务人再次同意履行义务的，可以认定为诉讼时效再次中断。

权利人向债务保证人、债务人的代理人或者财产代管人主张权利的，可以认定诉讼时效中断。

**第一百七十四条**　权利人向人民调解委员会或者有关单位提出保护民事权利的请求，从提出请求时起，诉讼时效中断。经调处达不成协议的，诉讼时效期间即重新起算；如调处达成协议，义务人未按协议所定期限履行义务的，诉讼时效期间应从期限届满时重新起算。

**《最高人民法院关于审理民事案件适用诉讼时效制度若干问题的规定》第**

**十五条第一款** 权利人向公安机关、人民检察院、人民法院报案或控告，请求保护其民事权利的，诉讼时效从其报案或者控告之日起中断。

## 【案件索引】

一审：广西壮族自治区南宁市邕宁区人民法院（2015）邕民一初字第636号（2016年4月1日）

二审：广西壮族自治区南宁市中级人民法院（2016）桂01民终2148号（2016年9月28日）

再审申诉复查：广西壮族自治区高级人民法院（2017）桂民申字第1293（2017年8月4日）

## 【基本案情】

原告黄秀荣诉称：原告今年79岁，丈夫已于1986年过世，原告共育有6个子女，受害人邓才慧系原告的二儿子。原告现已无劳动能力，也无生活来源，全靠子女赡养。2013年2月22日晚，两被告与受害人邓才慧一起在邕宁区电业公司宿舍区二楼被告余殿海家中喝酒，致邓才慧酒醉后头部受到严重损伤。两被告没有及时将邓才慧送医救治或通知其家属，而是深夜开车将其抛弃在邕宁区蒲津路上。次日上午有人发现邓才慧后报警，警察将其送至南宁市邕宁区人民医院抢救，因其伤势过重，于2013年12月27日治疗无效死亡。原告认为，两被告与邓才慧一起喝酒致邓才慧酒醉受伤，两被告应负该责任。邓才慧受伤后，两被告有义务将其送医救治或通知邓才慧家属将其送医，但两被告不仅没有将其送医或通知其家属，而是在凌晨将其抛弃在大街上，致使邓才慧到天亮后才被发现并送医，错过了最佳救治时间，最终导致其死亡。两被告对邓才慧的死亡存在严重过错，应承担全部责任。根据法律的规定，被告应承担邓才慧受伤住院治疗期间的各项费用及向原告赔偿邓才慧死亡的各项费用。原告的各项损失参照2015年广西壮族自治区道路交通事故损害赔偿项目计算标准计算：（1）医疗费147317.1元；（2）护理费2万元，邓才慧昏迷不醒10个月，其住院期间由家人进行护理，以2000元/月计算10个月护理费，即2000元/月×10月；（3）住院伙食补助30800元，邓才慧住院308天，按住院伙食补助费100元/天计算，即100元/天×308天；（4）误工费30800元，邓才慧生前在工地从事装卸工作，其住院308天，按100元/天计算，即100元/

天×308天；（5）丧葬费23424元；（6）死亡赔偿金493380元，按城镇居民人均可支配收入24669元/年计算20年，即24669元/年×20年；（7）赡养费12537.5元，邓才慧的母亲即原告黄秀荣生育有6个子女，其赡养费按城镇居民人均消费性支出15045元/年计算5年，即15045元/年÷7人×5年；（8）精神抚慰金5万元。前述各项损失合计758258.7元。为维护原告的合法权益，请求人民法院判令：（1）两被告向原告支付邓才慧受伤住院医疗费147317.1元、邓才慧住院期间的护理费2万元、住院伙食补助费30800元、邓才慧的误工费30800元、邓才慧的丧葬费23424元、死亡赔偿金493380元、赡养费12537.5元、精神损害赔偿金5万元，原告的前述各项损失合计共758258.7元；（2）本案诉讼费由两被告承担。

被告黄宗思辩称：（1）被告对邓才慧的死亡没有任何过错，且已履行了自己应尽的各项义务，不应承担邓才慧死亡的赔偿责任。理由是：①邓才慧在事发当天下午，自己打电话给被告问晚上有什么活动，刚好被告晚上想去余殿海家吃饭，邓才慧表示想和被告一起去，被告于是未经余殿海同意就擅自带他到余殿海家吃饭，余殿海还因这有些责怪被告；②在三人吃饭的过程中，两被告和邓才慧只喝了一斤多的低度米酒，且是各取所需，能喝多少就喝多少，没有强行劝酒，且吃饭喝酒的时间不长，只有一个多钟头左右；③吃饭饱后邓才慧的神志还较清醒，还能正常和被告聊天，在余殿海开车送邓才慧、被告回去的路上，被告和邓才慧在车上也能正常的聊天，余殿海送被告和邓才慧到邓才慧宿舍楼下后，邓才慧还用言语向余殿海告别并表示感谢，没有发现邓才慧有任何异常；④余殿海已将邓才慧送到其所租住房间的楼下，并在邓才慧下车后，因当晚天气较冷和下细雨，余殿海还从车上拿了一张被单给邓才慧和被告挡雨，同时交代被告下车后照顾邓才慧，并将其送回宿舍休息。被告用邓才慧的手机打了几个他朋友的电话，无法问到邓才慧的具体的楼层和房号，邓才慧又表示他可以自己回宿舍，被告这才离开的；⑤邓才慧是一个完全行为能力人，在明知自己有脑外伤，且中午已喝酒的情况下，仍和被告到余殿海家吃晚饭，故对酒后可能造成自己伤亡的后果应承担全部的过错责任。（2）无法证明邓才慧的死亡和被告一起吃饭喝酒有因果关系。理由是：①邓才慧在余殿海家吃饭期间，被告并没有看到其摔倒，被告只是看见他屁股着地就立即将其扶起。在本案中，无法证明邓才慧在余殿海家吃饭期间摔倒致伤，也无法排除在来余殿海家吃饭之前或之后邓才慧自己摔倒受伤；②邓才慧在当天中午已和别人喝酒，当晚来到余殿海家未喝酒之前已有醉意，故并不能够排除其死亡与中午已喝酒的关系，在本案中也应该追究当天中午与其喝酒人员的赔偿责任；

③邓才慧死亡原因的鉴定意见是：系因颅脑外伤合并感染导致呼吸循环衰竭而死亡。邓才慧在几年前曾因交通事故致头颅损伤，故在本案中并不能够排除邓才慧因旧伤复发、合并感染导致呼吸循环衰竭而死亡；④邓才慧于2013年2月23日住院，2013年12月27日才死亡，期间已经过了10个多月的时间，故在本案中并不能够排除邓才慧因其他疾病或原因死亡。（3）被告和余殿海不应承担共同赔偿的责任。理由是：被告和余殿海没有共同造成邓才慧受伤死亡，也没有共同的过错，在当晚吃饭喝酒中的作用和行为也各有不同。（4）原告提出的各项赔偿请求没有事实和法律依据。理由是：①原告实际预交的医疗费用是11000元，其余尚欠的医疗费并没有缴纳。如果原告一直不缴纳尚欠的医疗费，原告并没有就尚欠的部分造成经济损失，而实际损失的是南宁市邕宁区人民医院。这是另外一个法律关系，医院可以另行起诉；②原告主张护理费的依据不足，医院没有出具需要护理人员的证明及护理天数，要主张的护理费标准过高；③住院伙食补助费计算数额过高、计算错误；④误工费计算数额过高，应按照2015年农村居民人均纯收入7565元/年计算；⑤丧葬费应按2015年道路交通事故损害计算标准中的职工月平均工资计算6个月；⑥死亡赔偿金应按农村居民标准计算20年；⑦赡养费应按农村居民标准计算；⑧原告提出的精神损害抚慰金5万元没有依据，邓才慧对自己的伤亡应承担全部过错责任，无权要求被告支付精神损害抚慰金。（5）原告的起诉已超过了法定的诉讼时效。理由是：身体受到伤害的诉讼时效一年。邓才慧于2013年12月27日死亡，本案的诉讼时效到2014年12月26日止。原告虽在此期间向南宁市公安局邕宁分局信访，但只是要求查处刑事责任，并没有就民事赔偿向法院提起诉讼，没有构成诉讼时效的中断。综上所述，请求法院依据本案的事实和有关法律的规定，驳回原告对被告的诉讼请求。

被告余殿海辩称：（1）被告对邓才慧的死亡没有任何过错，且已履行了自己应尽的各项义务，不应承担邓才慧死亡的赔偿责任。理由是：①被告和邓才慧与之前并不认识，邓才慧在当晚不是被告邀请来家里吃饭的，被告只是叫另一被告黄宗思来家里吃饭，黄思宗是在未经被告同意的情况下擅自叫邓才慧来被告家吃晚饭的；②在三人吃饭的过程中，两被告和邓才慧只喝了一斤多的低度米酒，且是各取所需，能喝多少就喝多少，没有强行劝酒，被告也没有和邓才慧猜码和玩扑克喝酒的行为，且吃饭喝酒的时间不长，只有一个多钟头左右；③吃饭饱后邓才慧的神志还是较清醒，还能正常和黄宗思聊天，在被告开车送两人回去的路上，两人在车上也能正常的聊天，被告送两人到目的地后，邓才慧和黄宗思还用言语向被告告别并表示感谢，没有发现邓才慧有任何异常；④被告已将邓才慧送到其所租住房间的楼下，并在邓才慧下车后，因当晚天气较冷和下细雨，被告还从车上拿了一张被单给邓才慧和黄宗思挡雨，同时交代黄宗思下车后照顾邓才慧，并将其送回宿舍休息；⑤邓才慧是一个完全行为能力人，明知自己有脑外伤，且中午已喝酒的情况下，仍和黄宗思到被告家吃晚饭，故对酒后可能造成自己伤亡的后果应承担全部的过错责任。（2）无法证明邓才慧的死亡与在被告家吃饭喝酒有因果关系。理由是：①邓才慧在被告家吃饭期间，被告并没有看到其摔倒，也没有看到黄思宗扶起邓才慧的过程。在本案中，无法证明邓才慧在被告家吃饭期间摔倒致伤，也无法排除在来被告家吃饭之前或之后邓才慧自己摔倒受伤；②邓才慧在当天中午已和别人喝酒，当晚来到被告家未喝酒之前已有醉意，故并不能够排除其死亡与中午已喝酒的关系，在本案中也应该追究当天中午与其喝酒人员的赔偿责任；③邓才慧死亡原因的鉴定意见是：系因颅脑外伤合并感染导致呼吸循环衰竭而死亡。邓才慧在几年前曾因交通事故致头颅损伤，故在本案中并不能够排除邓才慧因旧伤复发，合并感染导致呼吸循环衰竭而死亡。④邓才慧于2013年2月23日住院，2013年12月27日才死亡，期间已经过了10个多月的时间，故在本案中并不能够排除邓才慧因其他疾病或原因死亡。（3）被告和黄宗思不应承担共同赔偿的责任。理由是：被告和黄宗思没有共同造成邓才慧受伤死亡，也没有共同的过错，在当晚吃饭喝酒中的作用和行为也各有不同。（4）原告提出的各项赔偿请求没有事实和法律依据。理由是：①原告实际预交的医疗费用是11000元，其余尚欠的医疗费并没有缴纳。如果原告一直不缴纳尚欠的医疗费，原告并没有就尚欠的部分造成经济损失，而实际损失的是南宁市邕宁区人民医院。这是另外一个法律关系，医院可以另行起诉。②原告主张护理费的依据不足，医院没有出具需要护理人员的证明及护理天数，要主张的护理费标准过高；③住院伙食补助费计算数额过高、计算错误；④误工费计算数额过高，应按照2015年农村居民人均纯收入7565元/年计算；⑤丧葬费应按2015年道路交通事故损害计算标准中的职工月平均工资计算6个月；⑥死亡赔偿金应按农村居民标准计算20年；⑦赡养费应按农村居民标准计算；⑧原告提出的精神损害抚慰金5万元没有依据，邓才慧对自己的伤亡应承担全部过错责任，无权要求被告支付精神损害抚慰金。（5）原告的起诉已超过了法定的诉讼时效。理由是：身体受到伤害的诉讼时效是1年。邓才慧于2013年12月27日死亡，本案的诉讼时效到2014年12月26日止。原告虽在此期间向南宁市公安局邕宁分局信访，但只是要求查处刑事责任，并没有就民事赔偿向法院提起诉讼，没有构成诉讼时效的中断。综上所述，请求法院依据本案的事实和有关法律的规定，驳回原告对被告的诉讼请求。

法院经审理查明：2013 年 2 月 22 日晚，黄宗思带朋友邓才慧到余殿海吃饭、饮酒，饮酒过程中三人一起划拳猜码、玩扑克，到晚上 10 点多钟，邓才慧去卫生间期间摔倒。余殿海和黄宗思便决定送邓才慧回家休息，余殿海开着面包车将黄宗思和邓才慧送到邓才慧所租住的房楼下旁边的巷子里，当夜天气较冷，黄宗思便从余殿海的车上拿了一块平时用来垫空调、冰箱的旧被单给邓才慧包裹在身上保暖。黄、邓两人下车后，余殿海便开车先行离开了。黄宗思则继续留下，因不知邓才慧具体住在几楼几号房，黄宗思让邓才慧继续靠坐在巷子里的外墙上休息，让其酒醒后自行回租住房，黄宗思便离开了。2013 年 2 月 23 日凌晨，邓才慧被人发现躺在蒲津路街上，身上包裹着一张旧被单，叫其不醒。接到群众报警后，辖区公安机关将邓才慧送到医院抢救治疗。2013 年 12 月 27 日，邓才慧因多器官功能衰竭死亡。经司法鉴定，认为邓才慧系因颅脑外伤合并感染导致呼吸循环衰竭而死亡。邓才慧家人要求公安机关立刑事案件查处，公安机关经调查认为不具备立刑事案件的条件。邓才慧家人对该处理意见不服，向南宁市公安局邕宁分局信访。2014 年 11 月 19 日，南宁市公安局邕宁分局作出信访答复意见。2015 年 10 月 28 日，邓才慧母亲向法院提起民事诉讼，要求黄宗思、余殿海对邓才慧的死亡承担民事赔偿责任。

在诉讼过程中，黄宗思、余殿海提出，本案系生命权纠纷，诉讼时效为 1 年，邓才慧母亲于 2015 年 10 月 28 日提起诉讼已经过了法定诉讼时效。

## 【裁判结果】

广西壮族自治区南宁市邕宁区人民法院于 2016 年 4 月 1 日作出（2015）邕民一初字第 636 号民事判决：一、黄宗思赔偿黄秀荣医疗费、误工费、护理费、死亡赔偿金、丧葬费共 725467.5 元中的 7% 即 50782.7 元；二、余殿海赔偿黄秀荣医疗费、误工费、护理费、死亡赔偿金、丧葬费共 725467.5 元中的 3% 即 21764 元；三、黄宗思赔偿黄秀荣精神损害抚慰金 3500 元；四、余殿海赔偿黄秀荣精神损害抚慰金 1500 元；五、黄宗思、余殿海对上述一、二、三、四项赔偿款互负连带赔偿责任；六、驳回黄秀荣的其他诉讼请求。

一审宣判后，黄秀荣不服一审判决，向广西壮族自治区南宁市中级人民法院提起上诉。广西壮族自治区南宁市中级人民法院于 2016 年 9 月 28 日作出二审判决：一、维持南宁市邕宁区人民法院（2015）邕民一初字第 636 号民事判决第五、六项；二、变更南宁市邕宁区人民法院（2015）邕民一初字第 636

号民事判决第一项为：黄宗思赔偿黄秀荣医疗费、误工费、护理费、死亡赔偿金、丧葬费共725467.5元中的10%即72546.75元；三、变更南宁市邕宁区人民法院（2015）邕民一初字第636号民事判决第二项为：余殿海赔偿黄秀荣医疗费、误工费、护理费、死亡赔偿金、丧葬费共725467.5元中的10%即72546.75元；四、变更南宁市邕宁区人民法院（2015）邕民一初字第636号民事判决第三项为：黄宗思赔偿黄秀荣精神损害抚慰金2500元；五、变更南宁市邕宁区人民法院（2015）邕民一初字第636号民事判决第四项为：余殿海赔偿黄秀荣精神损害抚慰金2500元。

二审宣判后，黄秀荣、余殿海不服二审判决，分别向广西壮族自治区高级人民法院申请再审。广西壮族自治区高级人民法院于2017年8月4日作出民事裁定：驳回黄秀荣、余殿海再审申请。

## 【裁判理由】

法院生效裁判认为：黄秀荣、余殿海申请再审的主要焦点集中在三个方面：一是邓才慧死亡的责任分担；二是余殿海与黄宗思是否互负连带赔偿责任；三是黄秀荣一审时是否超出法定诉讼时效。

关于邓才慧死亡的责任分担。本案中，死者邓才慧具有完全民事行为能力，应当知道饮酒超过一定的限度，即会达到危险状态，这也是普通人所应当掌握的基本知识，但其却放任这种危险后果发生，最终导致自己醉酒摔倒，造成颅脑外伤合并感染致呼吸循环衰竭而死亡的严重后果，故死者邓才慧应对这一后果承担主要责任。黄宗思、余殿海与邓才慧三人共同喝酒，相互之间负有保护同伴生命健康安全的注意义务。同伴注意义务包括适当的警告、救助、通知等。在意识到同伴面临具有危险的可能性时，应当及时进行提醒和劝告，防止危险产生。当危险已经发生，处于共同环境的同伴应当伸出援手，进行实质的救助，包括亲自实施或者协助向专业人员求助。当损害已经发生，同伴应当履行通知义务，即通知受害人的亲属或者专业机构等。本案中，三人一起喝酒、猜码、玩扑克，相互之间未合理控制酒量，致邓才慧醉酒摔倒，黄宗思、余殿海未尽及时提醒、劝告的义务。当邓才慧摔倒后，黄宗思、余殿海送其回家时，邓才慧已经意识不清，已无法告知两人其住址，此时，两人应当预见到邓才慧的身体损害已经发生，应当及时采取有效措施进行救治。但两人不作为，而是将邓才慧一人留宿街头，致使邓才慧因颅脑外伤合并感染致呼吸循环衰竭而死亡。黄宗思、余殿海的不作为与邓才慧的死亡存在相当的因果关系，应承担相应的民事责任。余殿海、黄宗思用车将邓才慧送至出租屋附近，本身是履行照顾、帮助义务的体现，但对于已经表现出明显醉酒的人来说，将其送到出租屋附近并在冬天的深夜置于无人照顾的街头并不能认为已经完全履行了帮扶义务，应根据醉酒的具体情况，将其送到家人身边，或者在醉酒更为严重时将其直接送医院救治才能被认为完全履行了帮扶义务。余殿海、黄宗思用车将邓才慧送至出租屋附近，可以适当减轻二人责任，但不能完全免除责任。二审法院根据各自过错大小、原因力比例确定各自承担应负的责任，酌定死者邓才慧自担80%的责任，黄宗思、余殿海两人各自承担10%的责任，认定事实准确、适用法律准确，确定责任分担比例合适。

关于余殿海与黄宗思是否互负连带赔偿责任。本案中，黄宗思与余殿海二人在送醉酒邓才慧回家过程中，将邓才慧放置在街道上，先后离开。虽无共同意思联络，但在未尽到及时救助义务上存在共同过失。依据《最高人民法院关于审理人身损害赔偿案件适用法律若干问题的解释》第三条第一款之规定，一审、二审法院判决黄宗思、余殿海互负连带责任，在适用法律上并无不当之处。

关于黄秀荣一审时是否超出法定诉讼时效。当事人刑事报案应产生诉讼时效中断的法律后果，因为权利人有理由信赖刑事侦查可使其民事权利得到保护，且被诉行为构成侵权及侵权结果依赖于生效刑事判决的认定。本案中，邓才慧的胞妹邓国庆就邓才慧受伤抢救无效死亡一事向公安机关要求立案侦查，南宁市公安局邕宁分局分别于2014年5月14日、2014年11月11日作出答复。邓才慧死亡后，其亲属到公安机关信访要求立案侦查邓才慧受伤事件，属于诉讼时效中断的情形，因此，本案的诉讼时效应从2014年11月11日公安机关作出最终答复之日起开始计算一年，而邓才慧的母亲黄秀荣于2015年10月28日向一审法院提起诉讼，并未超过一年的诉讼时效。余殿海辩称黄秀荣向公安机关信访只是要求查处刑事责任，并没有就民事赔偿向法院提起诉讼，故不构成诉讼时效的中断。余殿海的辩解不符合事实和法律规定，法院不予采信。综上所述，二审判决认定事实清楚、适用法律准确，并无不当，应依法予以支持。

## 【案例注解】

本案的争议焦点是邓才慧家人要求公安机关进行刑事立案侦查及信访行为能否构成诉讼时效中断的问题。

## 一、引起诉讼时效中断事由的法律规定

诉讼时效是权利人在法定期间内不行使权利即丧失请求法院依法保护其民事权利的法律制度。诉讼时效中断是在诉讼时效期间进行中，因发生一定的法定事由，致使已经过的时效期间统归无效，待时效中断的事由消除后，诉讼时效期间重新起算。

在本案审理期间，法律对民事诉讼时效中断的规定主要表现在《民法通则》第一百四十条和《最高人民法院关于贯彻执行〈中华人民共和国民法通则〉若干问题的意见（试行）》［法（办）发〔1988〕6号］第173条和第174条，《最高人民法院关于审理民事案件适用诉讼时效制度若干问题的规定》（法释〔2008〕11号）以及其他司法解释中。《民法通则》规定了三种引起诉讼时效中断的法定事由，即提起诉讼、权利人提出要求和义务人同意履行义务。《最高人民法院关于贯彻执行〈中华人民共和国民法通则〉若干问题的意见（试行）》进一步规定了权利人向债务保证人、债务人的代理人、财产代管人主张权利，权利人向人民调解委员会或者有关单位提出保护民事权利的请求等五种引起诉讼时效中断的情形。《最高人民法院关于审理民事案件适用诉讼时效制度若干问题的规定》第十条至第十九条对诉讼时效中断作出了更加细致明确的规定。

## 二、权利人的刑事报案行为是否构成民事诉讼时效中断？

《最高人民法院关于审理民事案件适用诉讼时效制度若干问题的规定》第十五条规定："权利人向公安机关、人民检察院、人民法院报案或者控告，请求保护其民事权利的，诉讼时效从其报案或者控告之日起中断。上述机关决定不立案、撤销案件、不起诉的，诉讼时效期间从权利人知道或者应当知道不立案、撤销案件或者不起诉之日起重新计算；刑事案件进入审理阶段，诉讼时效期间从刑事裁判文书生效之日起重新计算。"① 该条主旨是关于民刑交叉案件中诉讼时效中断问题的规定。具体解决的是在民刑交叉案件中，由于分别存在民商事法律关系和刑事法律关系，在两种案件应当分别立案，分别审理的情形

---

① 该条来源于《最高人民法院关于在审理经济纠纷案件中涉及经济犯罪嫌疑若干问题的规定》第九条"被害人请求保护其民事权利的诉讼时效在公安机关、人民检察院查处经济犯罪嫌疑期间中断。如果公安机关决定撤销涉嫌经济犯罪案件或者人民检察院决定不起诉的，诉讼时效从撤销案件或决定不起诉之日起重新计算"之规定。

下，权利人向公安机关、人民检察院报案的行为是否对于权利人主张民事权利的请求权具有诉讼时效中断效力，如何确认民事权利的请求权的诉讼时效起算点的问题。

在司法实践中，存在对“请求保护其民事权利”如何理解和适用的问题。正如本案中黄宗思和余殿海所主张的，权利人是否必须明确请求保护其民事权利才适用该规则？是否权利人模糊地要求刑事处理就不能适用该规则？本文认为，只要权利人向公安机关、人民检察院、人民法院报案或者控告，不论其是否提出具体的民事权利保护请求，均应适用该规则。对“提出保护相应民事权利的请求”的理解不应局限于权利人直接而明确地提出保护其民事权利的情形，也应包括权利人虽然没有直接提出保护其民事权利，但其民事权利的保护依赖于其提出的其他诉求的解决。权利人向公安机关、人民检察院、人民法院报案或者控告，主观上表明其已意识到自己权益受到侵害，行为上表明其在积极主张权利，从权利人报案的行为中可以推出其有“请求保护其民事权利”的意思表示，这完全与国家设立诉讼时效制度的立法目的相符合。如在本案中，邓才慧家人向公安机关信访要求对邓才慧的死亡进行刑事立案侦查，其信访的诉求为进行刑事立案侦查，并未直接明确要求公安机关调处民事赔偿。但邓才慧死亡的人身损害赔偿是否成立及赔偿额度高度依赖刑事侦查的结果。换言之，如果刑事侦查认定邓才慧的死亡是刑事案件，黄宗思及余殿海承担的赔偿责任与本案中因单纯的未履行救助义务而承担的赔偿责任绝对会有所不同。因此，只要权利人向有关单位和机构反映了纠纷，不论其是否提出具体请求，均应适用诉讼时效中断的规定，我国民法规定的诉讼时效期间较短，权利人用法律来维权的意识不高，对诉讼时效中断的事由的认定标准，不应过于苛刻。

最高人民法院法官在解读该司法解释时阐明，在民刑交叉案件里有三种情形：一是刑事报案和民事诉讼，刑事报案发生在民事诉讼期间，时效已经中断了，刑事报案就不存在再中断问题。二是报案和民事诉讼同时进行，时效中断。三是当事人先刑事报案，是否发生时效中断。最高人民法院在这个问题上采取了肯定的态度，当事人刑事报案，对民事诉讼产生中断后果。这里所谓“权利人向公检法报案或者控告，请求保护其民事权利的”，并非苛求权利人必须在刑事报案时明确提出是基于保护民事权利而报案或者控告的，就应能从其报案或者控告的行为中推出其有“请求保护其民事权利”的意思表示，就应认定诉讼时效中断。关于中断的时间点，应该等同于提起诉讼，当事人提出报案或举报之日就具有中断效力。中断后重新起算点的几种计算情况，如果没有立案，立案后又撤诉，决定不起诉的，起算点是当事人应该知道之日起；如果已经作出刑事判决，判决书的生效之日是中断点。

公安机关的职权之一是侦查犯罪，职权的义务特征决定了公安机关必须严格按照法律规定处理报案行为，无论处理结果是立案还是不予立案，都必须符合法律的实体和程序规定，如果立案，则刑事案件进入侦查、公诉审查、审判程序，诉讼时效从有权机关法律文书生效之日起重新计算；如果不予立案，则刑事案件无法进入刑事案件处理程序，诉讼时效从知道不予立案决定之日起重新计算。①

在最高人民法院发布的典型案例中，也持这一观点。在“勃贝雷有限公司诉陈凯、鲁秋敏侵害商标权纠纷案”（最高人民法院2015年9月9日发布北京、上海、广州知识产权法院审结的14起典型案例之一）中，公安机关侦破了陈凯、鲁秋敏销售假冒勃贝雷有限公司持有的“BURBERRY”注册商标商品的刑事案件，并要求勃贝雷有限公司协助对涉案假冒商品进行了辨认。在诉讼中，两被告陈凯、鲁秋敏认为，勃贝雷有限公司起诉已超过诉讼时效。审理法院认为，勃贝雷有限公司的起诉未超过诉讼时效，权利人已知道其权利被侵害，因为权利人有理由信赖刑事侦查可使其民事权利得到保护，且被诉行为构成侵权依赖于生效刑事判决的认定，因此产生诉讼时效中断的法律后果。这一认定合理界定了诉讼时效中断的事由，为权利人依法维权提供了更好保障。

那么本案中，向公安机关报案是否会发生诉讼时效中断的后果呢？本案中，作为权利人的邓才慧家人在知晓邓才慧死亡后，即要求公开机关进行刑事侦查，并对公安机关不予刑事立案的具体行政行为进行信访，至2014年11月19日，南宁市公安局邕宁分局作出信访答复意见。这一事实本身可以如下解读：（1）作为权利人知道自己的权利受到侵犯，诉讼时效期间依法起算；（2）作为权利人以自己的积极行为要求公安机关进行刑事侦查，也表明对权利保护的积极态度；（3）在侵权行为已被纳入刑事程序的情况下，权利人有合理理由信赖其民事权利能得到保护；（4）从客观上说，黄宗思、余殿海侵权的具体行为、规模、侵害后果等，必须依赖刑事程序的最终认定而确定。邓才慧的民事权利能保护到何种程度，也与刑事程序的结果有很大关联。因此，该刑事程序的存在及持续具有诉讼时效中断的效力，属于与提起诉讼具有同等诉讼时效中断效力的事项。原告申请公安机关处理的请求，已阻碍了时效的进行，引起诉讼时效的中断。待刑事程序结束，诉讼时效中断的事由即被排除，

① 刘竹梅：《关于民事诉讼时效司法解释的解读》，载 http：//www.110.com/ziliao/article－492862.html，访问时间：2017年8月2日。

诉讼时效期间重新起算。

## 三、权利人的信访行为是否构成民事诉讼时效中断

信访是中国特有的一大纠纷解决机制，各级政府、各部门都设立有专门的信访机构。信访是指公民、法人和其他组织采用书信、电话、走访等形式，向各级人民政府、县级以上各级人民政府所属部门反映情况，提出意见、建议和要求，依法应当由有关行政机关处理的活动。我国长期以来都存在着诉讼外纠纷解决渠道，一些国家机关、事业单位以及社会组织在制度设计上就具有调处纠纷、解决争议的职能。许多当事人在权益受到损害时，首先会寻找具备相关调处职能的国家机关的帮助，在采取非诉讼手段无效或达不到预期目的时才会走诉讼渠道解决问题。那么信访是否可以作为当事人一方提出要求的行为，进而引起诉讼时效中断呢？

有观点认为：信访的性质不属于诉讼行为，信访主张不能直接到达对方当事人，权利人向有关政府部门信访不能产生对对方当事人主张权利的法律效果。由此，认为权利人向有关部门信访的行为不是《民法通则》中规定的能引起诉讼时效中断的事由。

本文认为：权利人向有关单位进行信访能够导致民事诉讼时效的中断。诉讼时效制度的建立，目的是促使积极主张自己的权利，防止权利人怠于行使权利，使社会所信赖的事实状态被所谓的“权利上的睡眠者”推翻。权利人向有关单位进行信访，目的在于积极主张自己的权利，要求有权机关保护自己的合法权益，而不是怠于行使自己的权利。权利人向有关单位进行信访并不违背立法设立诉讼时效的目的。按照《最高人民法院关于贯彻执行〈中华人民共和国民法通则〉若干问题的意见（试行）》第174条和《最高人民法院关于审理民事案件适用诉讼时效制度若干问题的规定》第十四条的规定，权利人向人民调解委员会以及其他依法有权解决相关民事纠纷的国家机关、事业单位、社会团体等社会组织提出保护相应民事权利的请求，诉讼时效从提出请求之日起中断。如前所述，本案中，邓才慧家人信访的目的在于请求公安机关对邓才慧的死亡进行刑事立案侦查，其民事权利的实现依赖于刑事程序的开展。

在司法实践中，最高人民法院的相关司法判决也认为信访能够导致诉讼时效的中断。（1）在“李洪开诉李南翔、姜涛建设工程施工合同纠纷案”［最高人民法院（2017）最高法民申937号］中，最高人民法院认为：“关于本案是否超过诉讼时效的问题。根据原审查明的事实，李洪开一直采取派人看管案涉房屋以及向相关行政职能部门进行信访的方式主张权利，前述事实符合诉讼时

效中断的法定事由。李南翔、张丹主张本案超过法定诉讼时效的再审申请理由不能成立。”（2）在“河南大鹏汇东石业有限公司与河南新地产置业有限公司建设用地使用权纠纷案”［最高人民法院（2015）执复字第39号］中，最高人民法院认为：“根据河南省公安厅经济犯罪侦查总队向我院出具的回函证明，大鹏公司控股股东郑硕涛于2013年5月20日到该总队提出控告主张土地转让款权益，如果公安厅的回函情况及郑硕涛控股股东身份属实，大鹏公司主张逾期付款违约金应是在两年的申请执行时效期限内提出，该主张将导致申请执行时效的中断。大鹏公司于2015年4月23日向河南高院申请执行逾期付款违约金，并未超过法定申请执行时效。”（3）在“泰康木业公司诉伍家村合作社、盛迪公司财产损害赔偿纠纷、建设用地使用权纠纷案”［最高人民法院（2014）民一终字第113号］中，最高人民法院认为：“泰康木业公司自与伍家村合作社、盛迪公司发生纠纷后，数年间多次向各级政府、政府主管部门及政法部门反映情况，要求解决问题。泰康木业公司提交的证据显示其最近一次提请昆明市纪律检查委员会、昆明市监察局处理相关问题的时间为2010年5月24日。据此，本案诉讼时效因泰康木业公司数次主张权利而数次中断，因其最近一次主张权利时间为2010年5月24日，故本案诉讼时效应从此时起计，其于2011年10月19日提起本案之诉并未超过法定的诉讼时效期间。”（4）在“山海关开发区三益物资中心与中华人民共和国秦皇岛海关债权纠纷案”［最高人民法院（2013）民一终字第34号］中，最高人民法院认为：“根据本院查明的事实，2007年1月18日全国政协办公厅信访局给三益中心法定代表人冯宝福的函件内容也证明，冯宝福于2004年12月向该局反映了案涉纠纷。秦皇岛海关因三益中心一直主张权利，于2004年成立了清核小组对包括案涉纠纷在内工程项目的账目进行清理审核。上述事实表明，双方于1997年11月进行了相关账目的结算之后，三益中心一直在对案涉纠纷主张权利，直至2006年5月16日提起本案诉讼。因此，秦皇岛海关关于三益中心的起诉已超过法定的诉讼时效的抗辩理由不能成立。”（5）在“再审申请人江苏扬州建工建设集团有限公司与被申请人西宁国源地产发展有限责任公司建设工程施工合同纠纷申请再审案”［最高人民法院（2013）民申字第509号］中，最高人民法院认为：“关于国源公司起诉是否超过诉讼时效期间的问题……2011年7月20日、11月7日，国源公司先后向青海省信访办、住房保障和建设厅报送《补充说明》《情况反映》，两份文件均提出扬州公司拖延工期的问题。以上证据表明国源公司一直主张扬州公司有延期交工的违约行为，构成诉讼时效中断，国源公司的起诉未超过诉讼时效期间。”

在本案中，结合法律的相关规定，本文认为：权利人向有关单位信访的形式应当可以作为《最高人民法院关于贯彻执行〈中华人民共和国民法通则〉若干问题的意见（试行）》第174条所规定的“权利人向人民调解委员会或有关单位提出保护民事权利的请求，从提出请求时起，诉讼时效中断”。因为邓才慧家人一直向公安机关进行信访已经很清楚地表明其已意识到自己权益受到侵害，事实上其也是在积极主张权利。最高人民法院的司法解释通过解释进一步地明确了“当事人一方提起要求”的具体涵义。因此，认定信访行为构成诉讼时效中断理由应该是有法律根据的，也比较符合诉讼时效的制度目的。

我国民法规定的诉讼时效期间较短，权利人用法律来维权的意识不高，对诉讼时效中断的事由的认定标准，不应过于苛刻。当法律和司法解释无法完全列举时，应当从法律的精神、法理的精髓、设立诉讼时效制度的目的出发，依法认定诉讼时效中断，不轻易以已超过诉讼时效为由驳回诉讼请求，以最大程度维护权利人的合法权益。在适用《最高人民法院关于贯彻执行〈中华人民共和国民法通则〉若干问题的意见（试行）》第174条和《最高人民法院关于审理民事案件适用诉讼时效制度若干问题的规定》第十五条时，不应苛求权利人必须明确提出需要保护的是“民事权利”，对请求的对象，也应理解为“只要该国家机关、事业单位、社会团体具备解决该类民事纠纷或与该民事纠纷相关的其他纠纷的权限”，如此才能更好地保护权利人的合法权益，才能让司法机关更好地发挥好定分止争的作用。对本案这种情况，权利人向公安机关报案及信访行为，虽然没有明确要求“保护其民事权利”，但基于该案中权利人有理由信赖刑事侦查可使其民事权利得到保护，能够导致民事诉讼时效中断。

（**一审法院合议庭成员** 韦爱华 陆明湖 黄庆阳
**二审法院合议庭成员** 张雪梅 唐荣娜 陈 杨
**再审申诉复查合议庭成员** 陆德胸 张 芳 赵元松
**编写人** 广西壮族自治区高级人民法院 赵元松
**责任编辑** 杨 奕
**审稿人** 蒋惠岭）

# 商 事

## 上海世百电子商务有限公司诉杭州银行股份有限公司上海分行债权人代位权纠纷案

——预付卡收费前应向金融消费者履行必要的披露义务

**关键词：合同变更 披露义务 金融消费者合法权益保护**

### 【裁判要旨】

发卡机构应向金融消费者履行必要的信息披露义务，在预付卡有效期届满后是否可以收取逾期账户管理费，应当得到金融消费者的同意之后才可以实施。

### 【相关法条】

**《中华人民共和国合同法》第七十三条** 因债务人怠于行使其到期债权，对债权人造成损害的，债权人可以向人民法院请求以自己的名义代位行使债务人的债权，但该债权专属于债务人自身的除外。

代位权的行使范围以债权人的债权为限。债权人行使代位权的必要费用，由债务人负担。

### 【案件索引】

一审：上海市黄浦区人民法院（2016）沪0101民初3259号（2016年7月29日）

二审：上海市第二中级人民法院（2016）沪02民终7658号（2016年10月21日）

## 【基本案情】

原告上海世百电子商务有限公司（以下简称世百公司）诉称：2011年11月，第三人通联支付网络服务股份有限公司（以下简称通联公司）与被告杭州银行股份有限公司上海分行（以下简称杭州银行上海分行）签订《合作协议》与《补充协议》，约定利用通联公司的银行卡系统合作发行“乐通卡”，同时约定了合作费用的种类、分成模式及支付期限要求，其中约定逾期卡延期手续费及账户管理费收益归通联公司享有，由通联公司委托杭州银行上海分行从持卡人账户扣收。

2011年12月16日，通联公司与案外人上海通卡投资管理有限公司（以下简称通卡公司）签订《储值卡代理销售合作协议》，约定由通卡公司负责代理销售上述乐通卡的营销推广服务，同时约定了费用种类、分成模式及支付期限，其中通联公司所得的逾期卡延期手续费及账户管理费收益归通卡公司享有，由通卡公司委托通联公司从持卡人账户卡片激活起满1年后第13个月开始扣收，两公司每月对此结算一次。

2012年1月30日，通联公司擅自决定于2012年2月15日起停止乐通卡的销售及充值功能。2012年4月5日，通联公司单方通知通卡公司变更乐通卡的有效期为自卡片存款激活之日起36个月。2013年9月24日，通卡公司向通联公司发出书面催收函要求支付拖欠的账户管理费等，但通联公司仍未支付。

2013年12月13日，通联公司、案外人通联商务服务有限公司、通卡公司、世百公司签订《补充协议》（以下简称“四方协议”），对前述《储值卡代理销售合作协议》的相对内容作出部分变更，同时约定由世百公司概括承受通卡公司与通联公司相关合作协议中的所有权利义务。

2014年10月11日，杭州银行上海分行在其官网发布了《关于对杭州银行乐通卡收取账户管理费用的告知》，通知乐通卡用户该行将于2014年12月起对已到期的乐通卡收取账户管理费，自发卡之日第37个月起，每月10日扣除卡内实际余额10%作为账户管理费用，直至账户余额为0，账户余额不足10元时，一次性扣除。

根据上述相关合同、协议的约定，杭州银行上海分行收取的账户管理费应当按月全额支付给通联公司，再由通联公司按月全额支付给世百公司。但经世百公司多次向通联公司催讨，通联公司均以被告杭州银行上海分行未向其支付为由拒付。因通联公司怠于向杭州银行上海分行行使其到期债权，导致通联公司的债权人世百公司的合法权益被侵害，故起诉请求判令：（1）被告杭州银行上海分行支付原告世百公司乐通卡账户管理费 23206245 元（2015 年 2 月 15 日至 2016 年 5 月期间产生，应于 2015 年 3 月至 2016 年 6 月支付，2015 年 2 月 15 日之前的账户管理费原告不再主张）；（2）被告支付原告违约利息损失 958938 元（自 2015 年 4 月 1 日起以各月逾期未付账户管理费为基数，分别按银行同期贷款利率累计计算，暂计至 2016 年 6 月 13 日，实际要求支付至判决生效日）；（3）本案诉讼费用由被告承担。

被告杭州银行上海分行辩称：（1）乐通卡的有效期已再次延长了 3 年，目前仍处于有效期内，不存在关于逾期账户管理费的到期债权，原告提起代位权诉讼没有依据；（2）原告的诉请主张本质上是侵占持卡人的卡内余额，没有经过持卡人的同意，侵害了金融消费者的合法权益；（3）《合作协议》中明确约定合同权利义务不得转让，《储值卡代理销售合作协议》及“四方协议”中的相关内容违反了这一约定，当属无效，故请求法院驳回原告诉请。

第三人通联公司辩称：（1）被告作为乐通卡的发卡机构，对于乐通卡有效期的确定和延长不需要征求第三人的同意，“四方协议”中也明确约定乐通卡有效期由杭州银行决定。乐通卡目前仍处于有效使用期间内，卡内余额始终处于变化当中，不存在逾期账户管理费的收取问题，第三人不享有对被告的到期债权。（2）根据“四方协议”的约定，第三人向原告支付账户管理费需以被告向第三人支付了相应款项为前提，故原告也不享有对第三人的到期债权。原告提起代位权诉讼没有依据，请求法院予以驳回。此外，根据《合作协议》及《补充协议》，第三人有权自行展开销售渠道，被告在实际结算过程中也予以了认可；原告承继通卡公司的权利义务，与被告亦无涉。

经审理查明：2011 年，被告杭州银行上海分行与第三人通联公司就乐通卡合作事宜签订了《合作协议》及《补充协议》，其中部分条款约定如下：《合作协议》第一条：“本协议所称的储值卡指被告（甲方）与第三人（乙方）通过双方系统对接平台发行的具有银联标识、符合银联业务规范和技术标准的预付钱包式借记卡。该卡设有初始密码，不可提现、透支、转账，不记名、不计息、不挂失、凭密码进行交易。”第二条：“……第三人利用其银行卡系统、遍布全国的销售网络、联盟商户资源等优势，提供销售服务和系统支持，实现资源互补、合作双赢的目标。”第四条：“1. 交易手续费……60% 部分归第三人所有，40%部分归被告所有。2. 逾期卡延期手续费及逾期账户管理费收益归第三人享有，由第三人委托被告从持卡人账户上扣收，第三人须按被告相关要求提供符合以上费用收取标准的清单。”第八条第5项：“未经另一方事先书面同意，本协议项下的全部或部分权利和义务不能转让。”《补充协议》第一条第1项：“……主协议中提及的储值卡命名为乐通卡。”第二条第1项：“售卡机构将售卡资金打入到第三人在被告开立的专用资金存款账户内，被告将到账信息通过短信发送给第三人……”第五条：“……被告按乐通卡卡内资金的年日均余额的2.4%（按日计算）向第三人支付委托服务费用……”第六条第2项：“第三人应有序开展乐通卡市场拓展工作，审慎准入销售机构……”

2011年12月16日，第三人通联公司与通卡公司签订《储值卡代理销售合作协议》，其中部分条款约定如下：第二条第2项：“通卡公司（乙方）收取的客户购卡资金应及时存入第三人（甲方）在杭州银行开立的专用资金账户，并在系统中提出充值申请。由杭州银行根据资金到账情况进行系统充值申请确认……”第三条：“……3. 交易手续费……发卡银行所得手续费的60%部分归通卡公司所有……4. ……第三人所得的逾期卡延期手续费及逾期账户管理费收益归通卡公司享有，由通卡公司委托第三人从持卡人账户上扣收……5. 代理服务费用（1）第三人按通卡公司代理销售的储值卡卡内资金的年日均余额的2.4%（按日计算）向通卡公司支付委托服务费用……”

2012年初，乐通卡停止销售，累计发行金额约9亿元，其中通卡公司销售逾6.7亿元。

2013年12月13日，第三人通联公司、案外人通联商务服务有限公司、通卡公司、原告世百公司四方签订“四方协议”，其中部分条款约定如下：“鉴于：1. ……杭州银行已于2012年3月将乐通卡有效期从1年延长为3年，从而将约定支付给通联的逾期卡延期手续费及逾期账户管理费顺延支付……3. 应通卡公司（丙方）要求……杭州银行乐通卡项目合作协议中通卡公司的所有权利义务全部转让给原告（丁方）……4. 乐通卡协议（即《储值卡代理销售合作协议》）第三条合作费用与结算中约定的逾期卡延期手续费及逾期账户管理费收益变更为乐通卡到期后一个月内支付，乐通卡有限（效）期以杭州银行公告的卡章程规定的期限为准。第三人（甲方）在收到杭州银行支付了相应的交易手续费、代理服务费用、逾期卡延期手续费及逾期账户管理费后，按乐通卡协议约定期限支付给原告。若杭州银行迟延支付的，第三人的付款期限相应顺延……”

2014 年 10 月，杭州银行上海分行官网《关于对杭州银行乐通卡收取账户管理费用的告知》载明："根据《乐通卡购卡注意事项》《杭州银行乐通卡章程》规定，我行将于 2014 年 12 月起，对已到期乐通卡收取账户管理费用，具体如下：杭州银行乐通卡有效期为 36 个月，自发卡之日第 37 个月起，每月 10 日扣除卡内实际余额的 10% 作为账户管理费用，直至账户余额为 0。账户余额不足 10 元时，一次性全部扣除。请广大乐通卡持卡人在有效期内消费卡内余额。"后该公告被删除。

截至 2015 年 2 月 15 日，所有已发行的乐通卡距发卡之日均已超过 36 个月。该日通卡公司销售的乐通卡内余额（沉淀资金）为 38883298 元，此后逐月减少，至 2016 年 5 月卡内余额为 25057437 元。第三人通联公司已向通卡公司、原告世百公司陆续支付截至 2015 年 12 月的乐通卡交易手续费、代理服务费等 1200 余万元。目前乐通卡仍处于可正常使用的状态，通过乐通卡服务专区网页可查询到目前乐通卡有效期具体到期日期已再次延长了 3 年。

另查明，杭州银行上海分行官网中关于乐通卡的介绍载明："……该产品不记名、不挂失、不计算、不可取现、设有有效期……"但乐通卡卡片上未标注有效期及账户管理费收取条件、标准。

原告世百公司提交被告杭州银行上海分行认可的《乐通卡章程》，第 12 条载明："……卡片设有效期，售卡机构有权对超过有效期的卡片收取账户管理费。"第 13 条载明："本章程由杭州银行负责制定和解释，同时保留根据国家法律法规和我行相关规定修改本章程的权利，修改后的章程对持卡人具有同等约束力。"

又查明，《中国人民银行关于规范银行业金融机构发行磁条预付卡和电子现金的通知》（2012 年 1 月 18 日）第一条规定："商业银行不得发行或与其他机构合作发行磁条预付卡和非实名单电子现金……已发行磁条预付卡和非实名单电子现金，可继续使用至有效期结束或者提前兑付。"中国人民银行《支付机构预付卡业务管理办法》（2012 年 9 月 27 日）第八条第三款规定："超过有效期尚有资金余额的预付卡，发卡机构应当提供延期、激活、换卡等服务，保障持卡人继续使用。"中国支付清算协会预付卡工作委员会《支付机构预付卡业务客户权益保护指引》（2013 年 1 月 21 日）第二十五条规定："客户资金是指客户预存或留存在支付机构的货币资金，即支付机构的客户备付金。"第二十八条规定："支付机构……不得擅自转移或挪用客户备付金，……不得停止持卡人的正常支付，……得到持卡人授权的除外。"

## 【裁判结果】

上海市黄浦区人民法院于2016年7月29日作出（2016）沪0101民初3259号民事判决：驳回原告上海世百电子商务有限公司的诉讼请求。宣判后上海世百电子商务有限公司提起上诉。上海市第二中级人民法院于2016年10月21日作出（2016）沪02民终7658号民事判决：驳回上诉，维持原判。

## 【裁判理由】

法院生效裁判认为：第三人通联公司通过“四方协议”使得原告世百公司取得了向其主张乐通卡账户管理费等权利，但该部分权利的转移，第三人并未告知被告杭州银行上海分行并经被告书面同意，因此涉嫌违背被告与第三人之间的《合作协议》约定。然而，就整个乐通卡项目的开展而言，《合作协议》明确约定“第三人利用其银行卡系统、遍布全国的销售网络、联盟商户资源等优势，提供销售服务和系统支持，实现资源互补、合作双赢的目标”，并且在实际履行过程中，被告也知晓通卡公司参与了乐通卡的销售。因此，以被告与第三人的合同整体内容以及合同履行情况来判断，第三人通联公司的上述行为虽有瑕疵，但以不认定无效为宜。况且，本案系债权人代位权纠纷，审理重点以及争议核心在于当事人之间关于乐通卡账户管理费的债权是否成立、是否到期，具体争议焦点主要包括：（1）原告世百公司主张的账户管理费收费标准是否对持卡人生效；（2）被告杭州银行上海分行是否有权决定延长乐通卡有效期；（3）原告世百公司对第三人通联公司是否享有到期债权；（4）第三人通联公司对被告杭州银行上海分行是否享有到期债权并怠于行使。

关于争议焦点1——原告世百公司主张的账户管理费收费标准是否对持卡人生效。相关监管文件中虽未明确禁止对超过有效期的预付卡收取账户管理费，但同时也明确要求超过有效期尚有余额的预付卡应保障持卡人继续使用，不得停止持卡人的正常支付。由此，账户管理费即便可以收取，也不应超出合理的限度，否则将有可能对金融消费者的合法权益造成损害。现原告依据其主张的账户管理费收费标准计算出的诉请金额，已接近目前的卡内所有余额，与上述监管文件精神明显存在一定冲突。另一方面，《合作协议》及《储值卡代理销售合作协议》对于账户管理费的表述均为“从持卡人账户上扣收”，即该笔费用的实际支付义务由持卡人承担。而支付账户管理费并非法定义务，如要求持卡人承担，在售卡时最低限度也应履行信息披露义务，向持卡人明确告知具体收费标准，否则亦有悖于对金融消费者合法权益的保护。现《乐通卡章程》中仅对超过有效期的卡片收取账户管理费进行了原则性说明，其他与购卡时对持卡人进行告知有关的证据则包括原告证据2中的《乐通卡购卡注意事项》、证据7《乐通卡购卡须知》张贴照片以及郑春华的相关陈述，但被告、第三人对这些证据的真实性均提出异议。对此，法院认为，《乐通卡购卡注意事项》虽载明了账户管理费的具体收费标准，且设有“购卡人签名”一栏，但郑春华明确陈述售卡时没有向持卡人出示，也没有持卡人签字的书面材料留存，原告对此未持异议，法院对该陈述予以确认，故《乐通卡购卡注意事项》无论是否真实存在、由何方当事人制作，均无法证明原告的主张。而《乐通卡购卡须知》张贴照片原告表示没有存档，法院对拍摄场所、过程以及是否向持卡人提示注意等情况难以核实，照片中的购卡须知文本上也没有加盖通卡公司公章，故对该证据的证明效力，法院难以认可。至于郑春华的相关陈述（售卡时在销售点张贴过《乐通卡购卡须知》，并向持卡人口头告知《乐通卡章程》），鉴于郑春华系原告工作人员，与原告存在利害关系，该陈述无法单独作为认定案件事实的依据。故原告虽主张持卡人购卡时已知晓账户管理费的具体收费标准，但因缺乏充分的证据佐证，法院无法采信。原告关于账户管理费收费标准对持卡人生效的主张，合法性依据不足，合理性亦有所欠缺，法院难以支持。

关于争议焦点2——被告杭州银行上海分行是否有权决定延长乐通卡有效期。第一，发卡机构对于预付卡有效期的延长，在告知持卡人后对持卡人及发卡机构均具备法律效力。对持卡人而言，目前乐通卡仍在有效期内，故原告关于乐通卡目前延长的是使用期而非有效期的主张，法院无法采纳。第二，对原告和第三人而言，“四方协议”中虽表述“杭州银行上海分行已于2012年3月将乐通卡有效期从1年延长为3年”，但同时又约定乐通卡有效期“以杭州银行公告的卡章程规定的期限为准”。原告认为该约定的真实意思表示就是乐通卡有效期为3年，第三人则认为该约定实际指的是乐通卡有效期以被告意见为准，且并非一定要公告，因为第一次延长也没有公告。鉴于“四方协议”签订时，杭州银行上海分析2014年10月的官网公告尚未发布，也无证据表明“四方协议”签订之前杭州银行上海分行就乐通卡有效期发布过其他公告，《乐通卡章程》中亦未明确具体有效期且载明杭州银行有海分行有权修改章程，故相对于原告的解释，第三人对于“四方协议”中乐通卡有效期约定的解释更为合理，法院予以采纳。原告关于被告延长乐通卡有效期对原告不发生效力的主张，与“四方协议”中的相关约定不符，法院不予支持。第三，关于原告订立合同目的无法实现的意见，法院认为，账户管理费作为一项或然发生的费用，当事人在订立合同时，对于最终实际可收取的具体金额显然不能确定，诉讼中原告也承认对有效期满后持卡人的卡内残值事先无法预估，存在金额很小甚至没有的可能性，其将账户管理费作为合同主要收益期待之一的主张与这一认知明显矛盾，法院无法采纳。原告虽然主张成本支出达数千万元，相应证据为证据6乐通卡制卡费汇总表、董事会会议纪要、股东大会纪要、承包合同，但其中制卡费汇总表所涉费用仅为90余万元，其余证据均为通卡公司的内部文件，并无相关支付凭证予以进一步佐证，且未明确记载乐通卡项目支出金额，原告主张的计算方法欠缺唯一性。因此，即便不考虑被告、第三人对这些证据真实性的质疑，本院也难以认可这些证据具备足够的证明效力。现第三人已经就乐通卡项目向通卡公司、原告支付了相关费用1200余万元，而原告未能充分举证证明通卡公司、原告的成本支出显著高于该金额，从这一角度看，法院也无法认定不收取账户管理费将导致当事人间的利益明显失衡。

关于争议焦点3——原告世百公司对第三人通联公司是否享有到期债权。“四方协议”明确约定账户管理费在乐通卡到期后支付，而如上所述，被告有权延长乐通卡的有效期，目前乐通卡仍处于有效期内，故原告无权向第三人主张该债权。并且，即便认为账户管理费已经可以收取，但由于“四方协议”中同时约定“若杭州银行迟延支付的，第三人的付款期限相应顺延”，又未明确限定该约定仅针对正常结算过程中的偶发性逾期支付情形，故第三人对原告的付款责任尚需以被告向第三人支付了相应款项为前提。现被告并未向第三人支付账户管理费，原告认为对第三人享有到期债权的主张依据不足，法院难以采纳。

关于争议焦点4——第三人通联公司对被告杭州银行上海分行是否享有到期债权并怠于行使。乐通卡目前仍处于有效期内，不符合被告与第三人之间约定的账户管理费收取条件，自然也不存在相应的到期债权。同时，鉴于诉讼中被告明确表示，乐通卡有效期将一直顺延至持卡人将卡内余额消费完毕，即今后也不会收取账户管理费，而第三人对此不持异议。因此，现第三人实质上已不再要求被告履行债务，即放弃了对被告的债权。原告即便认为利益受到损害，所应提起的也应当是撤销权诉讼而非代位权诉讼。

综合上述，债权人提起代位权诉讼，应当符合以下条件：（1）债权人对债务人的债权合法；（2）债务人怠于行使其到期债权，对债权人造成损害；（3）债务人的债权已到期；（4）债务人的债权不是专属于债务人自身的债权。

具体到本案中：（1）原告主张的乐通卡逾期后按每月卡内余额10%收取账户管理费这一标准，无论当事人之间是否存在明确约定，现均无充分证据表明在售卡时对持卡人进行了告知，更未取得持卡人的授权同意，法院无法认定对持卡人发生效力，不应从持卡人账户上扣收。况且，现原告的诉请金额明显将影响到持卡人对乐通卡的继续使用，有悖于相关监管文件中对金融消费者合法权益的保护要求，故原告的诉请主张不符合“债权人对债务人的债权合法”这一条件。（2）即便认为原告主张的账户管理费收费标准对持卡人生效，被告也有权延长而且已经延长了乐通卡的有效期，不能向持卡人收取账户管理费，自然也就不存在针对账户管理费的债权，故原告的诉请主张不符合“债务人的债权已到期”这一条件。（3）再次，即便认为当前能够收取账户管理费，原告对第三人的相应债权也因“四方协议”中的约定而未到期，无法认定债权受到损害；又再，即便认为原告的债权受到损害，第三人实质上也属于放弃了对被告的债权而非怠于行使，故原告的诉请主张不符合“债务人怠于行使其到期债权，对债权人造成损害”这一条件。综上所述，原告不符合提起代位权诉讼的条件，其诉讼请求缺乏事实和法律依据，法院依法不予支持。

## 【案例注解】

预付卡是指发卡机构以特定载体和形式发行的、可在发卡机构之外购买商品或服务的预付价值凭证。[①] 从发行方的角度，预付卡可分为金融机构发行的预付卡[②]和非金融机构发行的商业预付卡，后者又可分为经审批许可的专营发卡机构发行，可跨地区、跨行业、跨法人使用的多用途预付卡和商业企业发行，只在本企业或同一品牌连锁商业企业购买商品、服务的单用途预付卡；[③] 从使用方的角度，又可分为记名预付卡和不记名预付卡。本案乐通卡即为金融机构发行的不记名预付卡。

当前，随着信息技术的不断完善，金融业务的发展与创新，小额支付方式与服务市场日益多元化，种种不同类型的预付卡，特别是与乐通卡相类似的定

① 参见中国人民银行《支付机构预付卡业务管理办法》第二条。

② 2012年1月《中国人民银行关于规范银行业金融机构发行磁条预付卡和电子现金的通知》对商业银行发行磁条预付卡和非实名单电子现金予以了限制，要求经中国人民银行批准后方可发行，以前已发行的可继续使用至有效期结束或者提前兑付。此后，市场上较少出现新增的由商业银行直接参与发行的磁条预付卡，但尚有不少已发行的预付卡仍正在被消费者持有、使用。

③ 参见中国人民银行、监察部等六部门《关于规范商业预付卡管理的意见》。

额储值型预付卡在诸多商家、消费者的日常交易中已被广泛使用。实践中，一方面，预付卡具备着使用灵活、支付便捷等优势；但另一方面，一些经营机构受种种利益因素的驱动，出现了挪用、侵占消费者资金，或巧立名目额外收取高额费用的现象。尤其是不少预付卡卡片上没有标注有效期，消费者在使用时往往容易忽视有效期的限制，从而为发卡方侵占资金提供了借口。相应的投诉、纠纷时有发生，成为了广大消费者、相关金融监管部门乃至社会各界关注的重点。

本案所争议的乐通卡逾期账户管理费即较为典型地体现了这一问题。由于案件系债权人代位权纠纷，且债权人的债权与债务人的债权之间存在连续性，故争议焦点在于当事人之间关于乐通卡逾期账户管理费的债权是否成立、是否到期。具体而言，主要应考量以下核心问题：

## 一、对预付卡进行收费应当事先向消费者履行信息披露义务

无论是何种类型的预付卡，发行机构与消费者之间建立的均系平等民事主体间的合同法律关系，发行机构如若要向消费者收取费用，必须具备法定或者约定的依据。本案所涉的逾期账户管理费，各方当事人间的协议表述均为“从持卡人账户上扣收”，即该笔费用的实际支付义务需由持卡人承担。而迄今为止，并无任何法律、法规规定持卡人必须支付逾期账户管理费，要求持卡人承担该项付费义务显然缺乏法定依据。

至于约定依据，自然需要双方当事人之间的合意。对此有观点认为：此类不记名预付卡通常不挂失、不赎回，实践中卡片转让情况普遍，购卡人与持卡人往往不一致；而且，单张卡片金额不高（通常不超过1000元），如一定要求售卡时消费者明示同意收费将提高发行成本，也不尽便利。从发卡方的角度出发，该观点有一定的合理性。但是，《消费者权益保护法》第八条明确规定：“消费者享有知悉其购买、使用的商品或者接受的服务的真实情况的权利。”相对于金融机构而言，金融消费者处于信息劣势，其在购买和使用金融产品时，有权了解相关金融知识，知晓金融产品或服务的相关信息、收益风险特征、政策影响和附加条件等。金融机构有义务对相关信息进行充分披露，尽可能消除信息屏障，保护金融消费者知情权。[①] 因此，即便是认可消费者默示

① 丁建臣等：《我国金融消费者权益受损：特征分析及政策建议》，载《北京交通大学学报（社会科学版）》2016年第3期。

同意的效力[①]，发卡方（特别是实际售卡方）最低限度也应向消费者履行信息披露义务，即在售卡时向购卡人明确告知收取逾期账户管理费的具体条件、标准等相关事项，否则购卡人连逾期账户管理费具体如何收取都不知晓，又何谈同意（哪怕是默示的同意）收费呢。

本案中，《乐通卡章程》中仅对超过有效期的卡片收取账户管理费进行了原则性说明，并无规定具体的有效期和收费标准，不能作为收费的直接依据。故在没有充分证据能够证明作为实际售卡方的原告，在销售时乐通卡向购卡人履行了上述信息披露义务的情况下，其要求收取逾期账户管理费的主张缺乏法定或约定依据，侵害了消费者的知情权，无法得到法院的支持。

## 二、对预付卡进行收费不能侵害消费者的合法权益

诉讼中原告曾强调：2014 年 10 月杭州银行上海分行官网已经明确公告了如何收取逾期账户管理费，该公告可以作为收费依据。然而，从时间上看，该公告显然属于嗣后的信息披露，实质上属于对合同权利义务条款的单方面变更或是解释。而在预付卡合同法律关系中，消费者显然属于弱势主体的一方，该单方变更或是解释又明显加重了合同相对弱势方主体的义务，故无论从合同的基本原理，还是从消费者权益保护的角度[②]来考量，嗣后再对收取逾期账户管理费进行信息披露的法律效力均值得商榷。事实上，杭州银行上海分行随后也删除了该公告，信息披露的效果实际未能持续。

另一方面，现行监管文件中虽未明确禁止对超过有效期的预付卡收取账户管理费，但同时亦明确要求超过有效期尚有余额的预付卡应保障持卡人继续使用，未经持卡人授权不得停止正常支付。如中国人民银行《支付机构预付卡业务管理办法》（2012 年 9 月 27 日）第八条第四款规定："超过有效期尚有资金余额的预付卡，发卡机构应当提供延期、激活、换卡等服务，保障持卡人继续使用。"中国支付清算协会预付卡工作委员会《支付机构预付卡业务客户权益保护指引》（2013 年 1 月 21 日）第二十五条规定："客户资金是指客户预存或留存在支付机构的货币资金，即支付机构的客户备付金。"第二十八条规

① 法理上，默示同意一般需要有法律的明确规定或当事人的明确约定方为有效，能否仅以消费者的购卡行为来推定其默示同意相关收费条款，尚存在一定争议。

② 《消费者权益保护法》第二十六条规定：经营者不得以格式条款、通知、声明、店堂告示等方式，作出排除或者限制消费者权利、减轻或者免除经营者责任，加重消费者责任等对消费者不公平、不合理的规定，不得利用格式条款并借助技术手段强制交易，格式条款、通知、声明、店堂告示等含有前款所列内容的，其内容无效。

定："支付机构……不得擅自转移或挪用客户备付金，……不得停止持卡人的正常支付，……得到持卡人授权的除外。"《国务院办公厅转发人民银行监察部等部门关于规范商业预付卡管理意见的通知》①（国办发〔2011〕25号）第四条规定："……防止发卡人无偿占有卡内残值，……对于超过有效期尚有资金余额的，发卡人应提供激活、换卡等配套服务……"

据此，账户管理费即便可以收取，也不应超出合理的限度，否则将涉嫌侵犯消费者的合法权益。诉讼中，各方当事人均未举证说明就预付卡收取逾期账户管理费存在行业通行的收费标准或是惯例，现原告依据其主张的账户管理费收费标准计算出的诉请金额达2400余万元，在一审时已接近乐通卡内的所有余额②，若满足了原告的主张，则持卡人的余额基本要清零，明显与上述多项监管文件的要求相悖。因此，即便认为嗣后的信息披露能够对持卡人发生效力，现原告主张的收费标准也欠缺合理性，与保障消费者合法权益的法治精神存在冲突，难以得到法院的支持。

## 三、本案当事人就预付卡收费的约定效力不及于消费者

合同约定具有相对性，合同主要在特定的合同当事人之间发生法律约束力，只有合同当事人一方能基于合同向对方提出请求或提起诉讼，而不能向与其无合同关系的第三人提出合同上的请求，也不能擅自为第三人设定合同上的义务。③ 另一方面，合同相对性的突破也必须审慎。除非对合同相对性的坚守将导致对合同当事人极大的不公平，且第三人存在恶意，或者合同本身约定违反法律强制性规定，否则第三人无权突破合同的相对性。本案中，合同的相对性原理主要体现在以下几个方面：

1. 逾期账户管理费收取标准约定的相对性。本案的各方当事人虽曾分别在不同场合、以不同方式作出过对超过有效期的乐通卡，将按每月卡内余额10%标准收取账户管理费的意思表示，但这些意思表示，基本均发生在本案当事人之间。而对于消费者而言，在购卡交易完成之后的消费使用期间，其合同相对方仅为发卡机构——被告杭州银行上海分行，至于原告、第三人关于如何收费的意思表示，无论是否已与杭州银行上海分行达成合意，显然对消费者均不发生法律效力。

---

① 严格而言，本案乐通卡不属于商业预付卡，不能直接适用该文件，但相关精神仍可参考。

② 因卡仍在正常使用，余额持续减少，至二审时原告诉请金额甚至已超出了卡内余额。

③ 王利明：《论合同的相对性》，载《中国法学》1996年第4期。

2. 乐通卡有效期约定的相对性。乐通卡的有效期作为消费者与杭州银行上海分行之间的合同内容之一，如上所述在卡发行时并未达成明确合意。现杭州银行上海分行对于乐通卡有效期的延长，虽系单方行为，但并未减损消费者的权利内容（实际上有利于消费者），且《乐通卡章程》亦明确杭州银行享有解释修改的权利，故一经作出，对消费者及杭州银行均具备法律效力，原告无权否定。同样，无论本案各方当事人之间就乐通卡的有效期有否约定、作何约定，效力也均不及于消费者。对消费者而言，乐通卡仍在有效期内，即使此前已明悉并同意了逾期账户管理费的收取标准，当前也不应承担支付该笔费用的义务。

3. "四方协议"约定的相对性。诉讼中，当事人对"四方协议"中乐通卡有效期及逾期账户管理费支付期限等约定的解释存在较大争议。然而，即使认可对原告有利的解释，由于杭州银行上海分行并非"四方协议"的合同当事人，并不受"四方协议"的约束，其延长乐通卡有效期、不向第三人支付逾期账户管理费等行为也无需得到原告的同意。即使原告权益因此受到损害，其也无权要求杭州银行上海分行在持卡人账户中扣收账户管理费。况且，从权益衡平的角度看，逾期账户管理费作为一项或然发生的费用，对于最终实际可收取的具体金额显然事先无法预估，原告也承认存在金额很小甚至没有的可能性。现第三人已经就乐通卡项目向通卡公司、原告支付了相关费用1200余万元，而原告未能充分举证证明通卡公司、原告的成本支出显著高于该收入金额。因此，逾期账户管理费不应被原告视为订立合同时的主要收益期待，不收取账户费也不会导致当事人间显失公平。

## 四、债务人无限期延长其债权履行期间的法律后果

就本案所涉的法律关系，还有一个值得说明的问题是，即便原告的债权合法、已到期（如当事人当初设定的逾期账户管理费收费标准相对合理，已明确向持卡人进行了告知且取得了持卡人授权同意，原告也未在"四方协议"中约定认可被告延长乐通卡有效期等等），现第三人以被告延长乐通卡有效期，未向第三人支付费用为由不向原告支付逾期账户管理费，原告依然不应提起代位权诉讼。

《最高人民法院关于适用〈中华人民共和国合同法〉若干问题的解释（二）》［以下简称《合同法解释（二）》］第十八条规定："债务人放弃其未到期的债权或者放弃债权担保，或者恶意延长到期债权的履行期，对债权人造成损害，债权人依照合同法第七十四条的规定提起撤销权诉讼的，人民法院应当

支持。”而本案一审过程中，被告明确表示，乐通卡有效期将一直顺延至持卡人将卡内余额消费完毕，即今后也不会收取账户管理费。对于被告的这一意思表示，第三人当庭表示没有异议，即第三人同意不再收取账户管理费或是无限期延长账户管理费的收取期限。对此，无论是理解为债务人放弃了对次债务人的债权①，还是恶意②延长了到期债权的履行期，根据上述法条的规定，原告认为债权受到损害的，应当提起撤销权诉讼而非代位权诉讼。原告认为债务人、次债务人未经债权人同意，合意延长次债务人履行债务的期限，应属于债务人怠于行使债权的行为，是对相关法律规定的误读。

由于撤销权诉讼和代位权诉讼虽均由被告住所地人民法院管辖，但前者以债务人为被告，后者以次债务人为被告，若两者住所地不在同一法院辖区的，原告应当另行提起诉讼。

（**一审法院合议庭成员**　陈建伟　虞　憬　周　明
**二审法院合议庭成员**　吴峻雪　张明良　朱颖琦
**编写人**　上海市黄浦区人民法院　虞　憬　孙　琼
**责任编辑**　韩建英
**审稿人**　曹守晔）

---

① 此情形下，债权是否到期并无实际影响。若债务人放弃其未到期债权，依据《合同法解释（二）》第十八条应提起撤销权诉讼；若债务人放弃其到期债权，则直接依据《合同法》第七十四条亦应提起撤销权诉讼。

② 这里的恶意可以理解为无法定或约定理由的故意。

# 鑫波食品（上海）有限公司诉宋海涛损害公司利益责任纠纷案

## ——董事高管违反忠实义务的“收入”认定

关键词：公司法　竞业禁止　收入归入权

### 【裁判要旨】

1. 公司董事、高级管理人员在任职期间，另行设立其他公司与其任职公司经营同类业务，属于《公司法》第一百四十八条第一款第五项规定的董事、高管的竞业禁止行为，违反了董事、高管对公司的忠实义务。董事、高管因此获得的收入应当根据《公司法》第一百四十八条第二款的规定归还其任职的公司。

2. 虽然董事、高管另设公司从事同业经营的收入属于该另设公司所有，但可以根据董事、高管在该另设公司的持股比例并结合其他证据，酌定董事、高管在其另设公司同业经营中所获得的个人收益，并判令董事、高管将该收益归还其所任职的公司。

### 【相关法条】

**《中华人民共和国公司法》第一百四十八条**　董事、高级管理人员不得有下列行为：

（一）挪用公司资金；

（二）将公司资金以其个人名义或者以其他个人名义开立账户存储；

（三）违反公司章程的规定，未经股东会、股东大会或者董事会同意，将公司资金借贷给他人或者以公司财产为他人提供担保；

（四）违反公司章程的规定或者未经股东会、股东大会同意，与本公司订立合同或者进行交易；

（五）未经股东会或者股东大会同意，利用职务便利为自己或者他人谋取属于公司的商业机会，自营或者为他人经营与所任职公司同类的业务；

（六）接受他人与公司交易的佣金归为己有；

（七）擅自披露公司秘密；

（八）违反对公司忠实义务的其他行为。

董事、高级管理人员违反前款规定所得的收入应当归公司所有。

**第一百四十九条** 董事、监事、高级管理人员执行公司职务时违反法律、行政法规或者公司章程的规定，给公司造成损失的，应当承担赔偿责任。

## 【案件索引】

一审：上海市嘉定区人民法院（2014）嘉民二（商）初字第 2450 号（2015 年 2 月 15 日）

二审：上海市第二中级人民法院（2015）沪二中民四（商）终字第 793 号（2016 年 1 月 12 日）

## 【基本案情】

原告鑫波食品（上海）有限公司（以下简称鑫波公司）诉称：其系一家外商合资企业，主营加工、销售肉制品（熏煮香肠火腿制品）等。2011 年初，鑫波公司聘请宋海涛担任总经理，负责鑫波公司的经营管理。根据鑫波公司章程规定，公司高级管理人员不得参与其他经济组织对本公司的商业竞争行为。经营过程中，鑫波公司拟注册“皇家歌诗堡 SINCE 1823 GRZEGORZ HOUSE”作为产品商标使用。2011 年 8 月，宋海涛擅自委托上海漫趣网络科技有限公司（以下简称漫趣公司）代为办理商标注册事宜。但漫趣公司取得商标后却据为己有。宋海涛作为鑫波公司总经理，操作不当（或故意），致使案外人取得上述商标。另外，2012 年 6 月 7 日，宋海涛与案外人宋某某、樊某某共同投资设立了申根贸易（上海）有限公司（以下简称申根公司）。而宋某某系宋某某的父亲，樊某某系漫趣公司的董事长。申根公司的经营范围包括了食品行业（香肠、火腿等肉产品），与鑫波公司经营范围相同。2013 年 10 月 23 日，因宋海涛严重违反我国《公司法》等规定，鑫波公司依法解除其总经理职务。

2014 年 3 月 31 日，鑫波公司为防止损失扩大，单方为宋海涛办理了退工手续。宋海涛作为鑫波公司高级管理人员，违背法律规定的忠实和勤勉义务，在任职期间设立与鑫波公司经营范围相同的公司，严重侵害了鑫波公司的合法权益。故鑫波公司诉至原审法院，请求判令：宋海涛在职期间（2012 年 6 月 7 日至 2014 年 3 月 31 日）从申根公司取得的收入人民币 20 万元（暂估，以下币种均为人民币）归鑫波公司所有。

被告宋海涛辩称：鑫波公司所谓的申根公司开展了与其相同的业务一说，仅仅是申根公司在 1 号店中也销售了香肠类制品，并不能表明两家公司经营范围完全一致。且申根公司的行为并不等同于宋海涛个人的行为，因鑫波公司并无证据证明宋海涛参与了申根公司的经营决策。此外，鑫波公司应当对其提出的赔偿金额的构成承担举证责任。现鑫波公司并无证据证实宋海涛是否在申根公司取得收入以及取得了多少收入。

法院经审理查明：2011 年 4 月 2 日，鑫波公司经上海市工商行政管理局批准设立，注册资本为 55 万美元，系由两名波兰籍居民在中国境内投资设立的外商合资企业。其中，GRZEGORZ ANDRZEJ STEPIEN 认缴出资 38.5 万美元，占注册资本的 70%，并担任法定代表人；PIOER PAWEI SCIBOR 认缴出资 16.5 万美元，占注册资本的 30%。根据公司章程规定，鑫波公司的经营范围为：生产、加工肉制品（香肠、火腿），销售本公司自产产品并提供售后服务（设计行政许可，凭许可证经营）。公司章程另规定，公司高级职员不得参与其他经济组织对本公司的商业竞争行为。公司设立后，即聘请宋海涛担任公司的总经理，负责公司的经营管理。2013 年 10 月 23 日，鑫波公司委托律师向宋海涛发函，免除宋海涛的总经理职务，并终止所有有关公司事务的授权。

2012 年 6 月 7 日，申根公司经上海市工商行政管理局宝山分局核准设立，注册资本为 50 万元，股东为三人，即樊某某（认缴出资 10 万元，持股 20%）、宋某某（认缴出资 25 万元，持股 50%）、宋海涛（认缴出资 15 万元，持股 30%），并由樊某某担任法定代表人。申根公司经营范围为：批发非实物方式；预包装食品（不含熟食卤味、冷冻冷藏）；从事货物进出口业务；电子商务（不得从事增值电信、金融业务）；商务咨询；企业管理咨询；钢材、建材、日用百货销售（企业经营涉及行政许可的，凭许可证件经营）。申根公司在 1 号店网店中销售“百万富翁”品牌的香肠制品，该香肠制品的生产商即为鑫波公司，销售额约为 264813 元。审理中，宋海涛拒绝提供申根公司的资产负债表及其销售香肠类制品的统计数据，导致法院无从核实申根公司的具体经营项目、销售盈亏状况以及职员工资收入等情况。

## 【裁判结果】

上海市嘉定区人民法院于2015年2月15日作出（2014）嘉民二（商）初字第2450号民事判决：驳回鑫波公司的全部诉讼请求。宣判后鑫波公司提起上诉。上海市第二中级人民法院经审理于2016年1月12日作出（2015）沪二中民四（商）终字第793号民事判决：一、撤销上海市嘉定区人民法院（2014）嘉民二（商）初字第2450号民事判决；二、宋海涛应于本判决生效之日起10日内赔偿鑫波食品（上海）有限公司人民币8万元。

## 【裁判理由】

法院生效裁判认为：《公司法》明文规定：董事、监事、高级管理人员应当遵守法律、行政法规和公司章程，对公司负有忠实义务和勤勉义务。如若利用职务便利为自己或者他人谋取属于公司的商业机会，自营或者为他人经营与所任职公司同类业务的，违规所得的收入归公司所有。给公司造成损失的，应当承担赔偿责任。

本案诉辩双方的争议焦点为：（1）宋海涛作为鑫波公司原高管是否因违反我国《公司法》及公司章程中有关高管忠实、勤勉义务的规定而获利或给公司造成损失，从而应当承担相应的赔偿责任。（2）鑫波公司主张的赔偿金额是否具有相应依据。对于争议焦点（1），宋海涛受聘担任鑫波公司总经理，全权负责加工、销售香肠肉制品等公司业务。然而其在任职期间，另行与其父亲宋某某及案外人樊某某共同设立了申根公司。申根公司的经营范围包括销售香肠、火腿等肉制品，且实际在1号店网店中大量销售了鑫波公司生产的香肠类制品，存在获利。另需说明的是，宋海涛与其父亲宋某某合计持有申根公司80%的股权，故宋海涛称其并不参与申根公司的经营决策，亦从未获利，有悖常理。申根公司另一股东樊某某同时是漫趣公司的法定代表人，漫趣公司曾经在宋海涛担任鑫波公司总经理期间受托为鑫波公司代为申请香肠品牌的商标注册申请，但漫趣公司最终将该品牌据为己有，宋海涛亦未对此提出异议或采取相应措施。基于此，结合一般商事规律、普通大众认知及公序良俗，可以推定宋海涛利用职务便利为自己及申根公司谋取了本属于鑫波公司的商业机会，并为申根公司经营了与鑫波公司同类的业务，违反了我国《公司法》中高管的忠实、勤勉义务，损害了鑫波公司的利益，并使自身获利，故而应当承担相应法律责任。对于争议焦点（2），虽然鑫波公司对其主张的宋海涛在申根公司取得20万元收入一节缺乏明确的证据印证，但并不意味着宋海涛即可免除赔偿责任。首先，在宋海涛本人拒绝提供其在申根公司的收入证明的情况下，鑫波公司确无法通过合理途径进行取证。其次，二审中，经法院要求，宋海涛仍拒绝提供申根公司的资产负债表及其销售香肠类制品的统计数据，导致法院无从核实申根公司的具体经营项目、销售盈亏状况以及职员工资收入等情况。再次，宋海涛亦未提供证据证实申根公司于网店中销售的香肠类制品系通过正常的商业途径从鑫波公司处取得，并有权进行转售。最后，宋海涛对于鑫波公司提供的有关申根公司20余万元的网店销售记录，仅以截图未经公证、真实性无法确认、时间不明等为由粗略质证，而未提供其自行统计的销售记录、销售成本、盈利数据等加以反证，应承担不利后果。基于上述分析，上海市第二中级人民法院结合查明的事实及现有证据，并参考香肠类制品的一般盈利情况以及宋海涛在申根公司30%的持股比例，认为应当酌情改判宋海涛赔偿鑫波公司8万元。

## 【案例注解】

近年来，随着董事、高管违反忠实义务纠纷案件的逐渐增多，公司主张"收入归入权"的案件亦呈增长态势。《公司法》第一百四十八条①、第一百四十九条②专门规定了公司董事、高管违反忠实义务的情形，并规定了给公司造成损害的，除应当承担损害赔偿责任，公司有权向违反忠实义务的董事、高管主张"收入归入权"。这构成了对董事、高管经营公司过程中发生的侵害公司利益行为的追责制度。在该类案件的审理中，主要存在两方面的问题：一是对于违反忠实义务的事实认定，即应当属于何种违反忠实义务的行为；二是对

---

① 《公司法》第一百四十八条规定："董事、高级管理人员不得有下列行为：（一）挪用公司资金；（二）将公司资金以其个人名义或者以其他个人名义开立账户存储；（三）违反公司章程的规定，未经股东会、股东大会或者董事会同意，将公司资金借贷给他人或者以公司财产为他人提供担保；（四）违反公司章程的规定或者未经股东会、股东大会同意，与本公司订立合同或者进行交易；（五）未经股东会或者股东大会同意，利用职务便利为自己或者他人谋取属于公司的商业机会，自营或者为他人经营与所任职公司同类的业务；（六）接受他人与公司交易的佣金归为己有；（七）擅自披露公司秘密；（八）违反对公司忠实义务的其他行为。董事、高级管理人员违反前款规定所得的收入应当归公司所有。"

② 《公司法》第一百四十九条规定："董事、监事、高级管理人员执行公司职务时违反法律、行政法规或者公司章程的规定，给公司造成损失的，应当承担赔偿责任。"

于“收入”的界定及计算标准问题。因对于该两个问题认定标准不一，导致法律适用未能有效统一，本案即属于此种情况。

## 一、任职期间另行设立其他公司与其任职公司经营同类业务，应属于竞业禁止行为

公司董事、高管侵犯股东权益和公司利益的现象经常发生，该等行为不仅导致作为股东的投资利益受损，也导致公司本身的经营受到不良影响，更会伤及公平竞争的市场秩序。《公司法》第一百四十八条第一款五项规定，未经股东会或者股东大会同意，董事、高管不得利用职务便利为自己或者他人谋取属于公司的商业机会，自营或者为他人经营与所任职公司同类的业务。由该项概括性规定可见，我国《公司法》及司法解释虽明确预见到了该类行为的危害，并试图对此进行规制，但仅是列举了违反忠实义务的一般情形，对于自营或者为他人经营同类业务的具体情形未进行明确，这导致审判实践中，对该类问题行为的性质难以界定，法律责任难以追究。

审判实践中，对于竞业禁止，存有不同理解。有的观点认为：“自营”仅是为自己个体经营，或者独资经营。“为他人经营”亦有参与经营、实际经营以及为他人经营提供支持等不同理解。公司董事、高管违反忠实义务的行为具有一定程度的隐蔽性，通过设立公司经营与所任职公司同类业务的行为，因该所设公司与所任职的公司均系独立法律主体，其隐蔽性更强。从《公司法》第一百四十八条第一款第五项的立法取向看，其主旨在于将董事、高管的一己私利与公司的合法权益进行区分并予以隔离，其目的在于防止发生利益混同或侵吞公司利益的现象。本案中，宋海涛的行为本质在于通过与他人设立申根公司经营同类业务以实现获利，且该行为未经鑫波公司股东会同意，因此，符合《公司法》第一百四十八条第一款第五项规定的董事、高管的竞业禁止的行为特征，违反了公司高管应尽的忠实义务。

## 二、违反忠实义务的“收入”应如何确定

根据《公司法》第一百四十八条第二款的规定，董事、高管违反忠实义务的，所得收入应当归还公司，即公司享有“收入归入权”。实践中，如何进行“收入”的界定及明确计算方式成为审理该类案件的关键。

第一，“收入”应如何界定?《公司法》及司法解释并未对此作出明确界定，实践中亦存在不同观点。如有观点认为，“收入”应当是本人直接获取的报酬，而非利润；有观点认为，“收入”除本人所得的报酬外，还应当包括所

得利润（包括既得利润与可得利润）；还有观点认为，“收入”应当除报酬及可分配利润外，还应当包括其他所得物品、其他可得利益以及既得或可得商业利益，即“收入”并非仅指金钱收入。本案中，宋海涛通过与他人设立申根公司，其持股收益并非一般意义上的报酬，鉴于申根公司法人地位的独立性，且该公司还存在其他两位股东，故不能将申根公司的“收入”直接理解为宋海涛的“收入”，而应参考宋海涛对申根公司的持股比例来确定宋海涛的收入为宜。

第二，收入应如何计算？实践中，主张收入归入权的案件，难免会涉及收入的计算，现有法律及司法解释并未规定收入的计算方法。实践中，收入的计算通常包括以下方法：方法一，通过账户往来金额测算个人因违反忠实义务所得的实际收入。该方法适用于账户直接进行结算的情形，但无法适用于直接现金往来（除非当事人自认）。方法二，计算自营业务（或为他人经营同类业务）的利润，具体包括两种类型：一种是根据业务收入扣除相应成本进行测算，一种是收入无法测算的情况下，按照行业普遍利润率进行酌定测算。本案中，尽管宋海涛未提供申根公司的营业收入明细，但根据网页销售记录显示，申根公司在1号店网店中已销售的“百万富翁”香肠制品的销售额为264813元，适当扣除相关成本，并结合宋海涛持有申根公司30%股份的持股比例，二审法院酌定宋海涛在本案违反竞业禁止的业务中获得不当收益为8万元，该8万元应返还给鑫波公司。需指出，即使宋海涛没有直接从申根公司处获得分红，但申根公司销售利润的增加客观上也使得宋海涛所持申根公司30%股权获得增值，宋海涛仍是实际获得收益的。本案的处理方式不失为一种有效的裁判思路。

## 三、举证是否完成的自由裁量应符合商业规律及公众认知

此类案件中，按照举证责任的分配原则，作为原告一方的公司，如果认为董事、高管存在竞业禁止的行为，应当承担相应的举证责任。举证责任分配本身具有确定性，但举证责任是否完成则具有一定的不确定性，亦没有统一的标准。因此，实践中经常存在分歧。比如本案中，一审法院认为：宋海涛在担任鑫波公司总经理职务期间，另行与他人共同设立了与鑫波公司经营范围相同的申根公司，宋海涛此举虽难脱损害公司利益之嫌，但鑫波公司提供的证据尚不足以证实宋海涛直接参与申根公司的经营管理或者虽不直接参与，但对申根公司经营决策具有影响力，或者利用在鑫波公司处任职的便利为申根公司谋取了本属于鑫波公司的商业机会。如果按照此种标准，则宋海涛不构成竞业禁止。

但是，宋海涛作为申根公司持股30%的股东，与其父合计持股80%，且申根公司的经营范围亦与鑫波公司存在重合与交叉。如果宋海波出资成立申根公司并非以营利为目的，则不符合商业常识，其不参与或者不直接参与经营，亦有违普通公众的认知。因此，可以认定宋海涛利用职务便利为自己及申根公司谋取了本属于鑫波公司的商业机会，并为申根公司经营了与鑫波公司同类的业务。此案也说明，对于该类案件，明确举证责任的确是一个重要方面，但衡量举证责任完成的标准，需要结合商事行为的特点和规律，并符合普通公众的社会认知。因此，司法裁判过程中，法官应根据法律和商业诚信原则，对当事人是否完成举证责任予以理性的心证判断。

（**一审法院独任审判员** 范培华
**二审法院合议庭成员** 赵 炜 杨怡鸣 肖光亮
**编写人** 上海市第二中级人民法院 李丽丽
**责任编辑** 韩建英
**审稿人** 曹守晔）

# 徐斓诉中国平安财产保险股份有限公司上海分公司、中国平安财产保险股份有限公司财产保险合同纠纷案

——免检期内未及时更换检验标志的车辆，出险时保险公司责任认定

关键词：保险法　免责条款　车辆安全检查

## 【裁判要旨】

符合规定的免于进行安全技术检验的车辆，在免检期内未及时更换检验标志，出险时检验标志过期的，保险公司不得以“车辆未在规定检验期内进行安全检验或检验未通过”为由拒绝理赔。

## 【相关法条】

**《中华人民共和国保险法》第三十条**　采用保险人提供的格式条款订立的保险合同，保险人与投保人、被保险人或者受益人对合同条款有争议的，应当按照通常理解予以解释。对合同条款有两种以上解释的，人民法院或者仲裁机构应当作出有利于被保险人和受益人的解释。

## 【案件索引】

一审：上海市静安区人民法院（2016）沪0106民初2060号（2016年8月3日）

二审：上海市第二中级人民法院（2016）沪02民终7657号（2016年11月28日）

## 【基本案情】

原告徐斓诉称：徐斓以其所有的宝马轿车向中国平安财产保险股份有限公司上海分公司（以下简称平安上海分公司）、中国平安财产保险股份有限公司（以下简称平安公司）投保了机动车交强险和商业险。2015 年 10 月 29 日，徐斓驾驶保险车辆时与案外人发生交通事故，由徐斓承担全部责任。徐斓向平安上海分公司报案，并按照平安保险分公司的定损价格对车辆进行了维修，但平安上海分公司以保险车辆未在检验期内进行机动车安全技术检验为由拒赔。然而，根据机动车检验的相关规定，涉案车辆是免于进行检验的，故不应适用免责条款。徐斓遂诉至法院：要求平安上海分公司、平安公司支付保险金 120500 元（包括保险车辆修理费 92000 元及案外人车辆维修费 28500 元）。

被告平安上海分公司辩称：对车损价格和事发事实经过无异议，同意在交强险范围内赔付 2000 元；标的车辆是在出险后进行了年检，事故发生时徐斓无公安机关交通管理部门核发的合法有效的行驶证、号牌，同时也未在规定检验期内进行机动车安全技术检验，保险车辆行驶证过期，根据保险条款三者险第三条第一、二款、车损险第四条第一、二款的免责条款，平安上海分公司对余款有权拒赔；徐斓未在车辆内放置检验合格标志，《道路交通安全法》第九十五条明确禁止的行为，平安保险上海分公司将法律禁止性规定作为合同免责条款并无不当。上述事实属于保险责任免除情形。被告平安公司未答辩。

法院经审理查明：2015 年 8 月，徐斓以其所有的沪 B6 × × 车辆向平安上海分公司电话投保了机动车交通事故责任强制保险和机动车辆保险（保险单由平安公司签章），保险期间自 2015 年 9 月 9 日至 2016 年 9 月 8 日。徐斓对该机动车投保车辆损失险 750711 元；第三者责任险 100 万元；不计免赔。《电话营销专用机动车辆保险条款（2009 版）》规定，在保险期间内，被保险人或其允许的合法驾驶人在使用保险车辆过程中发生意外事故，因碰撞造成保险车辆的损失及被保险人为减少保险车辆的损失所支付的必要的、合理的施救费用，保险人按照保险合同的规定负责赔偿；致使第三者遭受人身伤亡或财产直接损毁，依法应由被保险人承担的经济赔偿责任，保险人对于超过机动车交通事故责任强制保险各分项赔偿限额以上的部分，按照保险合同的规定负责赔偿。该条款在商业第三者责任保险和车辆损失险的责任免除部分均规定，发生意外事故时，保险车辆无公安机关交管部门核发的合法有效的行驶证、或未在规定检验期限内进行机动车安全技术检验或检验未通过的，保险人不负赔偿责任。

2015 年 10 月 29 日，徐斓允许的驾驶人赵某驾驶保险车辆与案外人徐某驾驶的沪 B3 × ×车辆相撞，造成两车损坏。交警部门认定赵某对该事故负全责。经平安公司定损，保险车辆损失为 92000 元，沪 B3 × ×车辆损失为 28500 元。嗣后，上述车辆均修理完毕，徐斓为此分别支付维修费 92000 元、28500 元。后徐斓就上述维修费用向平安上海分公司申请理赔被拒，遂涉诉。

保险车辆注册日期为 2011 年 2 月 22 日，事故发生时上海市公安局交通警察总队核发的行驶证载明该车的检验有效期至 2015 年 2 月。交通事故发生后次日，徐斓前往交管部门办理了换证手续，保险车辆行驶证现载明的检验有效期至 2017 年 2 月。徐斓办理上述手续时，免于对车辆进行安全技术检验。

2014 年 5 月 16 日，《公安部、国家质量监督检验检疫总局关于加强和改进机动车检验工作的意见》提出："试行非营运轿车等车辆 6 年内免检。自 2014 年 9 月 1 日起，试行 6 年以内的非营运轿车和其他小型、微型载客汽车（面包车、7 座及 7 座以上车辆除外）免检制度。对注册登记 6 年以内的非营运轿车和其他小型、微型载客汽车（面包车、7 座及 7 座以上车辆除外），每 2 年需要定期检验时，机动车所有人提供交通事故强制责任保险凭证、车船税纳税或者免征证明后，可以直接向公安机关交通管理部门领取检验标志，无需到检验机构进行安全技术检验。"

## 【裁判结果】

上海市静安区人民法院于 2016 年 8 月 3 日作出（2016）沪 0106 民初 2060 号民事判决：被告中国平安财产保险股份有限公司上海分公司、被告中国平安财产保险股份有限公司应于本判决生效后 10 日内支付原告徐斓保险金人民币 120500 元。宣判后平安上海分公司、平安公司提出上诉。上海市第二中级人民法院于 2016 年 11 月 28 日作出（2016）沪 02 民终 7657 号民事判决：驳回上诉，维持原判。

## 【裁判理由】

法院生效裁判认为：本案纠纷争议焦点在于涉案保险合同免责条款是否有效以及涉案保险事故是否属于保险合同免责条款所规定的情形。徐斓在投保单上亲笔签字确认收到保险条款，且平安上海分公司已向其就黑体字部分条款内容作了明确说明，因此，应当认定涉案保险合同免责条款有效。至于涉案保险事故是否属于保险合同免责条款规定的情形，依据《公安部、国家质量监督检验检疫总局关于加强和改进机动车检验工作的意见》以及上海市公安局交通警察总队车辆管理所出具的涉案车辆信息查询单，可以认定发生保险事故时，涉案车辆属于免于安全技术检验的车辆。涉案车辆虽未按时申领检验标志，但事后经履行相关手续，车辆行驶证的检验有效期已经延续至2017年2月，因此难以认定涉案保险事故属于保险合同免责条款规定的情形。

## 【案例注解】

2014年《公安部、国家质量监督检验检疫总局关于加强和改进机动车检验工作的意见》（以下简称《意见》），试行6年以内的非营运轿车和其他小型、微型载客汽车（面包车、7座及7座以上车辆除外）免检制度。此举大大方便了非运营车辆和小型、微型载客汽车的车主，不用每年上线检验。然而很多车主忽略了每2年申领检验标志的规定，一直带着过期的检验证上路。一旦发生交通事故向保险公司申请理赔时，保险公司往往会援引保险合同中的“未在规定检验期内进行安全检验或检验未通过”为由拒绝理赔，双方由此产生不同理解，因而引发纠纷。

根据《意见》可以明确的是，不满6年的非营运轿车和其他小型、微型载客汽车不需要进行安全检验。车辆安全检验方式发生了变化。原本的每年一次的上线检验变成了“6年一检，定期换证”。与之前安全检验通过后才核发检验标志不同，新意见下每两年申领标志时不需要对车辆性能进行检查。

保险合同中原本以“未按规定进行安全检验”为免赔事项，是为了确保保险车辆处在符合安全标准的状态，使其保险的风险系数与之对应。若保险车辆未按规定进行安全检验，则其车辆性能处在不确定状态，则会增加事故风险，而此种风险已不在保险公司所担保的范围之内。此外，《道路交通安全法》第十一条、第十三条也规定：“驾驶机动车上道路行驶，应当悬挂机动车号牌，放置检验合格标志、保险标志，并随车携带机动车行驶证。”“对登记后上道路行驶的机动车，应当依照法律、行政法规的规定，根据车辆用途、载客载货数量、使用年限等不同情况，定期进行安全技术检验。对提供机动车行驶证和机动车第三者责任强制保险单的，机动车安全技术检验机构应当予以检验，任何单位不得附加其他条件。对符合机动车国家安全技术标准的，公安机关交通管理部门应当发给检验合格标志。对机动车的安全技术检验实行社会化。具体办法由国务院规定。”因此，保险公司将“未按规定进行安全检验”列为免赔情形，具有合理性。

但《意见》出台后，车辆安全检验方式发生了变化。由原本的“每年一检”变成了“6年一检，定期换证”。与之前安全检验通过后才核发检验标志不同，每两年申领标志不需对车辆性能进行检查。《意见》免除6年内特定类型车辆的检验环节，即认可了该等车辆在免检期内质量和安全符合标准，也就是说，符合6年免检条件的车辆在未到期之前均应被视为符合安全条件，也符合《道路交通安全法》的规定，不会因此增加事故发生的几率，也不存在“未按规定进行安全检验”所带来的潜在风险，因此，也不会增加保险公司的风险。因而，6年免检期内的车辆即使超期未换领检验标志，也不能视为未按规定进行安全检验，并未违反保险合同中“按规定进行安全检验”或“按规定检验”的要求，故而前述车辆发生交通事故申请理赔，保险公司不能以“未按规定进行安全检验”为由拒绝理赔。

（**一审法院合议庭成员**　李伟民　陈　钰　施黎莺
**二审法院合议庭成员**　王　坚　荣学磊　玄玉宝
**编写人**　上海市第二中级人民法院　荣学磊　拜金琳
**责任编辑**　韩建英
**审稿人**　曹守晔）

# 行政及国家赔偿

## 上海勤辉混凝土有限公司诉上海市奉贤区人民政府环保行政决定案

——水源保护区内可能影响水体的建设项目应当关闭

关键词：水源保护区　排放污染物　可能对水体产生影响　责令关闭

### 【裁判要旨】

公司成立之后其所在区域被划为饮用水水源二级保护区，该公司从事生产所排放的污染物可能会对水体产生影响的，县级以上政府有权责令关闭该建设项目。

### 【相关法条】

**《中华人民共和国水污染防治法》第五十九条第一款**[①]　禁止在饮用水水源二级保护区内新建、改建、扩建排放污染物的建设项目；已建成的排放污染物的建设项目，由县级以上人民政府责令拆除或者关闭。

---

① 根据2017年6月27日第十二届全国人民代表大会常务委员会第二十八次会议《关于修改〈中华人民共和国水污染防治法〉的决定》，《水污染防治法》第二次修正，该款修改为第六十五条第一款，修改后的条文内容为："禁止在饮用水水源一级保护区内新建、改建、扩建与供水设施和保护水源无关的建设项目；已建成的与供水设施和保护水源无关的建设项目，由县级以上人民政府责令拆除或者关闭。"

## 【案件索引】

一审：上海市第一中级人民法院（2015）沪一中行初字第36号（2015年11月10日）

二审：上海市高级人民法院（2016）沪行终47号（2016年3月25日）

## 【基本案情】

上海勤辉混凝土有限公司（以下简称勤辉公司）诉称：《水污染防治法》第五十九条规定的“排放污染物的建设项目”是指向水体排放废水、废气、废渣等对水体产生影响的建设项目，勤辉公司不存在向水体排放污染物的行为，不属于《水污染防治法》规定的排放污染物的建设项目；上海市奉贤区人民政府（以下简称奉贤区政府）对关闭勤辉公司执法目的不适当，具有选择性执法的情形，因为该区域的其他建设项目尚在正常生产；勤辉公司成立于《水污染防治法》修订并实施以及生产经营地被划为饮用水水源二级保护区之前，不应适用相关的水源保护规范予以关闭。

奉贤区政府辩称：勤辉公司生产混凝土过程中排放粉尘、噪音属于《水污染防治法》第五十九条规定的“排放污染物的建设项目”，此处的污染物没有特指向水体排放的水污染物。勤辉公司属于饮用水水源二级保护区内已建成项目，按照《水污染防治法》第五十九条的规定，已建成项目也应当予以关闭。

法院经审理查明：勤辉公司成立于2006年2月13日，经营范围包括混凝土生产、加工、销售，位于黄浦江上游沿岸，该企业在生产过程中有一定量的粉尘排放。2010年3月23日，勤辉公司住所地暨实际生产经营地被划入上海市黄浦江上游饮用水水源二级保护区。2014年7月24日，上海市奉贤区环境保护局（以下简称奉贤环保局）对勤辉公司进行现场检查，发现勤辉公司正在进行混凝土生产。2014年8月18日，奉贤环保局向奉贤区政府作出请示，报请责令勤辉公司拆除关闭。2014年12月24日，奉贤区政府召开听证会，听取勤辉公司的意见。2015年2月9日，奉贤区政府以勤辉公司在饮用水水源二级保护区内从事混凝土制品制造，生产过程中排放粉尘、噪声等污染物为由，根据《水污染防治法》第五十九条第一款的规定，作出责令该公司关闭的行政决定。勤辉公司不服诉至法院，要求撤销该行政决定。

## 【裁判结果】

上海市第一中级人民法院于2015年11月10日作出（2015）沪一中行初字第36号行政判决：驳回勤辉公司的诉讼请求。宣判后，勤辉公司提出上诉，上海市高级人民法院于2016年3月25日作出（2016）沪行终47号行政判决：驳回上诉，维持原判。

## 【裁判理由】

法院生效裁判认为：奉贤区政府接到区环保部门请示后召开听证会，在听取勤辉公司的陈述申辩后，作出被诉责令关闭决定并将决定书送达勤辉公司，行政程序正当、合法。勤辉公司是从事混凝土生产、加工的企业，具备一定规模，勤辉公司所从事的预拌混凝土生产系水泥制品生产，具有粉尘排放的特征；在一般区域内，粉尘排放关涉大气污染，但勤辉公司的生产经营地所在区域被划入饮用水水源二级保护区，处于水源附近，难以排除大气粉尘落入水体并对水体产生影响的可能性。结合《水污染防治法》第一条有关保障饮用水安全的立法目的，排放污染物的建设项目还应包括排放大气污染物等可能对水体产生影响的其他污染物的建设项目。勤辉公司认为“排放污染物的建设项目仅指向水体排放污染物”的观点难以成立。奉贤区政府认定勤辉公司从事的混凝土制品制造属于“排放污染物的建设项目”，并无不当。

勤辉公司虽在《水污染防治法》修订并实施前即已存在，但其生产经营场所被划为饮用水水源二级保护区后，奉贤区政府按照《水污染防治法》第五十九条第一款对处于黄浦江上游饮用水水源保护区内排放污染物的建设项目作出被诉行政行为，于法无悖，符合保护环境资源，防治水污染，保障饮用水安全和人民群众生命健康的法律基本精神。奉贤区政府应依据《水污染防治法》规定，进一步推进对饮用水水源保护区内排放污染物建设项目的处理和整治工作，既能有效保护人民群众的饮用水安全，亦可避免因水源保护需要而被先行关闭的企业对于行政执法目的的质疑。至于勤辉公司认为奉贤区政府执法目的不适当，具有选择性执法的情形，该主张缺乏证据，不予支持。遂判决驳回上诉，维持原判。

## 【案例注解】

2008年修订的《水污染防治法》明确国家建立饮用水水源保护区制度，该法第五十九条第一款规定："禁止在饮用水水源二级保护区内新建、改建、扩建排放污染物的建设项目；已建成的排放污染物的建设项目，由县级以上人民政府责令拆除或者关闭。"对水源保护区内已建排污项目的整治管理，一方面，关系到水源保护，人民群众的饮用水安全；另一方面，又涉及相关企业的切身利益以及企业员工的生计问题。法院在审理相关案件时需要依法处理平衡这两方面关系，两者的合法利益都要依法予以保护。

1. 关于认定勤辉公司属于排放污染物项目的理由

本案中，双方当事人对于勤辉公司系上海市黄浦江上游饮用水水源二级保护区内已建成的建设项目，生产项目包含混凝土搅拌站，生产过程中有相应粉尘排放，这两节事实没有异议。双方的争议焦点在于勤辉公司是否属于《水污染防治法》第五十九条第一款规定的"排放污染物的建设项目"，对此勤辉公司认为，该公司不存在向水体排放污染物的行为，不属于《水污染防治法》规定的排放污染物的建设项目；奉贤区政府则认为，此处的污染物没有特指向水体排放的水污染物，勤辉公司生产混凝土过程中排放粉尘、噪音的事实属于《水污染防治法》规定的排放污染物的建设项目。

二审法院从《水污染防治法》的立法目的出发，综合考虑了国家环保部门所作的一些解释性的复函以及十三五规划中明确要求"推进多污染综合防治和环境治理，实行联防联控和流域共治，深入实施大气、水、土壤污染防治行动计划"的精神，对《水污染防治法》第五十九条规定的"排放污染物的建设项目"认定把握两个要点：第一，排放的污染物不仅限于直接向水体排放污染物的项目；第二，排放的污染物具有对水体产生影响的可能性。从这两个要点出发，二审法院认为：勤辉公司所从事的预拌混凝土生产系水泥制品生产，具有粉尘排放的特征，处于水源附近，按常理大气粉尘具有落入水体并对水体产生影响的可能性，从现有证据看，这种可能性也难以排除。据此，二审法院认为奉贤区政府认定勤辉公司从事的混凝土制品制造属于"排放污染物的建设项目"，并无不当。同时，对于奉贤区政府将"噪音"作为污染物，是不予支持的，依据现有的证据和常识，不能得出噪音会对水体产生污染的可能性，"噪音"不属于《水污染防治法》第五十九条规定的"污染物"。

2. 先行关闭不意味政府选择性执法

勤辉公司对被奉贤区政府的执法目的产生质疑，认为其具有选择性执法的情形，因为该区域的其他建设项目尚在正常生产。对此，奉贤区政府在表示水源保护的工作在逐步推进中，向法院提交的对水源保护区内企业进行整治的行动计划显示勤辉公司被列入先行关闭的行列。同时，勤辉公司也没有提供可以证明奉贤区政府有选择性执法的确切证据。故二审法院对于勤辉公司认为奉贤区政府执法目的不适当，具有选择性执法情形的主张，不予支持。当然，二审法院理解勤辉公司相关质疑的合理性，所以在文书中进一步指出：勤辉公司应依据水污染防治法规定，进一步推进对饮用水水源保护区内排放污染物建设项目的处理和整治工作，既能有效保护人民群众的饮用水安全，亦可避免因水源保护需要而被先行关闭的企业对于行政执法目的的质疑。

3. 关于勤辉公司利益保护的问题

勤辉公司利益保护有两个方面：一是程序性利益，二是实体性权利。就程序性利益，水污染防治法没有规定关闭的程序。行政机关按照《行政处罚法》的规定进行调查，召开听证会，保障了当事人的程序性权利。所以法院认为勤辉公司的程序性权利已经得以保护，勤辉公司的执法程序合法、正当。

就实体性权利，有两个方面的表现：一是继续生产的问题。对此，水污染防治法并没有留给行政机关多少选择的空间，《水污染防治法》第五十九条明确，对于已建成的排放污染物有的项目应当予以关闭，法院也支持了行政机关的关闭决定。二是补偿问题。在无法继续生产的情况下就涉及补偿了，因勤辉公司在本案中没有提及补偿要求，法院未予处理，但勤辉公司因环保政策被关闭与因违法被关闭的情形不一致，应当获得合理的补偿。

（**一审法院合议庭成员** 周瑶华 刘智敏 黄秀佩
**二审法院合议庭成员** 侯丹华 汤 军 陈振宇
**编写人** 上海市高级人民法院 陈振宇
**责任编辑** 韩德强
**审稿人** 王振宇）

# 浙江锦亚建设有限公司诉临海市住房和城乡建设规划局、临海市人民政府城建行政处罚案

## ——行政处罚部门可在发现违法行为二年后对该违法行为作出行政处罚

关键词：违法行为发现时间　行政处罚　法律解释援引

## 【裁判要旨】

1. 行政处罚的立案时间并不等同于该处罚指向的违法行为的发现时间。

2. 全国人民代表大会常务委员会工作机构就某一具体个案所作出的法律解释，可在同类案件中援引适用。

## 【相关法条】

**《中华人民共和国行政诉讼法》第六十九条**　行政行为证据确凿、适用法律法规正确，符合法定程序的或者原告申请被告履行法定职责或者给付义务理由不成立的，人民法院判决驳回原告的诉讼请求。

**《中华人民共和国立法法》第六十四条**　全国人民代表大会常务委员会工作机构可以对有关具体问题的法律询问进行研究予以答复，并报常务委员会备案。

## 【案件索引】

一审：浙江省天台县人民法院（2017）浙1023行初51号（2017年9月

24 日）

## 【基本案情】

原告浙江锦亚建设有限公司（以下称锦亚建设公司）诉称：2013 年 1 月 6 日临海市公共建筑建设管理处（以下称临海市建设管理处）在网上发布，对临海市博物馆、城市规划展览馆工程公开招标，并设置项目经理业绩单体面积不少于 1 万平方米的条件。原告以投标申请人的身份报名参加投标，在报名时申报项目负责人周某某的业绩，以沁阳市广场某工程建筑面积呈报。临海市博物馆、城市规划展览馆工程系国家投资公益项目，第一被告下属临海市建设管理处未按招投标法规定，对投标人资格进行审查，也未按法定的程序发出资格预审和招标公告文件。临海市博物馆、城市规划展览馆工程整个招投标程序违法，潜在的投标人、利害关系人无法在法定的期限内，对原告及其他投标人主体资格提出异议。原告及其他投标人根据第一被告下属临海市建设管理处通知，在 2013 年 2 月 1 日参加临海市博物馆、城市规划展览馆工程招投标，并于当日，原告成为第二中标候选人。2013 年 2 月 4 日临海市第四建筑工程公司（以下称临海市四建公司）向临海市建设工程招标投标管理站（以下称临海市招投标管理站）投诉，认为原告申报业绩沁阳市广场某工程 5#楼不存在，项目负责人业绩造假。临海市招投标管理站接临海市四建公司投诉后，经核查于 2013 年 2 月 26 日作出 2013－001 工程建设项目招标投标活动投诉处理决定书：取消原告第二中标候选人资格，方远建设集团股份有限公司第一中标候选人资格有效。2016 年 1 月 28 日第一被告根据临海市人民检察院检察建议书，对原告在临海市博物馆、城市规划展览馆工程招投标过程中，虚构业绩的违法行为决定立案查处，2016 年 6 月 15 日第一被告作出临建稽罚决字〔2016〕第 003 号行政处罚决定书，对原告处以罚款 518519 元。原告不服向第二被告提出行政复议，2017 年 7 月 11 日第二被告作出临政复决字〔2016〕35 号决定书，维持第一被告对原告所作的临建稽罚决字〔2016〕第 003 号行政处罚决定。原告认为：原告虚构沁阳市广场某工程 5#楼和周某某单体面积业绩，发生在临海市博物馆、城市规划展览馆工程招投标过程中资格预审期间，第一被告下属临海市建设管理处未依法对投标人资格预审进行审查，该工程招投标程序前提违法。第一被告承认发现原告违法行为的时间，是临海市四建公司投诉日期，第一被告作为建设行政监督部门，应当在临海市四建公司投诉后依照《招投标法实施细则》第五章和规章的规定，行使行政机关监督职能。第一被告到2016年1月28日再决定立案查处原告违法行为，并作出处罚，第一被告的具体行政行为在时隔三年后才作出，违反了《招标投标法实施条例》和建设部等7部委颁发的《工程建设招投标活动投诉处理办法》及其他规范性文件的规定，作出处罚决定违反法定程序。第一被告又在临海市招投标管理站，对原告在招投标过程中违法行为作出处理决定后，再对原告违法行为立案查处，并且在时隔近三年已明显超过二年追诉时效情形下，作出处罚决定书的行政行为属于滥用职权。第二被告在复议期间未对第一被告违反程序、滥用职权的行政行为予以纠正不当。故请求法院撤销第一被告临海市住建局作出的临建稽罚决字〔2016〕第003号行政处罚决定书及第二被告临海市人民政府作出的临政复决字〔2016〕35号行政复议决定书。

被告临海市住房和城乡建设规划局（以下称临海市住建局）辩称：(1) 临建稽罚决字〔2016〕第003号行政处罚决定书认定事实清楚，证据确凿、充分。临海市博物馆、城市规划展览馆项目于2013年1月6日发布招标公告，招标文件要求参与投标的项目负责人业绩，需有承担项目负责人以来，施工完成民用建筑单体建筑面积不小于1万平方米工程。原告以投标人身份参加投标并提交了投标书，在投标书中确定参加投标临海市博物馆、城市规划展览馆项目负责人为周某某，其业绩为2011年1月至2012年2月担任河南省沁阳市广场某工程5#楼工程项目负责人，该工程建筑面积17300㎡，工程造价2384.55万元。2013年2月1日进行开标，原告取得第二中标候选人资格。2013年2月4日临海市四建公司向临海市招投标管理站投诉原告在投标过程中，项目负责人的工程业绩弄虚作假。后经过调查核实，河南省沁阳市广场某工程项目由1#、2#、3#、4#楼组成，该工程总建筑面积为12361.23㎡，并不存在5#楼，且该项目负责人为万某某而不是周某某。2013年2月26日临海市招投标管理站因原告在投标过程中弄虚作假，伪造业绩取消了其第二中标候选人资格。(2) 临建稽罚决字〔2016〕第003号行政处罚决定书法律适用正确。原告在投标过程中虚构项目工程及项目负责人工程业绩骗取中标的行为违反了《招标投标法》第三十三条和《招标投标法实施条例》第四十二条的规定，依据《招标投标法》第五十四条和《招标投标法实施条例》第六十八条的规定，应当给予原告中标项目金额5‰~10‰的罚款。结合原告的违法行为尚未对招标人造成重大损失，给予其从轻处罚，处以中标金额5‰，即人民币518519元的罚款。(3) 临建稽罚决字〔2016〕第003号行政处罚决定书程序合法。2016年1月28日被告根据临海市人民检察院检察建议书的意见对原告进行立案查处。被告采用内查外调方式查明了案件事实，取得案件证据，办案中依法举行听证会，充分保障了原告陈述、申辩和听证的权利，严格依照法定程序办理案件。被告作出的行政处罚未超过二年的追诉时效。《行政处罚法》第二十九条明确说明行政处罚二年的时效是指违法行为二年内未被发现的，不再给予行政处罚，而不是二年内作出行政处罚。《全国人大常委会法制工作委员会关于提请明确对行政处罚追诉时效“二年未被发现”认定问题的函的研究意见》（法工委复字〔2004〕27号）答复明确群众举报后被认定属实的，发现时效以举报时间为准。结合本案违法行为举报日期为2013年2月4日，后经查证核实并于2013年2月26日由临海市招投标管理站处理，取消原告第二中标候选人资格。原告的违法行为发现时间为2013年2月4日，距违法行为发生之日未超过二年。（4）被告作出的行政处罚亦未超过办案期限。《招标投标法实施条例》第六十一条规定行政监督部门自受理投诉之日起30个工作日内作出书面处理，是针对投诉的处理期限，并非行政处罚期限，原告对两者进项了混淆。综上所述，被告作出的临建稽罚决字〔2016〕第003号行政处罚决定书认定事实清楚，证据确凿、充分，适用法律正确，程序合法，请求法院驳回原告诉讼请求。

被告临海市人民政府辩称：（1）被告办理行政复议案件程序合法。原告不服临海市住建局对其所作的临建稽罚决字〔2016〕第003号行政处罚决定，于2016年8月12日向本府提出行政复议申请。被告依法予以立案受理，并于2016年9月19日进行了听证审理。2016年11月9日，因原告书面申请和解，本案中止审理。2017年7月10日，中止原因消除，案件恢复审理。2017年7月11日，经全案审查后作出行政复议决定并及时送达双方。（2）被告行政复议决定，认定事实清楚，证据确凿充分，适用法律正确。原告于2013年1月在临海市博物馆、城市规划展览馆项目投标过程中，虚构建筑面积17300平方米的沁阳市广场某工程项目5#楼工程、虚构周某某担任广场某工程项目5#楼项目负责人的工程业绩，后经临海市四建公司投诉举报，于2013年2月26日被临海市招投标管理站调查认定并决定取消其第二招标候选人资格，此时该行为已被相关管理部门发现，但未依法处理完毕。2016年1月28日临海市人民检察院根据法律监督职能发出检察建议书，建议临海市住建局根据《招标投标法》第五十四条、《招标投标法实施条例》第六十八条之规定，对原告虚构业绩参与竞标的行为予以处罚，经临海市住建局立案调查，原告的委托代理人金某某确认该公司参与投标时申报虚假业务的基本事实。2016年3月17日，临海市住建局在综合调查的基础上，将拟作出的行政处罚的内容、依据、幅度等均邮寄送达告知了原告，后依法举行听证听取了原告的陈述、申辩，于

2016年6月15日作出临建稽罚决字〔2016〕第003号行政处罚决定，且依法送达了该决定。本府经过全面审查后认为，该行政处罚认定事实清楚、证据确凿、充分，适用法律正确，程序合法，内容恰当，故依法予以维持。综上所述被告办理该行政复议案件，认定事实清楚，证据确凿充分、适用法律正确，办案程序合法。请求法院驳回原告诉讼请求。

法院经审理查明：2013年1月6日临海市公共建筑建设管理处（以下称临海市建设管理处）在网上发布，对临海市博物馆、城市规划展览馆工程公开招标，并设置项目经理业绩单体面积不少于1万平方米的条件。原告以投标申请人的身份报名参加投标，原告在报名时申报项目负责人周某某的业绩，以沁阳市广场某工程建筑面积呈报。临海市博物馆、城市规划展览馆工程系国家投资公益项目，第一被告下属临海市建设管理处未按招投标法规定，对投标人资格进行审查，也未按法定的程序发出资格预审和招标公告文件。临海市博物馆、城市规划展览馆工程整个招投标程序违法，潜在的投标人、利害关系人无法在法定的期限内，对原告及其他投标人主体资格提出异议。原告及其他投标人根据第一被告下属临海市建设管理处通知，在2013年2月1日参加临海市博物馆、城市规划展览馆工程招投标，并于当日，原告成为第二中标候选人。2013年2月4日临海市第四建筑工程公司（以下称临海市四建公司）向临海市建设工程招标投标管理站（以下称临海市招投标管理站）投诉，认为原告申报业绩沁阳市广场某工程5#楼不存在，项目负责人业绩造假。临海市招投标管理站接临海市四建公司投诉后，经核查于2013年2月26日作出2013-001工程建设项目招标投标活动投诉处理决定书：取消原告第二中标候选人资格，方远建设集团股份有限公司第一中标候选人资格有效。2016年1月28日第一被告根据临海市人民检察院检察建议书，对原告在临海市博物馆、城市规划展览馆工程招投标过程中，虚构业绩的违法行为决定立案查处，2016年6月15日第一被告作出临建稽罚决字〔2016〕第003号行政处罚决定书，对原告处以罚款518519元。原告不服向第二被告提出行政复议，2017年7月11日第二被告作出临政复决字〔2016〕35号决定书，维持第一被告对原告所作的临建稽罚决字〔2016〕第003号行政处罚决定。原告认为：原告虚构沁阳市广场某工程5#楼和周某某单体面积业绩，发生在临海市博物馆、城市规划展览馆工程招投标过程中资格预审期间，第一被告下属临海市建设管理处未依法对投标人资格预审进行审查，该工程招投标程序前提违法。第一被告承认发现原告违法行为的时间，是临海市四建公司投诉日期，第一被告作为建设行政监督部门，应当在临海市四建公司投诉后依照招投标法实施细则第五章和规章的规定，行使行政机关监督职能。第一被告到2016年1月28日再决定立案查处原告违法行为，并作出处罚，第一被告的具体行政行为在时隔三年才作出，违反了《招标投标法实施条例》和建设部等7部委颁发的《工程建设招投标活动投诉处理办法》及其他规范性文件的规定，作出处罚决定违反法定程序。第一被告又在临海市招投标管理站，对原告在招投标过程中违法行为作出处理决定后，再对原告违法行为立案查处，并且在时隔近三年已明显超过二年追诉时效，作出处罚决定书的行政行为属于滥用职权。第二被告在复议期间未对第一被告违反程序、滥用职权的行政行为予以纠正不当。现诉至法院，求法院撤销第一被告临海市住建局作出的临建稽罚决字〔2016〕第003号行政处罚决定书及第二被告临海市人民政府作出的临政复决字〔2016〕35号行政复议决定书。

## 【裁判结果】

浙江省天台县人民法院于2017年9月24日作出（2017）浙1023行初51号行政判决：驳回原告浙江锦亚建设有限公司的诉讼请求。宣判后，双方当事人未提出上诉，判决已发生法律效力。

## 【裁判理由】

法院生效裁判认为：2016年1月28日，临海市住建局根据临海市人民检察院检察建议书，对原告在2013年2月1日临海市博物馆、城市规划展览馆项目招投标过程中虚构业绩的违法行为立案查处。根据《立法法》第六十四条“全国人民代表大会常务委员会工作机构可以对有关具体问题的法律询问进行研究予以答复，并报常务委员会备案”之规定，《全国人大常委会法制工作委员会关于提请明确对行政处罚追诉时效“二年未被发现”认定问题的函的研究意见》对各行政监督机构具有普遍适用性。临海市住建局依照该答复意见，认定发现原告违法行为的时间为临海市四建公司的投诉时间，即2013年2月4日。并适用《行政处罚法》第二十九条第一款的规定，给予原告行政处罚，适用法律准确。根据《招标投标法》第五十四条“投标人以他人名义投标或者以其他方式弄虚作假，骗取中标的，中标无效，给招标人造成损失的，依法承担赔偿责任；构成犯罪的，依法追究刑事责任。依法必须进行招标的项目的投标人有前款所列行为尚未构成犯罪的，处中标项目金额千分之五以上千分之十以下的罚款”、《招标投标法实施条例》第六十八条“投标人以他人名义投标或者以其他方式弄虚作假骗取中标的，中标无效；构成犯罪的，依法追究刑事责任；尚不构成犯罪的，依照招标投标法第五十四条的规定处罚”之规定,第一被告对原告的违法行为，给予从轻处罚，处以中标金额5‰的罚款，即人民币518519元，量罚得当。原告认为第一被告之处罚已过行政处罚追诉时效，且罚款过高，处罚过重，缺乏依据，法院不予采纳。临海市招投标管理站取消原告第二中标人候选人资格，并未涉及对原告的罚款处罚。第一被告以临建稽罚决字〔2016〕第003号处罚决定，给予罚款处罚，不存在两次以上罚款。原告认为第一被告对原告所作的罚款处罚违反《行政处罚法》第二十四条“对当事人的同一个违法行为，不得给予两次以上罚款的行政处罚”的规定，缺乏依据，法院不予认可。因此，本案中第一被告临海市住建局的处罚决定认定事实清楚，证据充分，程序合法，适用法律正确，量罚得当。第二被告临海市人民政府复议程序中，维持第一被告行政处罚决定，证据充分，程序合法，适用法律正确。

## 【案例注解】

招投标过程中的弄虚作假，是使用伪造、变造的许可证件，提供虚假的财务状况或者业绩，提供虚假的项目负责人或者主要技术人员简历、劳动关系证明，提供虚假的信用状况，其他弄虚作假的行为。企业或者个人通过弄虚作假手段，在招投标程序中获得中标候选人资格的，违反了《招标投标法》第三十三条的规定，中标行为无效，应当取消其中标候选人的资格。相关行业的行政主管部门可对投标人的违法行为作出相应的行政处罚。

人民检察院作为我国的法律监督机关，行使检察职权。有权建议相关行政主管部门对某一违法行为作出相应处理。行政主管部门根据人民检察院的检察建议书，对其监管行业的从业企业、人员或其他组织作出行政处罚决定，符合相关规定。

全国人大常委会法制工作委员会作为全国人大全国人民代表大会常务委员会工作机构可以对有关具体问题的法律询问进行研究予以答复。就该具体问题的研究意见，可在同类案件中援引适用。

本案的焦点问题在于第一被告在2016年1月28日对原告2013年2月1日的违法行为作出立案处罚的决定是否违反《行政处罚法》第二十九条关于二年追诉时效的规定。

笔者认为：一般来讲，对违法行为的立案处罚时间相较于违法行为的发现时间具有一定的延迟性，行政监管部门对之前发现的违法行为，经审查发现，认为应当追加处罚的，可作追加处罚处理。全国人大常委会法制工作委员会作为全国人民代表大会常务委员会工作机构，根据《立法法》第六十四条规定，由其作出的《全国人大常委会法制工作委员会关于提请明确对行政处罚追诉时效“二年未被发现”认定问题的函的研究意见》，虽系针对司法部就违法律师查处提出询问的答复意见。但其本质还是在行政处罚调查阶段，对发现违法违纪行为的主体机关就违法行为“发现”问题的研究意见。

本案中，被告临海市住建局，于2016年1月28日根据临海市人民检察院检察建议书，对原告在2013年2月1日临海市博物馆、城市规划展览馆项目招投标过程中虚构业绩的违法行为立案查处。虽然自原告的违法行为发生之日到第一被告立案之日，时隔近三年，但行政监管部门的处罚立案时间并不等同于违法行为的发现时间。2013年2月4日临海市四建公司向临海市招投标管理站投诉原告在投标过程中，项目负责人的工程业绩弄虚作假，经过调查核实后，临海市招投标管理站于2013年2月26日作出取消其第二中标候选人资格的处理。结合《全国人大常委会法制工作委员会关于提请明确对行政处罚追诉时效“二年未被发现”认定问题的函的研究意见》，应当认定原告的违法行为已经被主管部门发现。综上，第一被告的立案查处及最终的处罚决定虽然具违法行为发生之日超过两年，但其处罚的依据是2013年2月4日临海市四建公司向临海市招投标管理站投诉调查审核后的事实。因此，并不违反《行政处罚法》第二十九条的规定。

（**一审法院合议庭成员** 钦群阳 曹宝康 王国先
**编写人** 浙江省天台县人民法院 王晓娇
**责任编辑** 韩德强
**审稿人** 王振宇）

# 三、域外撷英

**编者按**　域外撷英专栏选择国外及港澳台地区法院的少量名判进行评析或作简要介绍，以期开阔读者视野，汲取域外裁判精华。

# 吉尔默诉州际/约翰逊公司案*

吉尔默诉州际/约翰逊公司案
111 美国最高法院 1647
美国最高法院
罗伯特 D. 吉尔默，原告
与
州际/约翰逊 公司
第 90 - 18 号
1991 年 1 月 14 日起诉
1991 年 5 月 13 日判决

## 译者按

美国劳动仲裁（Labor Arbitration）是美国劳动争议处理体系中最为核心的部分。20 世纪末期，在劳动仲裁地位不断得到巩固的同时，美国传统工会开始衰落，雇员不再选择工会作为自己的保护伞，高昂的诉讼费用、冗长的诉讼时间以及劳动仲裁的终局效力促使雇佣仲裁（Employment Arbitration）开始发展起来。但是，雇佣仲裁在美国也引发了一系列新的问题：原来权限受制于集体协议的仲裁员是否有权限仲裁雇员的法定权利?《美国联邦仲裁法案》第 1 条的排除条款是否可以适用于雇佣仲裁? 法院对于雇佣仲裁的审查相较于劳动仲裁的司法审查是否需要有新的标准? 1991 年，美国联邦最高法院（以下简称最高法院）以 Robert D. Gilmer v. Interstate/Johnson Lane Corporation 案回答了上述问题，并依据《美国联邦仲裁法案》要求双方当事人将年龄歧视的争

---

* 译者丁皖婧，中国政法大学司法文明协同创新中心博士研究生、美国伊利诺伊大学厄巴纳—香槟分校法学院访问学者。

议强制进行仲裁，且仲裁裁决具有终局效力。毋庸置疑，Gilmer 案是美国雇佣仲裁发展过程中一个具有里程碑意义的案件，该案件虽然回答了雇佣仲裁的一些关键问题，但是其中以史蒂文斯大法官为代表的反对意见也掀起了美国雇佣仲裁权限与审判权限的争论，相当一部分学者对最高法院的判决持反对意见，他们认为强制仲裁法定权利的做法损害了雇员的实体法律权利，仲裁员的权限超出了原有劳动仲裁中集体协议的授权范围，仲裁员的权限在一定程度上与法官的审判权产生了竞合，忽视了《美国联邦仲裁法案》的适用范围。

在司法改革的背景下，我国正在大力推行多元化纠纷解决方式来解决劳动争议，其中一个重要的环节是如何完善劳动争议仲裁与审判的关系。我国当前的劳动争议基本都属于个体劳动者与用人单位的争议，仲裁员必须依法对劳动者的法定权利进行仲裁。劳动者对仲裁裁决不服可以向法院提起诉讼，法院通常对案件重新审理而完全不受仲裁裁决的影响。从表面上看，我国似乎与美国就同一问题处在光谱的两端，但是 Gilmer 案涉及的仲裁员是否有权仲裁个体雇员的法定权利，仲裁员权限和法官审判权限的竞合问题，以及法院对于仲裁裁决的审查权限，对于我国当前解决劳动争议裁审关系问题都具有重要的启示作用。

## 提要

一名注册证券代表起诉其雇主终止与其雇佣关系的行为违反了《美国雇佣年龄歧视法案》（Age Discrimination in Employment Act，以下简称：ADEA）。[①] 雇主提起强制仲裁的动议。美国地区法院北卡罗来纳西区法院的高级地区法官詹姆斯 B. 麦克米兰（James B. McMillan）驳回了雇主的动议，雇主随后提起上诉。美国上诉法院第四巡回法庭巡回法官威尔金森（Wilkinson）撤销了地区法院的判决。[②] 在复审中，最高法院怀特（White）大法官认为：年龄歧视诉求依据证券注册申请中的仲裁协议条款符合强制仲裁的情形。

同意。

史蒂文斯（Stevens）大法官提出了反对观点，马歇尔（Marshall）大法官附议。

---

① 参见：29 U. S. C. § 621 et seq. 译者注：《美国雇佣年龄歧视法案》于 1967 年颁布实施，随后被修订编入美国法典（United States Code，U. S. C）第 29 章第 621 条及其以下的条款中。

② 参见：895 F. 2d 195.

## 观点

怀特大法官发表法庭观点。

本案涉及的问题是：一项依据1967年《美国雇佣年龄歧视法案》① 的诉求能否依据证券注册申请中的仲裁协议条款予以强制仲裁。上诉法院认为可以，我们予以认可。

I.

被告州际/约翰逊公司（Interstate/Johnson Lane Corporation，以下简称：Interstate）于1981年5月雇用原告罗伯特·吉尔默（Robert Gilmer，以下简称：Gilmer）作为金融服务经理。根据雇佣协议的要求，Gilmer注册成为证券代表负责股票交易工作，其中包括纽约证券交易所的工作（New York Stock Exchange，以下简称：NYSE）。② 在他注册申请时所填写的“证券行业注册或变更统一申请表”中显示：Gilmer同意“依据我注册组织的规则、规章或法律规定应当予以仲裁的事项，”对任何发生在他与Interstate之间的“纠纷、诉求或争议进行仲裁。”③ 与本案相关，NYSE规则第347条为“任何发生在注册代表与任何（NYSE）成员或成员组织之间的，与该注册代表因雇佣或终止雇佣关系而产生的任何争议”提供仲裁。④

Interstate于1987年终止了与Gilmer的雇佣关系，当时Gilmer的年龄为62岁。在向平等就业机会委员会（Equal Employment Opportunity Commission，以下简称：EEOC）提起关于年龄歧视的申诉后，Gilmer又向美国地区法院北卡罗来纳西区法院提起诉讼，声称Interstate因为其年龄原因将其解雇，违反了《美国雇佣年龄歧视法案》。为回应Gilmer的起诉，Interstate向地区法院提出对ADEA诉求进行强制仲裁的动议。Interstate提出动议的依据是Gilmer注册申请中的仲裁条款以及《美国联邦仲裁法案》（Federal Arbitration Act，以下简

---

① 参见：29 U. S. C. § 621 et seq.

② 参见：附件第15－18页。译者注：此处所说的附件指的是被告在诉讼中所提交的文本证据附件。

③ 参见：附件第18页。译者注：此处所说的附件指的是被告在诉讼中所提交的文本证据附件。

④ 参见：附件中被告答辩状第1页。

称 FAA)。[1] 地区法院基于 Alexander v. Gardner – Denver Co. 案[2]驳回了 Interstate 的动议，因为地区法院从上述案件中得出结论认为：“国会意在保护 ADEA 诉求者免受被剥夺司法保护的权利。”美国上诉法院第四巡回法庭撤销了地区法院的判决，指出“ADEA 的文本、立法历史或者立法目的当中没有任何内容显示国会的意图是要排除仲裁条款的适用。”[3] 上诉法院同意对该案进行复审，[4] 以解决上诉法庭关于 ADEA 条款可仲裁性的争议。

II.

【1】FAA 最早于 1925 年生效，[5] 并于 1947 年再次修订后作为美国法典第 9 章重新生效。修订后的 FAA，目的在于转变长期以来继受英国普通法的美国法庭对于仲裁协议的司法敌意，并将仲裁协议置于与其他合同同样的地位。[6] FAA 最初的实质性条款规定：“除非有法定原因或其他撤销合同的衡平法原因，任何海事交易或任何可以证明涉及商业交易的合同中书面约定利用仲裁解决因履行该合同或该交易而产生的争议……应当是合法有效、不可撤销并且应予以执行。[7] FAA 第 3 条为联邦地区法院正在进行的程序中提及仲裁的程序提供了依据。FAA 第 4 条也规定：在一方当事人放弃、忽视或者拒绝遵守仲裁协议时，仍然可以强制履行仲裁协议。[8]

【2】现在可以明确的是，法定权利也可以是仲裁协议的主体并且能够根据 FAA 予以执行。事实上，在最近几年，我们已经依据《谢尔曼法案》(Sherman Act)、[9] 1934 年《美国证券交易法案》(Securities Exchange Act) 的第 10 条 b 项、[10] 《美国反诈骗腐败组织集团犯罪法案》(Racketeer Influenced

---

① 参见：9 U. S. C. § 1 et seq. 译者注：《美国联邦仲裁法案》于 1925 年颁布实施，随后编入美国法典第 9 章第 1 条及其以下条款。

② 参见：415 U. S. 36, 94 S. Ct. 1011, 39 L. Ed. 2d 147 (1974).

③ 参见：29 U. S. C. § 621 et seq.

④ 参见：498 U. S. 809, 111 S. Ct. 41, 112 L. Ed. 2d 18 (1990).

⑤ 参见：43 Stat. 883.

⑥ 参见：Dean Witter Reynolds Inc. v. Byrd, 470 U. S. 213, 219 – 220, and n. 6, 105 S. Ct. 1238, 1241 – 1242, and n. 6, 84 L. Ed. 2d 158 (1985); Scherk v. Alberto – Culver Co. 案, 417 U. S. 506, 510, n. 4, 94 S. Ct. 2449, 2453, n. 4, 41 L. Ed. 2d 270 (1974).

⑦ 参见：附件中被告答辩状第 1 页 § 2.

⑧ 参见：Moses H. Cone Memorial Hospital v. Mercury Construction Corp., 460 U. S. 1, 24, 103 S. Ct. 927, 941, 74 L. Ed. 2d 765 (1983).

⑨ 参见：15 U. S. C. § § 1 – 7.

⑩ 参见：15 U. S. C. § 78j (b).

and Corrupt Organizations Act，以下简称 RICO)① 的民事条款以及 1933 年《证券法》（Securities Act）第 12 条第（2）款②承认并执行了仲裁协议。在 Mitsubishi Motors Corp. v. Soler Chrysler – Plymouth，Inc 案、③ Shearson/American Express Inc. v. McMahon 案、④ 以及 Rodriguez de Quijas v. Shearson/American Express，Inc. ⑤ 案中，我们认为："一方当事人在同意仲裁法定诉求时，并没有放弃该法定实体权利，而仅仅是将该诉求提交给仲裁而非诉讼来解决。"⑥

【3】虽然并非所有的法定诉求都适合仲裁，但是"既然当事人已经协商进行仲裁，那么除非国会表明排除特定争议司法救济的意图，否则当事人就应当遵守关于仲裁的约定"。⑦ 就这一点而言，我们认为 Gilmer 对于国会排除 ADEA 诉求的意图负有举证责任。⑧ 如果（国会）有（排除特定争议司法救济）这一意图，那么这一意图将会在 ADEA 的文本、立法历史或者仲裁程序与 ADEA 的根本目的之间的"内在冲突"中有所体现。⑨ 通过这一调查，我们要时刻记住"仲裁性的问题必须是在对于支持仲裁的联邦政策充分尊重的前提下予以解决"。⑩

Ⅲ.

【4】Glimer 承认 ADEA 的文本或立法历史都没有明确排除仲裁。但是他认为，根据仲裁协议，ADEA 诉求的强制仲裁应当与法律框架以及 ADEA 的目的保持一致。同上诉法庭一样，我们不同意这一说法。

A

国会于 1967 年颁布实施《美国雇佣年龄歧视法案》，目的在于"促进年长人群的就业，对于该群体的雇佣应当基于其能力而不是年龄；禁止雇佣中任何形式的年龄歧视；［并且］帮助雇主和劳工寻求多种方式解决因年龄影响雇

① 参见：18 U. S. C. § 1961 et seq.
② 参见：15 U. S. C. § 771（2）.
③ 参见：473 U. S. 614，105 S. Ct. 3346，87 L. Ed. 2d 444（1985）.
④ 参见：482 U. S. 220，107 S. Ct. 2332，96 L. Ed. 2d 185（1987）.
⑤ 参见：490 U. S. 477，109 S. Ct. 1917，104 L. Ed. 2d 526（1989）.
⑥ 参见：473 U. S.，at 628，105 S. Ct.，at 3354.
⑦ 参见：473 U. S.，at 628，105 S. Ct.，at 3354.
⑧ 参见：McMahon，482 U. S.，at 227，107 S. Ct.，at 2337.
⑨ 参见：McMahon，482 U. S.，at 227，107 S. Ct.，at 2337.
⑩ 参见：Moses H. Cone，supra，460 U. S.，at 24，103 S. Ct.，at 941.

佣的问题。”[1] 为了达成上述目标，ADEA 规定：如果雇主“因为某个特定人的年龄，没有或拒绝雇佣、或者解雇、又或者有其他与该特定人员的工作报酬、工作条件或特权有关的歧视行为”，那么雇主的行为就是违反法律的。[2] 这一禁止性规定由私人诉讼和 EEOC 共同执行。为了使遭受歧视的当事人能够依据 ADEA 提起诉讼，当事人必须首先向 EEOC 提起申诉，随后要等待至少 60 天。[3] 如果 EEOC 采取行动制止雇主，那么当事人的诉权随之消灭。[4] 在 EEOC 能够采取上述制止行动之前，它必须“尽力消除申诉的歧视行为，并且尽力通过斡旋、协商或者劝说等非正式的方式，促进双方自愿遵守本章的要求”。[5]

【5】正如 Gilmer 所称，ADEA 并不仅用于解决个人争议，还用于促进传播重要的社会政策和价值。[6] 但是，我们并不认为这些社会价值与执行年龄歧视诉求的仲裁协议之间存在任何内在的冲突。固然，仲裁关注的是特定争议的涉事双方当事人，但是，诉求的司法解决同样也关注特定争议的涉事双方当事人。这两种争议解决机制都可以促进传播社会价值。《谢尔曼法案》、1934 年《美国证券交易法案》、RICO 以及 1933 年颁布的《美国证券法》都旨在促进重要的社会政策和价值的推广，但是正如前文所述，依据这些法案提出的诉求也都适合予以仲裁。“只要潜在当事人能够在仲裁程序中有效证明其所诉行为的法定原由，该法律就可以继续体现其救济作用与威慑作用。”[7]

【6】【7】我们也无法赞同这一观点，即仲裁会削弱 EEOC 在执行 ADEA 中的作用。即使当事人无法提起私人的诉讼，该当事人仍然可以随时向 EEOC 进行申诉。事实上，在本案中，Gilmer 已经向 EEOC 提起了申诉。无论如何，EEOC 对于年龄歧视的抗争都不仅仅依赖于申诉；EEOC 可以通过“任何渠道”接收可能违反 ADEA 的信息并对年龄歧视行为具有独立的调查权。[8] 不仅如此，ADEA 也没有任何条文表明国会意图将 EEOC 牵涉到所有雇佣争议当

---

① 参见：29 U. S. C. §621 (b).

② 参见：29 U. S. C. § 623 (a) (1).

③ 参见：29 U. S. C. § 626 (d).

④ 参见：29 U. S. C. § 626 (c) (1).

⑤ 参见：29 U. S. C. § 626 (b)；另参见：29 CFR § 1626. 15 (1990).

⑥ 参见：EEOC v. Wyoming, 460 U. S. 226, 231, 103 S. Ct. 1054, 1057 - 1058, 75 L. Ed. 2d 18 (1983).

⑦ 参见：Mitsubishi, supra, 473 U. S., at 637, 105 S. Ct., at 3359.

⑧ 参见：29 CFR § § 1626. 4, 1626. 13 (1990). 译者注：CFR 指 Code of Federal Regulation，即美国联邦（行政）法规汇编。

中。雇佣争议也可以在没有任何 EEOC 参与的情况下得以解决。① 最后，仅仅是一个行政机构参与一项法律的执行并不足以排除仲裁的适用。例如，虽然证券交易委员会对于 1934 年《美国证券交易法》及 1933 年《美国证券法》的执行与实施有非常强有力的干涉，但是我们可以肯定，依据上述两法案提起的诉求也均可以进行强制仲裁。②

Gilmer 还辩称强制仲裁是不合理的，因为它剥夺了 ADEA 赋予当事人的司法救济权利。但是，即使在最近的 ADEA 修正案中，国会也没有明确表明排除仲裁或其他非司法争议解决的手段。“如果国会意图将保护司法救济权利不被剥夺的保护内容包含在 ADEA 提供的实质性保护中，那么这一意图应当能够从文本或立法历史当中推断出来。”③ 此外，Gilmer 的辩称忽视了 ADEA 对灵活解决争议做出的努力。EEOC 专门寻求“包括斡旋、协商和劝说在内的非正式方式”④ 这些庭外纠纷解决方式，例如仲裁，是符合国会创设的法律体制的。另外，仲裁也符合国会对于州法院和联邦法院对于 ADEA 诉求共同管辖权的认可，⑤ 因为仲裁协议“像共同管辖权条款一样，它的目的是能够使当事人有更为广泛的权利选择纠纷解决的场所，无论是司法的还是其他的。”⑥

B

在辩称仲裁不符合 ADEA 目的的同时，Gilmer 还举出了一系列关于仲裁程序合理性的问题。起初，我们注意到在我们最近的仲裁案件中，我们确实以不足以排除仲裁法定诉求为由驳回了大量仲裁协议。这些案件中，攻击仲裁的理由通常是“基于对仲裁削弱了实体法对于潜在当事人的保护这种怀疑”，也正是如此，这些潜在当事人“与当前我们强烈认可的联邦法律相距甚远，而这些联邦法律又都支持（仲裁）这种纠纷解决的方式。”⑦ 所以，我们对于这一

---

① 参见：Coventry v. United States Steel Corp.，856 F. 2d 514，522（CA3 1988）；Moore v. McGraw Edison Co.，804 F. 2d 1026，1033（CA8 1986）；Runyan v. National Cash Register Corp.，787 F. 2d 1039，1045（CA6），cert. denied，479 U. S. 850，107 S. Ct. 178，93 L. Ed. 2d 114（1986）.

② 参见；Shearson/American Express Inc. v. McMahon，482 U. S. 220，107 S. Ct. 2332，96 L. Ed. 2d 185（1987）；Rodriguez de Quijas v. Shearson/American Express，Inc.，490 U. S. 477，109 S. Ct. 1917，104 L. Ed. 2d 526（1989）.

③ 参见：Mitsubishi，supra，473 U. S.，at 637，105 S. Ct.，at 628，105 S. Ct.，at 3354.

④ 参见：29 U. S. C. § 626（b）.

⑤ 参见：29 U. S. C. § 626（b）；另参见：29 CFR § 1626. 15（1990）. § 626（c）（1）：允许“在任何有管辖权的法院”提起诉讼。

⑥ 参见：Rodriguez de Quijas，supra，at 483，109 S. Ct.，at 1921.

⑦ 参见：29 U. S. C. § 626（b）；另参见：29 CFR § 1626. 15（1990）.

辩称仅做简要分析。

【8】Gilmer 首先怀疑仲裁庭可能会存在偏见。但是，“我们不能容忍这样一种假设，即当事人及仲裁机构所主导的程序没有能力或者不愿意拥有有能力、谨慎的以及公平的仲裁员。”① 我们注意到适用于本案的 NYSE 仲裁规则，提供了禁止仲裁庭偏见的保护。例如，这些规则要求，双方当事人应当被告知仲裁员的工作经历，并且他们有权对仲裁员的背景做进一步调查。② 此外，各方当事人都有权提出一次仲裁员无因回避，并在有正当理由的情况下要求仲裁员进行永久回避。③ 不仅如此，仲裁员也负有披露“任何可能影响他们做出公正客观裁决情况”的义务。④ FAA 也提供了禁止偏见的保护，FAA 规定：法庭可以在“有证据显示仲裁存在不公正或腐败的情形时”推翻仲裁裁决。⑤ 本案中，没有证据显示上述条款不足以预防可能存在的偏见。

【9】Gilmer 还控诉仲裁中的调查程序相较于联邦法庭更为受限，因此他认为这会增加证明歧视的难度。但事实上我们发现，相较于其他仲裁的诉求，例如 RICO 和反垄断诉求，年龄歧视诉求的调查程序要更为宽泛。此外，本案也没有证据显示 NYSE 的调查规定没有为像 Gilmer 一样的 ADEA 当事人提供充足和公平的机会来陈述他们的诉求，这些规定会考虑到文件起草、信息要求、证言证词以及传票等。⑥ 证券交易委员会批准了纽约证交所、国家证券交易协会以及美国证券交易公司关于仲裁程序和纠纷前仲裁条款使用的提案，⑦ 该提案不足以证明其赋予像 Gilmer 这样的 ADEA 申诉者一个公平申诉的机会。即使这些程序也许无法像联邦法庭（的调查程序）那样深入，但是当事人同意仲裁，就意味着他们“将法庭审查的程序和机会转换为更为简洁、非正式以及具有一定风险性的仲裁程序”。⑧ 事实上，NYSE 仲裁简化的调查程序造成的一个重要威胁就是，仲裁不受制于证据规则。⑨

【10】另一个 Gilmer 指出的关于仲裁的缺陷是仲裁员一般不发布书面观

---

① 参见：Mitsubishi，supra，473 U. S.，at 637，105 S. Ct.，at 3359. at 634，105 S. Ct.，at 3357 - 3358.

② 参见：2 CCH New York Stock Exchange Guide ¶ 2608，at 4314（Rule 608）（1991）.

③ 参见：415 U. S. 36，94 S. Ct. 1011，39 L. Ed. 2d 147（1974）. ¶ 2609，at 4315（Rule 609）.

④ 参见：415 U. S. 36，94 S. Ct. 1011，39 L. Ed. 2d 147（1974）. ¶ 2610，at 4315（Rule 610）.

⑤ 参见：9 U. S. C. § 10（b）.

⑥ 参见：2CCH New York Stock. Exchange Gulde ¶ 2619，pp. 4318 - 4320（Rule 619）.

⑦ 参见：54 Fed. Reg. 21144，21149 - 21151（1989）.

⑧ 参见：Mitsubishi，supra，473 U. S.，at 637，105 S. Ct.，at 3359. at 634，105 S. Ct.，at 3354.

⑨ 参见：2 CCH New York Stock Exchange Guide ¶ 2620，p. 4320（Rule 620）.

点。Gilmer 认为：公众会缺乏对于雇主歧视政策的认识，无法获得有效的上诉审查，也会阻碍法律的发展。但是，NYSE 规则规定：所有的仲裁裁决必须以书面形式呈现，并且需要包含双方当事人的姓名、争议事项的总结，以及对于裁决的简要陈述。① 除此之外，仲裁裁决应当向公众公开。② 另外，由于并非在所有情况下或者说在大部分情况下，ADEA 的当事人都服从于仲裁协议，因此解决 ADEA 诉求的司法判决也会进一步公开。最后，Gilmer 的担忧同样适用于 ADEA 诉求中达成和解的情况，但是正如前文所述，非书面的和解协议是明确得到认可的。

【11】Gilmer 还辩称：仲裁程序不能充分增进 ADEA 的目的，因为仲裁程序不能够提供广泛的衡平救济以及集体救济。但是，法庭在随后的审理中注意到，仲裁员事实上是有权力提供衡平救济的。③ 事实上，适用于本案的 NYSE 规则并没有限制仲裁员提供救济的类型，而只是提及"损害以及（或）其他救济"。④ NYSE 规则还提供了集体（救济）程序。⑤ 但是，"即使仲裁无法像集体诉讼那样进行，或者仲裁员无法承认集体救济，ADEA 规定的提起集体诉讼的可能性也不意味着对个人斡旋的尝试造成障碍。"⑥ 最后应当注意的是，仲裁协议不会排除 EEOC 提起集体诉讼及衡平救济的权利。

C

【12】Gilmer 提出的另一个拒绝执行仲裁协议的原因是，他认为雇主与雇员之间的谈判力量通常是不平等的。然而，仅仅是因为谈判力量的悬殊并不足以成为支撑仲裁协议不适用于雇佣关系的理由。例如，证券交易商与投资者之间的关系也可能涉及不平等的谈判力量，但我们认为在 Rodriguez de Quijas v. McMahon 案中的仲裁协议在这种背景下也是应当予以执行的。⑦ 如前文讨论，FAA 的目的是想将仲裁协议置于与其他合同相同的地位。因此，仲裁协

---

① 参见：2 CCH New York Stock Exchange Guide ¶2627（a），（e），at 4321［Rules 627（a），（e）］.

② 参见：2 CCH New York Stock Exchange Guide ¶2627（f），at 4322（Rule 627（f））.

③ 参见：29 U. S. C. § 621 et seq. 译者注：《美国雇佣年龄歧视法案》于 1967 年颁布实施，随后被修订编入美国法典（United States Code，U. S. C）第 29 章第 621 条及其以下的条款中。§ 626（b）；另参见：29 CFR § 1626. 15（1990）. at 199 - 200.

④ 参见：2 CCH New York Stock Exchange Guide，¶2627（e），p. 4321［Rule 627（e）］.

⑤ 参见：2 CCH New York Stock Exchange Guide，¶2612（d），at 4317［Rule 612（d）］.

⑥ 参见：Nicholson v. CPC Intl Inc.，877 F. 2d 221，241（CA3 1989）（贝克 J. 法官持反对意见）。

⑦ 参见：490 U. S.，at 484，109 S. Ct.，at 1921 - 1922；482 U. S.，at 230，107 S. Ct.，at 2339 ~ 2340.

议“除非有法定原因或其他可撤销的衡平法原因”，否则应当予以执行。[①] “如果仲裁协议的签订存在欺诈或者由经济上具有压倒性优势的一方主导，都有可能构成‘撤销合同’的原因，（若一方当事人依据上述理由提起诉讼）法庭当然应当保持与这一有合理理由支撑的诉求的一致性。”[②] 但是在本案中并没有证据显示，Gilmer 作为一个有经验的商人，在签订该仲裁协议时存在被强迫或者被欺诈的情形。基于对所诉程序非正当性的上述讨论，关于谈判力量不平等的诉求最好留待于特定案件中再予以解决。

IV.

在上述讨论的争议之外，Gilmer 还特别引用了我们之前在雇佣歧视诉讼中排除仲裁协议的判决：包括 Alexander v. Gardner – Denver Co. 案[③]其衍生案 Barrentine v. Arkansas – Best Freight System，Inc. 案[④]以及 McDonald v. West Branch 案[⑤]。但是 Gilmer 错误的援引了这些案件。

在 Gardner – Denver 案中，争议焦点在于一个被处罚雇员的争议已经依据集体协议中的仲裁条款予以仲裁，那么该雇员是否还有权继续基于同一争议事实向法院依据《美国民事权利法案》第 7 章提起诉讼。我们认为雇员依据第 7 章提起诉讼的权利并没有被剥夺，我们强调雇员依据集体协议享有的合同权利与法定的民事权利是不同的：

“在将争议提交仲裁时，雇员是在寻求依据集体协议来维护其合同权利。与之相反，根据第 7 章提起民事诉讼时，雇员是在维护由国会赋予的独立（于集体协议的）法定权利。合同权利和法定权利不同的特点并不会仅仅因为两者基于同一行为被损害就丧失。”[⑥]

我们也注意到劳动仲裁员仅有权解决合同权利的问题。[⑦] 仲裁员的“任务是实现双方当事人的意图，并且仲裁员没有权力援引与双方协商有冲突的公共法律。”[⑧] 相反的，“依据第 7 章提起诉讼时，雇员也并不是寻求对仲裁裁决进

① 参见：9U. S. C. § 2.

② 参见：Mitsubishi，supra，473 U. S. at 627，105 S. Ct.，at 3354.

③ 参见：415 U. S. 36，94 S. Ct. 1011，39 L. Ed. 2d 147（1974）.

④ 参见：450 U. S. 728，101 S. Ct. 1437，67 L. Ed. 2d 641（1981）.

⑤ 参见：466 U. S. 284，104 S. Ct. 1799，80 L. Ed. 2d 302（1984）.

⑥ 参见：415 U. S. 36，94 S. Ct. 1011，39 L. Ed. 2d 147（1974）. at 49 – 50，94 S. Ct.，at 1020.

⑦ 参见：415 U. S. 36，94 S. Ct. 1011，39 L. Ed. 2d 147（1974）. at 53 – 54，94 S. Ct.，at 1022 – 1023.

⑧ 参见：415 U. S. 36，94 S. Ct. 1011，39 L. Ed. 2d 147（1974）. at 53，94 S. Ct.，at 1022.

行司法审查，而是在维护一项独立于仲裁程序的法定权利。”① 进而我们有这样一种担忧，即在集体协议中的仲裁条款“可能会使个体雇员的利益妥协于集体谈判单位中的所有雇员的集体利益。”②

Barrentine and McDonald 案也涉及类似的争议事项：集体协议中的仲裁是否能够排除随后的法定诉讼的权利。我们认为法定诉讼的权利并没有被排除，我们指出：在 Gardner – Denver 案中，需要区分的关键不同点存在于集体协议下的合同权利与个体法定权利之间，工会与雇员的潜在利益之间，以及劳动仲裁员有限的权力。

Cardner Denver 案和本案还是存在许多不同点的。首先，Gardner – Denver 案并不涉及仲裁法定权利的仲裁条款的执行力问题，而是涉及关于以合同为基础的争议而提起仲裁是否会排除随后寻求司法方式解决纠纷的权利。因为在这些案件中，雇员并没有同意仲裁法定权利，并且劳动仲裁员也没有权限解决这一诉求，所以上述这些案件中的仲裁并不能排除随后的诉讼行为。其次，因为上述案件当中的仲裁发生在集体协商的背景下，当事人在仲裁程序中由工会作为代表。因此一个非常重要的考虑就是，集体代表与个体法定权利之间的矛盾，而这种担忧并不适用于本案。最后，上述案件并不是依据 FAA 作出的裁决，而 FAA 如上文所属，反映的是一个“由仲裁协议支持的自由的联邦的政策。”③ 因此，上述案件无法为拒绝执行 Gilmer 关于 ADEA 诉求的仲裁协议提供理由。

V.

我们认为 Gilmer 没有完成证明国会在实施 ADEA 时有意排除以仲裁解决 ADEA 诉求的举证责任。据此，上诉法院的判决予以维持。

史蒂文斯大法官以及马歇尔大法官持反对意见。

FAA 第 1 条规定：

“本法不适用于海员、铁路雇员或任何其他涉外或跨州交易的雇佣合同。”④

法庭今天的判决在即使争议焦点是年龄歧视的情况下，支持了 FAA 强制

① 参见：415 U. S. 36，94 S. Ct. 1011，39 L. Ed. 2d 147（1974）. at 54，94 S. Ct.，at 1022.

② 参见：415 U. S. 36，94 S. Ct. 1011，39 L. Ed. 2d 147（1974）. at 58，n. 19，94 S. Ct.，at 1024，n. 19. 5.

③ 参见：Mitsubishi，supra，473 U. S.，at 625，105 S. Ct.，at 3353.

④ 参见：9U. S. C. § 1.

仲裁条款的执行，无论诉讼的争议焦点的主要问题是什么，法庭回避了先前关于 FAA 的适用范围是否可以延伸到适用于雇佣合同的仲裁条款的问题。我们认为，雇佣合同中的仲裁条款不应适用 FAA，所以被告 Interstate 不能依据 FAA 强制原告将其依据 ADEA 的诉求进行仲裁。

I

原告没有像多数意见那样，在后续程序中的任何阶段提起 FAA 是否适用于雇佣合同（的问题）。[①] 原告也没有就 FAA 的适用问题在复审令中向法庭提出。是“法庭之友”首先在本案的口头辩论之前在起诉状中提到了关于 FAA 适用范围的问题。[②]

尽管本庭非常明显地放弃了（关于 FAA 是否适用于雇佣争议的）问题，但是我们认为法庭还是应当触及到这一关键性问题，因为这一问题的解决对于解决本案具有非常明显的先例作用。在大多数场合下，法庭已经意识到双方当事人在诉状中放弃了争议焦点，因为这一争议焦点对于本案的裁决来说是必不可少的，该争议焦点应当被认定为是“必须包含”在所提问题当中的。[③][“关于原告公平方面诉求的追溯力问题仅在一份‘法庭之友’的陈词中被提及。然而这一问题对于双方当事人来说并不陌生，因为双方当事人已经解决了关于原告 Batson 诉求的溯及力问题。此外，我们对于溯及力的裁判权也并没有什么与众不同”（不具体引用条款）]。[④]（尽管原告看上去没有能够提起关于平等保护的问题，“我们还是同意原告的诉求解决应当适用于平等保护原则并且没有表达任何关于原告第六修正案权利的观点”）[⑤]（“虽然上诉人选择敦促提出更确切的理由并且也没有坚持已经被推翻的 Wolf 案，[⑥] 但是被允许参与口头辩论的‘法庭之友’却敦促法庭推翻 Wolf 案”）[⑦]

---

① 参见前文，at 1651 - 1652，n. 2.

② 参见：“法庭之友”——美国劳工联合会和产业工会联合会、美国退休人员协会以及民事权利律师委员会提供的陈词第 17 ~ 18 页。

③ 参见：Teague v. Lane，489 U. S. 288，300，109 S. Ct. 1060，1069 - 1070，103 L. Ed. 2d 334（1989）.

④ 参见：Batson v. Kentucky，476 U. S. 79，84 - 85，n. 4，106 S. Ct. 1712，1716，n. 4，90 L. Ed. 2d 69（1986）.

⑤ 参见；Mapp v. Ohio，367 U. S. 643，646，n. 3，81 S. Ct. 1684，1686，n. 3，6 L. Ed. 2d 1081（1961）.

⑥ 参见：Wolf v. Colorado，338 U. S. 25，69 S. Ct. 1359，93 L. Ed. 1782（1949）.

⑦ 参见：R. Stern，E. Gressman，& S. Shapiro，Supreme Court Practice § 6. 26（6th ed. 1986）.

仅在本任期内，法庭就至少在两种情况下，在没有任何法庭辩论或者没有在上诉状中提及理由的情形下进行裁判。在 Arcadia v. Ohio Power Co. 案中，① 我们所裁判的争议不仅没有在法庭的任何文件中出现，也没有在法庭的任何口头辩论中提及。“但是，我们认为”需要被裁决的问题是“［所述争议焦点］的先例并对该争议具有最终决定性。”② 同样的，在 McCleskey v. Zant 案中，③ 法庭裁决的一个问题就是没有经过双方辩论并且也没有在庭审中预见到的，“因为被告甚至都没有在答辩状或口头辩论中提起原因和偏见的问题，④ 那就更不能要求法院接受这一标准。”⑤

我们认为，对于支持没有在法庭提及或者没有在复审中提及的争议焦点这种想法，在本案中比在上述援引案例中更加具有强制的必要性。本案中关于 FAA 对雇佣合同的适用性问题已经在复审中由“法庭之友”合理正当得陈述并提起。然而更重要的是，被告及其“法庭之友”有充分的机会来陈述并抗辩该问题。⑥ 另外，法庭在口头辩论中也充分提及了这一问题，在口头辩论中，双方当事人已经注意到该问题并且充分准备好对该问题的实质部分进行辩论。最后，如 Arcadia 案，FAA 是否包含雇佣争议对于法庭和被告是否可以依据 FAA 强制原告将 ADEA 诉求提交仲裁这一问题来说是明确具有“先行性……并且具有最终决定性”的。

II

虽然法庭以原告从未在随后的程序中提及“FAA 是否适用于雇佣合同”为由拒绝触及该问题，但法庭仍然得出这样一个结论“由于这里执行的仲裁条款并没有包含在雇佣合同当中，所以适用第 1 条的排除条款是不恰当的……. 本案涉及的仲裁条款在 Gilmer 的证券注册申请表中，这一证券注册申请表是与证券交易所的合同而非与 Interstate 之间的合同。”⑦ 我们认为，法庭对于

① 参见：498 U. S. 73，111 S. Ct. 415，112 L. Ed. 2d 374（1990）.

② 参见：R. Stern，E. Gressman，& S. Shapiro，Supreme Court Practice § 6. 26（6th ed. 1986）. at 77，111 S. Ct.，at 418.

③ 参见：499 U. S. 467，111 S. Ct. 1454，113 L. Ed. 2d 517（1991）.

④ 参见：Wainwright v. Sykes 433 U. S. 72，97 S. Ct. 2497，53 L. Ed. 2d 594.

⑤ 参见：Wainwright v. Sykes 433 U. S. 72，97 S. Ct. 2497，53 L. Ed. 2d 594. at 522 – 523，111 S. Ct.，at 1485（马歇尔法官不同意该观点）.

⑥ 参见：被告总结陈词第 42 ~ 50 页；“法庭之友”——证券行业协会总结陈词第 18 – 2 – 页；“法庭之友”——平等就业咨询理事会第 14 ~ 16 页.

⑦ 参见前文：at 1651 – 1652，n. 2.

FAA 第 1 条的排除条款（的解释和适用）过于狭窄。

毋庸置疑，FAA 的最初考虑是商业界意识到需要推翻否认在商业主体间执行特殊仲裁协议这一普通法规则。FAA 是由美国律师协会（American Bar Association，以下简称：ABA）的一个委员会起草的，该委员会在 ABA 的指导下思忖并报告关于“商业仲裁原则进一步扩展”的事项。① 在参议院司法委员会对于 FAA 提案的听证会中，负责起草该法案的 ABA 委员会主席向参议院承诺：该提案“并不是针对劳动争议的法案，而仅仅是在商人们愿意的前提下，给他们提供能够坐下协商解决双方损害的权利或特权”。② 在同一听证会上，沃尔什（Walsh）参议员讲到：

“当前的问题是大部分合同签订的时候并不是真正自愿而为之。例如保险政策就是合同中的空白，你可以接受它也可以对它置之不理，任何机构没有任何权力决定你是否应该接受该条款。你要么可以签订合同，要么不能签任何合同。这同样适用于大量的雇佣合同。某个人可以说‘这些就是我们的条款，好的，你可以接受或者对它置之不理。’那么对于他来说，他除了签署这个合同之外别无选择；这样他就会丧失把他的案件交由法院审判的权利，而不得不把他的案件交给一个他根本没有信心的法庭。”③

鉴于 FAA 明确表示排除雇员与雇主之间的仲裁协议，我们没有看到任何原因来限制排除“雇佣合同”中协商一致的仲裁条款。本案中，双方当事人在口头辩论中均承认 Gilmer 没有与被告签订“雇佣合同”。但是，作为 Gilmer 的雇佣条件，他被要求成为几个证券交易所的代表，其中包括纽约证交所。如果仅仅因为 Gilmer 同意仲裁他与雇主间因雇佣关系产生的任何“纠纷，诉求或争议”属于他申请纽约证交所的注册申请内容，而并不属于他与雇主之间特定的雇佣合同，那么我们认为 Gilmer 不应当被强制根据 FAA 来仲裁与雇佣相关的争议。我们反而认为，第 1 条的排除条款应当被解释为包含任何雇员同意仲裁的与其雇主之间因雇佣关系产生的争议，尤其当同意仲裁的条款作为雇佣条件时更应该如此。

我们对于第 1 条排除条款范围的解读可以由早期 FAA 的司法解释予以支持。在 1956 年，三个上诉法庭认为 FAA 排除“雇佣合同”的条款不仅涉及个

---

① 参见：Report of the Forty－third Annual Meeting of the ABA，45 A. B. A. Rep. 75（1920）.

② 参见：Hearing on S. 4213 and S. 4214 before a Subcommittee of the Senate Committee on the Judiciary，67th Cong.，4th Sess.，9（1923）.

③ 参见：Hearing on S. 4213 and S. 4214 before a Subcommittee of the Senate Committee on the Judiciary，67th Cong.，4th Sess.，9（1923）.

体的雇佣合同，也涉及集体协商协议。[①] 事实上，对于FAA的排除条款是否适用于集体协议中的仲裁条款在Lincoln Mills案的上诉状中占据了相当长的篇幅。[②] 虽然上诉法庭依据1947年《美国劳动管理关系法案》（Labor Management Relations Act，以下简称：LMRA）第301条判决集体协议中的仲裁条款也应当予以执行，但是它并没有否认上诉法庭的下述判决：仲裁条款不能依据FAA被强制执行，因为该仲裁条款已经被FAA第1条明确排除。在反对观点中，法兰克福特（Frankfurter）大法官持："反对意见，虽然没有明确表明，但是根据法庭的观点，相当于默示了FAA可以适用于集体协议的仲裁条款。如果一项法案授权联邦法院在通常情况下强制实施合同中的仲裁条款，但是又明确否认了救济'雇佣合同'的权力，并且该法案还仍然有效，那么法庭会很难将这种（救济'雇佣合同'的）权力从第301条的黑洞中抽离出来。我可以将这一反对意见再明确一下，当我们意识到国会通过立法来确保仲裁协议由联邦法庭执行时，它实际上是看到了在劳动合同中排除仲裁的合理性。"[③]

III

我们不仅发现FAA在通常情况下不能适用于雇主与雇员之间因雇佣关系产生的争议，而且坚持认为强制仲裁与国会制定实施ADEA的目的存在冲突。正如法庭之前注意到的那样，授权法庭发布广泛的强制救济令是消除社会歧视的基石。[④]《美国雇佣年龄歧视法案》，如1964年《美国民事权利法案》第7章一样，授权法院广泛发布具有群体基础的强制救济令以达成本法的目的。[⑤] 因为商业仲裁是专门限定于特定当事人之间的特定争议，并且仲裁庭的可用救济通常不提供群体范围内的强制救济，[⑥] 所以我们认为强制仲裁雇佣歧视的诉

---

① 参见：Lincoln Mills of Ala. v. Textile Workers Union of America，230 F. 2d 81（CA5 1956），353 U. S. 448，77 S. Ct. 912，1 L. Ed. 2d 972（1957）；United Electrical，Radio & Machine Workers of America v. Miller Metal Products，Inc.，215 F. 2d 221（CA4 1954）；Amalgamated Assn. of Street，Electric R. and Motor Coach Employees of America v. Pennsylvania Greyhound Lines，Inc.，192 F. 2d 310（CA3 1951）.

② 参见：Goodall - Sanford，Inc. v. Textile Workers，353 U. S. 550，77 S. Ct. 920，1 L. Ed. 2d 1031（1957），and General Electric Co. v. Electrical Workers，353 U. S. 547，77 S. Ct. 921，1 L. Ed. 2d 1028（1957）.

③ 参见：Textile Workers v. Lincoln Mills，353 U. S.，at 466，77 S. Ct.，at 926.

④ 参见：Albemarle Paper Co. v. Moody，422 U. S. 405，415，95 S. Ct. 2362，2370，45 L. Ed. 2d 280（1975）.

⑤ 参见：29 U. S. C. 第626条（b）款。

⑥ 参见：Shell，ERISA and Other Federal Employment Statutes：When is Commercial Arbitration an "Adequate Substitute" for the Courts?，68 Texas L. Rev. 509，568（1990）.

求将会导致 ADEA 的重要目的失效。此外，首席大法官伯格（Burger）解释道：

"显然，它不符合一项法律旨在强制执行《美国民事权利法案》第 7 章的目的，而是将歧视从法庭强制执行民事权利的实践中剥离出来。对于联邦法庭来说，如果遵从和长期以来持续歧视的恶势力之间共同达成的仲裁裁决，将会造成一种狐狸保护鸡的现象。"①

我们认为伯格首席大法官表达的关于第 7 章诉求强制仲裁的担心同样也可能发生在 ADEA 的诉求中。本庭今日的判决明确地将司法在根除雇佣歧视中的独立角色剔除了。

当 1925 年 FAA 通过的时候，我们怀疑当时支持该法的立法者是期望该法案能适用于法定诉求，并且促成谈判力量悬殊的双方当事人之间达成合同，或者用以仲裁因雇佣关系而引发的争议。然而近年来，法庭"实际上已经改写了法条"，并且放弃了之前法定诉求不适宜仲裁的观点。② 虽然我们依旧认为法庭的这一做法是错误的，但是法庭还是考虑到了整体行业与个体消费者或雇员之间不平等的谈判力量。③ 然而直到今天，法庭也没有对 FAA 第 2 条扩大解释到可以包括因雇佣关系而产生的争议。我们认为这种对于 FAA 的扩大解释是错误的。据此，我们诚挚得提出反对意见。

所有引用如下：

500 U. S. 20，111 S. Ct. 1647，114 L. Ed. 2d 26，

55 FairEmpl. Prac. Cas. （BNA）1116，

56Empl. Prac. Dec. P 40，704，59 USLW 4407。

（**责任编辑　高　尚**）

---

① 参见：Barrentine v. Arkansas – Best Freight System，Inc.，450 U. S. 728，750，101 S. Ct. 1437，1449 – 1450，67 L. Ed. 2d 641（1981）（反对观点）。

② 参见：Mitsubishi Motors v. Soler Chrysler – Plymouth，Inc.，473 U. S. 614，646 – 651，105 S. Ct. 3346，3363 – 3367，87 L. Ed. 2d 444（1985）（史蒂文斯 J. 持反对观点）。

③ 参见前文，at 1655 – 1656.

# 《人民法院案例选》通讯编辑

贵州省高级人民法院　尤　媛
云南省高级人民法院　郑天柱
西藏自治区高级人民法院　杨庭轶
陕西省高级人民法院　常媛媛　杨新斌
甘肃省高级人民法院　刘吉旭
青海省高级人民法院　孙启英
宁夏回族自治区高级人民法院　吴培渊　杨　莹
新疆维吾尔自治区高级人民法院　马小菊
解放军军事法院　徐占峰
新疆维吾尔自治区高级人民法院生产建设兵团分院　王　琼
石家庄市中级人民法院　王红岩
太原市中级人民法院　张玉森
沈阳市中级人民法院　田　震
大连市中级人民法院　侯德强
长春市中级人民法院　赵　璐
哈尔滨市中级人民法院　周　磊
南京市中级人民法院　王　静
南通市中级人民法院　沈　扬
无锡市中级人民法院　周耀明
徐州市中级人民法院　葛　文
杭州市中级人民法院　邓兴广
宁波市中级人民法院　袁玮玮
合肥市中级人民法院　张小春
福州市中级人民法院　陈学凯
厦门市中级人民法院　陈荣炜
南昌市中级人民法院　陈　健
济南市中级人民法院　赵　雯
青岛市中级人民法院　傅庆涛
东营市中级人民法院　延　颜
郑州市中级人民法院　朱世鹏
武汉市中级人民法院　柯昌洁
宜昌市中级人民法院　黄金波
长沙市中级人民法院　胡冬华

广州市中级人民法院　王龙飞　林健涛
深圳市中级人民法院　丁业强
南宁市中级人民法院　周传明
海口市中级人民法院　崔玉坤
成都市中级人民法院　郝廷婷
泸州市中级人民法院　胡　艳
贵阳市中级人民法院　施辉法
昆明市中级人民法院　冯丽萍
拉萨市中级人民法院　王　静
西安市中级人民法院　高　伟
兰州市中级人民法院　鲁千晓
西宁市中级人民法院　潘　伟
银川市中级人民法院　周志胜
天津海事法院　董丽娟
上海海事法院　英振坤
广州海事法院　付俊洋
宁波海事法院　史红萍
青岛海事法院　张　静
厦门海事法院　吴海燕
武汉海事法院　王建新
大连海事法院　刘铁男
北海海事法院　邱德平
海口海事法院　刘本荣

（各法院通讯编辑若有变动，请及时告知中国应用法学研究所，电话：010－67555922　次晓宇　邮箱：rmfyalx@126.com）